Horst Völz

Information verstehen

Horst Völz

Information verstehen

Facetten eines neuen Zugangs zur Welt

Die Deutsche Bibliothek - CIP-Einheitsaufnahme

Völz, Horst:
Information verstehen : Facetten eines neuen Zugangs zur Welt
/ Horst Völz. - Braunschweig ; Wiesbaden : Vieweg, 1994

ISBN-13: 978-3-528-05395-6   e-ISBN-13: 978-3-322-85737-8
DOI: 10.1007/ 978-3-322-85737-8

Vorwort

Information ist heute ein nahezu universeller Begriff. Fast jeder gebraucht ihn intuitiv. Viele Wissenschaftsgebiete verwenden eine für sie typische Definition. Leider fehlt jedoch eine hinreichend systematische Theorie. Die Shannonsche Theorie der Nachrichtenübertragung ist viel zu speziell, und die Grundlagen der Informatik bedürfen selbst noch eines konsequenten Ausbaus. Eigentlich fehlt sogar eine präzise Definition. Der Autor hat sich andererseits schon über Jahrzehnte um brauchbare Ansätze zu diesen Fragen bemüht. Als Ergebnis liegen drei umfangreiche Monographien [1] vor. Dieses Buch ist der erste Versuch einer relativ leicht verständlichen Fassung der komplizierten Zusammenhänge. Es wurde wesentlich durch die kritischen Fragen von Studenten in Lehrveranstaltungen an der Freien und Technischen Universität Berlin beeinflußt. Es enthält zugleich wesentliche Weiterentwicklungen der Grundlagen dieses Gebietes. Aus der sehr großen Breite der zugehörigen Gebiete wurden jedoch nur fünf Schwerpunkte ausgewählt. Bei weiteren Details muß daher auf die drei Monografien zurückgegriffen werden. Dennoch dürfte hier ein recht umfassender Überblick erreicht sein.

Das erste Kapitel stellt einen kurzen Abriß der allgemeinen Theorie zur Information dar. Hier wird unter anderem gezeigt, daß Information neben Stoff und Energie eines der wichtigsten Modelle unseres Weltverständnisses ist. So gibt es eine vorläufige Antwort auf die Frage: *Was ist Information?*

Das zweite Kapitel stellt die Kodierung in den Vordergrund. Hierbei wird ganz bewußt auf eine mathematische Darstellung verzichtet. Außerdem wird der Inhalt des Begriffes Kodierung stark verallgemeinert. Die Kodierung wird über die neuen Begriffe Objekt- und Struktur-Code zu einer allgemeinen Eigenschaft und Voraussetzung für Information. So entsteht hier eine Antwort auf die Frage: *Wie wirkt Information?*

Das dritte Kapitel behandelt Möglichkeiten der prinzipiellen Meßbarkeit von Information und geht dabei deutlich über die Ansätze von Shannon hinaus. Messen wird als universelles Prinzip verstanden, das keineswegs nur mit Maßzahlen operiert. Die für dieses Kapitel typische Frage lautet also: *Läßt sich Information quantitativ messen?*

---

[1] [VI1] 407 S., 179 Abb., 83 Tab.; [VI2] 367 S., 184 Abb., 60 Tab. und [VI3] 643 S., 253 Abb., 173 Tab. Die ersten beiden Bände erschienen in sehr kleiner Auflage und sind seit 1984 vergriffen.

Das vierte und fünfte Kapitel sind stark aufeinander bezogen. Hier werden 'Strukturen' der Information behandelt. Bewußt werden dabei zunächst die üblichen Begriffe Hardware und Software vermieden. Es wird vielmehr versucht, die vielfältigen Zusammenhänge und Wechselwirkungen herauszustellen und die Frage gestellt: *Welche Strukturen und Funktionen gehören zur Information?*

Das sechste Kapitel versucht alle zuvor gegebenen Aussagen in einem Weltbild zu ordnen. Das kann natürlich nur sehr fragmentarisch und betont in bezug auf Information erfolgen. Dennoch soll es auch ein kleiner Beitrag zur heutigen Krise der Wissenschaft sein, indem die beiden extremen Standpunkte relativiert werden. Einerseits existiert der Glaube an die exakte Erkennbarkeit der Welt und deren Nutzbarmachung für uns. Ein Beispiel dafür ist die harte KI. Dem anderen Extrem fehlt dagegen u. a. jeglicher Fortschrittsglaube. Die Möglichkeit der Zerstörung unserer Erde und der Verlust der Individualität des Menschen sind nur zwei der Ursachen. Auch den Hoffnungen auf neue holistische Prinzipien, die ja nicht konkret (vielleicht sogar prinzipiell nicht) formuliert werden, wird hier nicht gefolgt. Mit konstruktiven Ansätzen über Dualismen und unscharfe Theorien wird ein gewisser wissenschaftlicher Optimismus angestrebt. Auch hier soll soweit wie möglich beantwortet werden: *Wo hat die Information ihren Platz in einem brauchbaren Weltbild?*

Im ursprünglichen Manuskript war jedem Kapitel eine kleine märchenhaft-utopische, phantastisch-schmunzelhafte Erzählung vorangestellt. Sie sollte den jeweils sachlichen Inhalt symbolisch-quasiliterarisch vorwegnehmen. Auch eine entsprechende abschließende Erzählung lag vor. Auf diese Weise sollte den beiden typischen Weltverständnissen (sachlich-rational und emotional-ganzheitlich) für die Information gleiches Recht eingeräumt werden. Die Idee hierzu wurde durch das Buch von Baber [BAB] geboren. Nach Diskussionen mit dem Verlag und durch Hinweise von Herrn Professor Coy, Bremen wurde einer anderen Gestaltung der Vorzug gegeben. So entstand aus der Zusammenfassung der Geschichten schließlich das letzte Kapitel, quasi als Anhang.

In diesem Buch wird ein erkenntnistheoretischer Standpunkt vertreten, der zwischen den Extremen der vollständigen Determiniertheit und der prinzipiellen Unerkennbarkeit der Welt liegt. Dabei wird versucht, ein weitgehend in sich konsistentes Wissenschaftsbild zu erreichen. Es soll u. a. zeigen, im welchen Teilbereichen welche Aspekte der Extreme gültig sind. Die Aussagen werden dabei möglichst prägnant formuliert. Dies hat zur Folge, daß sie eventuell den Leser provozieren. Das ist beabsichtigt und regt hoffentlich zur Diskussion und konstruktiven Kritik an. Gemäß diesem Anliegen werden zuweilen Wörter und Begriffe mit dem Apostroph eingerahmt. So soll ausgedrückt werden, daß der jeweilige Inhalt metaphorisch, übertragen, symbolhaft, also etwa analog zum eigentlichen Inhalt zu verstehen ist.

Mein Dank für Hilfe bei der Abfassung dieses Buches geht zunächst an mehrere Studenten der Freien und Technischen Universität Berlin. Sie haben die ursprüngliche Fassungen kritisch gelesen, und in den dazu durchgeführten Seminaren wurden Unklarheiten und mögliche Mißverständnisse sichtbar. Diese seit 1989 bestehende Möglichkeit trug sehr zum Fortschritt der Arbeiten und auch zur Verbesserung inhaltlicher Aussagen bei. Sehr nützliche Hinweise gab mir Herr Prof W. Coy, der in dankenswerter Weise das vorläufige Manuskript durchgesehen hat. Sie betrafen vor allem die Präzisierung ganzheitlicher Zusammenhänge und vieler Details. Schließlich hat Frau Ute Zergiebel das Manuskript auf formale Fehler hin gelesen. Auch ihr gilt mein besonderer Dank.

Berlin im Oktober 1993 H. Völz

Inhaltsverzeichnis

1 Beschreibungen der Welt

Es ist eine alte Frage, ob eine Welt außerhalb unseres Bewußtseins objektiv existiert. In diesem Buch wird der Standpunkt vertreten, daß es eine objektive Welt gibt und wir diese Welt mehr oder weniger adäquat erfahren. Doch es wird angenommen, daß alle Beschreibungen einmal recht ungenau sind und zum anderen sich z. T. widersprechen. Daher benötigen wir im Sinne von Bateson [BAT] mehrere Beschreibungen (Sprachen), um zu einem besseren Weltbild zu kommen.

Etwa dieser Gedanke könnte auch Norbert Wiener bewegt haben, als er formulierte: "Information ist weder Stoff noch Energie" [1]. Er postulierte damit, daß es neben der rein physikalischen Welt auch eine andere, nämlich die der Information gibt. Dies gilt weitgehend auch heute noch. Die Welt, unsere Welt – was sie auch immer sei oder was jeder darunter verstehen mag – kann gemäß diesem Ausspruch unter drei Aspekten betrachtet werden: Stoff, Energie und Information.

1.1 Stoff

Für den Stoff sind vor allem die Chemiker und zum Teil die Physiker zuständig. Nehmen wir eine Skala vom Kleinsten zum Größten an, so beginnt der Stoff spätestens bei den Atomen und Molekülen und umfaßt schließlich alle vorhandenen Substanzen. Stoff existiert einfach, indem er da ist. Holz, Stein, Erde, Sonne, Wasser und Luft sind Beispiele. Er kann fest, flüssig oder gasförmig sein. Das sind nur drei von vielen Eigenschaften des Stoffes. Weitere sind Härte, Masse, Volumen, elektrische Leitfähigkeit, Temperatur usw. Auch diese Eigenschaften besitzt ein Stoff einfach, und zwar unabhängig davon, ob

---

[1] Information is information nor matter or energy [WIE]. Manchmal wurde das Englische "matter" auch mit Materie übersetzt. Dies hatte philosophische Konsequenzen. In den materialistischen Weltanschauungen wird z. B. Stoff und Energie zusammen als Materie bezeichnet und dem Bewußtsein gegenübergestellt. Infolge der mangelhaften Übersetzung wurde zeitweilig die Information zu etwas Dritten neben Bewußtsein und Materie. Dies hatte in den ehemaligen sozialistischen Staaten erhebliche Konsequenzen, die u. a. zur Ablehnung der Kybernetik führten. Ein solcher Streit war und ist aber unfruchtbar. Die hier eingeführte Betrachtung läßt solche Probleme gar nicht erst aufkommen.

wir sie wahrnehmen, bewerten oder gar messen. In zwei Thesen gefaßt gilt daher für den Stoff [2]):

- Stoff ist einfach da.
- Stoff besitzt physikalisch-chemische Eigenschaften, z. B. Masse und Volumen.

1.2 Energie

Die Energie ist bereits weitaus weniger anschaulich. Nicht von ungefähr hatte Heinrich Hertz mit der verwandten physikalischen Größe Kraft so große Probleme, daß er sie total aus seinem Lehrbuch der Physik [HER] verbannte. Obwohl sie heute in der Physik eine zentrale Stellung einnimmt, ist sie im SI (vgl. Kapitel 3.) nur eine abgeleitete Einheit der drei Basiseinheiten m, kg und s. Daher ist es auch für sie sinnvoll, einfache und einsichtige Aussagen zu formulieren: Energie kann die Eigenschaften von Stoffen verändern. Sie kann z.B. Eis auftauen, Wasser verdampfen bzw. die Form, die Gestalt des Gegenstandes oder Körpers verändern.

Energie wirkt folglich auf Stoffe ein. Sie ist etwas Potentielles, ein Wirkendes. Im Gegensatz zum Stoff suchen wir bei der Energie immer nach einer Herkunft. Hierzu einige Beispiele: Aus dem Energieträger Benzin (das ist ein Stoff) gewinnt der Motor seine Energie, also Kraft. Aus dem Energieträger Stadtgas erzeugt der Küchenherd Wärme, um unser Essen zuzubereiten. Energie verlangt also einen Energieträger, der in einem System verbraucht wird, damit sie entsteht und wirken kann. Dies veranschaulicht das Bild 1.

Generelle Aussagen zur Umwandlung von Stoff in Energie und umgekehrt entstanden mit der Relativitätstheorie. Hier gilt die Einstein-Formel

$$E = m \cdot c^2$$

Sie verknüpft eine typische Stoffeigenschaft, nämlich die Masse m mit der Energie E. Sie gilt für den Grenzfall, daß Stoff vollständig in Energie verwandelt wird. Die Formel kann auch von links nach rechts gelesen werden. Dann sagt sie aus, daß Energie zu Stoff werden kann. Dies war z. B. beim Urknall der Fall und wird heute noch im atomaren Bereich und bei Sternentstehungen

---

[2]) Man beachte, daß hier die Beschreibung der Welt mittels Stoff nahezu damit gleich gesetzt wird, daß Stoff ein Objekt der Welt ist. Diese sprachliche Regelung ist eigentlich mit größter Vorsicht zu gebrauchen. Um jedoch komplizierte Formulierungen zu vermeiden, wird diese Gleichsetzung in der Folge häufiger benutzt. Diese formale Gleicsetzung ist insbesondere später bei der Information etwas problematisch.

beobachtet. Die meisten Prozesse zumindest auf der Erde verlaufen jedoch in der Richtung vom Stoff zur Energie.

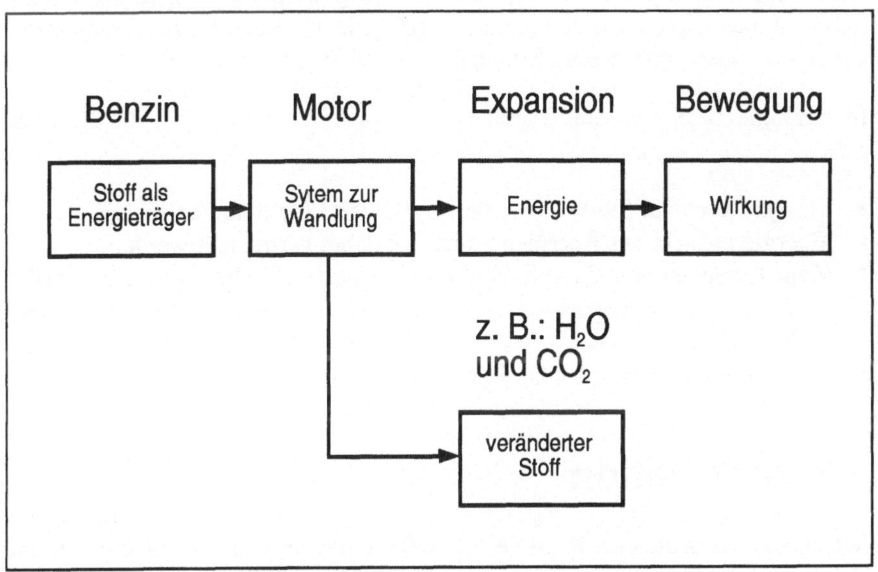

Bild 1. Der schematische Weg vom Stoff als Energieträger zur Energie

Die Physik kennt auch eine Energie der Felder. Eine anschauliche Vorstellung dazu ist eine gespannte Feder. Weitaus schwieriger ist es schon, sich die Energie der elektromagnetischen Felder vorzustellen. Wo ist außerdem der dazu gehörende Energieträger? Einen brauchbaren Ansatz bietet die Lichtgeschwindigkeit c. In der obigen Einstein-Formel tritt sie als quadratischer Faktor auf. Sie ist insbesondere eine Eigenschaft der masselosen Photonen und wird von ihnen nur im Vakuum als Grenzwert erreicht. Photonen können nun aber sowohl als Welle wie als Korpuskel beschrieben werden. Sie sind also sowohl Energie als auch Stoff. Offenbar scheint so unsere Einteilung schwankend zu werden [3]. Die Beschreibungen der Welt mit Stoff und Energie sind also bereits (siehe oben) in dieser einfachen Betrachtung sowohl widersprüchlich als sich ergänzend.

Für die 'übliche' Technik, einschließlich der Atomenergieanwendungen, ist die obige Einstein-Formel nur ein Grenzfall. Da praktisch immer nur viel weniger Energie aus einem Stoff zu gewinnen ist, müßte sie dann lauten:

---

[3] Es geht wieder um das Gemeinsame von Stoff und Energie, also um die Materie. Dieser Dualismus wird uns noch öfter begegnen.

$$E \leq m \cdot c^2$$

Allerdings geht auch dann der Stoff nicht völlig verloren. Er wird nur wesentlich in seinen Eigenschaften verändert (vgl. Bild 1). Aus dem Benzin entstehen dabei u.a. Gase, vorwiegend Kohlendioxid und Wasserdampf [4].

In Analogie zu den zusammengefaßten Aussagen zum Stoff gilt für die Energie:

- Energie kann auf Stoffe einwirken und deren Eigenschaften verändern.
- Energie entsteht aus Energieträgern, die dabei verbraucht werden.
- Zum Erzeugen von Energie sind spezifische (stoffliche) Systeme erforderlich, denen der Energieträger zugeführt wird und in denen die Energie entsteht und z. T. wirksam wird.
- Potentiell kann Energie auch in Feldern gespeichert sein.

1.3 Information

Jedermann hat heute eine intuitive Vorstellung davon, was Information ist. Zur Erklärung werden aber meist nur Beispiele für Information genannt, wie z. B. Nachrichten in Rundfunk und Fernsehen, Inhalt der Fachliteratur und die Aminosäurensequenz der Genetik. Einer Definition kommt die Aussage schon näher, daß bei der Kommunikation Information ausgetauscht wird. Techniker werden eher auf technische Einrichtungen wie Telefon, Rundfunk, Fernsehen und Computer verweisen. Die Vielfalt dieser Hinweise ist so groß, daß die folgende Frage angebracht ist:

- Was ist keine Information?

Paradoxerweise können wir diese Frage aber bereits jetzt zumindest indirekt beantworten:

- Stoff und Energie sind keine Information.

Eigentlich ist dies ja nur eine Umformulierung des Satzes von Wiener und sogleich möchte man fortfahren:
- Information ist alles, was nicht Stoff oder Energie ist.

Das hieße aber, daß es ausschließlich die drei Beschreibungen, eigentlich Objektklassen, vgl. dazu Fußnote [3], Stoff, Energie und Information gäbe. Das

---

[4] Die so unangenehmen, die Umwelt stark belastenden Substanzen sind trotz ihrer gewaltigen Schädlichkeit in diesem Sinne, d.h. der Masse nach vernachlässigbare Nebenprodukte.

ist aber mit großer Wahrscheinlichkeit falsch. Man denke nur an die sich ständig mehrenden Fakten, die sich nicht in die klassischen wissenschaftlichen Auffassungen fügen wollen [5].

Doch letztlich benötigen wir in diesem Buch zumindest eine weitgehend allgemeine Arbeitsdefinition für Information. Dies ist aber nicht ohne weiteres möglich. Schauen wir uns deshalb ein seit Aristoteles bewährtes Verfahren zur Definition an. Es verwendet zwei Schritte:

1) Nennung eines Oberbegriffs.
2) Nennung typischer Eigenschaften.

Für eine Birke gestaltet sich dieses Verfahren folgendermaßen:

1) Die Birke ist ein Baum (Oberbegriff).
2) Die Birke besitzt Blätter und hat eine weiße Rinde.

Die Schwierigkeit bei der Information besteht nun darin, daß kein Oberbegriff zur Information existiert. Deshalb muß ein anderer Weg beschritten werden, z. B. die nicht ganz so präzise Bestimmung mittels Konditionalsätzen. Für den Baum gilt dann etwa:

Ein Baum besitzt Stamm, Wurzeln, Zweige und Blätter/Nadeln.

Dies entspricht folgenden Definitionen zur Information: Sie fließt in einem Nachrichtenkanal oder sie bestimmt unser Verhalten. Alle bekannten derartigen Definitionen gelten nur für einen, meist engen Fachbereich und sind daher generell nicht so allgemein wie die obigen Aussagen zu Stoff und Energie.

Es sei nun alles, was in der Welt materiell und ideell existiert, mit dem Begriff Objekt bezeichnet. Ich setze also insbesondere voraus, daß zur Weltbeschreibung mit der Information auch ein Objekt Information existiert. Dann läßt sich folgendes vorläufig formulieren:

- Information ist ein Objekt (eine Beschreibung) der Welt.
- Information ist weder Stoff noch Energie. (Die informationelle Beschreibung der Welt ist eine anders geartete als die durch Stoff und Energie).

---

[5] Eine der wenigen konstruktiven Varianten hierzu ist z. B. das morphische Feld von Sheldrake [SHE]. Er räumt aber auch ein, daß es beachtliche Beziehungen zur Information besitzt.

1.4 Träger und Getragenes

In den meisten Arbeiten zur Information findet man fast immer die beiden folgenden Sätze. Die Formulierungen weichen dabei oft erheblich voneinander ab. Außerdem sind sie hier bewußt zugespitzt formuliert:

1) Information besitzt einen Träger.
2) Information wechselt leicht den Träger.

Entsprechend den bisherigen Betrachtungen ist in beiden Aussagen der Träger stofflich-energetischer Natur. Doch nicht sogleich fällt auf, daß sich beide Aussagen bezüglich der Information deutlich unterscheiden.

Die erste Aussage weist nämlich aus, daß zur Information der Träger gehört. Er ist also ein Teil der Information, er gehört zu ihr. Gemäß der zweiten Aussage ist die Information zeitweilig mit einem bestimmten, aber wechselnden Träger verbunden. Information und Träger existieren hier also getrennt nebeneinander. Was sie gemeinsam sind, wird nicht ausgesagt. Die Information wird also an einen beliebigen Träger gekoppelt und so durch einen Träger transportiert, so wie jemand auf einem Esel, Pferd oder Kamel reiten kann.

Die beiden Aussagen widersprechen sich also bezüglich dessen, was Information ist. Es ist daher nicht verwunderlich, wenn Folgerungen, die hierauf aufbauen, zu Fehlschlüssen und weiteren Widersprüchen führen müssen. Eine Menge vom Problemen beim Umgang mit Information lassen sich in der Tat hierauf zurückführen. Notwendig ist es daher, zwei Arten von Information einzuführen:

Information 1. Sie enthält den Träger und die Information 2.
Information 2. Sie benötigt zusätzlich einen Träger, damit Information entsteht.

Der besseren Verständlichkeit dient das Bild 2. Information 1 ist der weiter gefaßte und Information 2 der engere Begriff.

Die Verwendung der Zusätze 1 oder 2 zur klaren Unterscheidung der Informationen ist aufwendig und kann auch schnell zu Verwechslungen führen. Deshalb zog ich es vor etwa zwanzig Jahren vor, einen neuen Begriff einzuführen und legte dabei fest:

Information wird für Information 1 benutzt und enthält auch den Träger. Im
obigen Beispiel ist dies Reiter und Pferd.

Getragenes ist ein neuer Begriff, der Information 2, also keinen Träger bein-
haltet. Im obigen Beispiel ist dies der Reiter ohne Pferd.

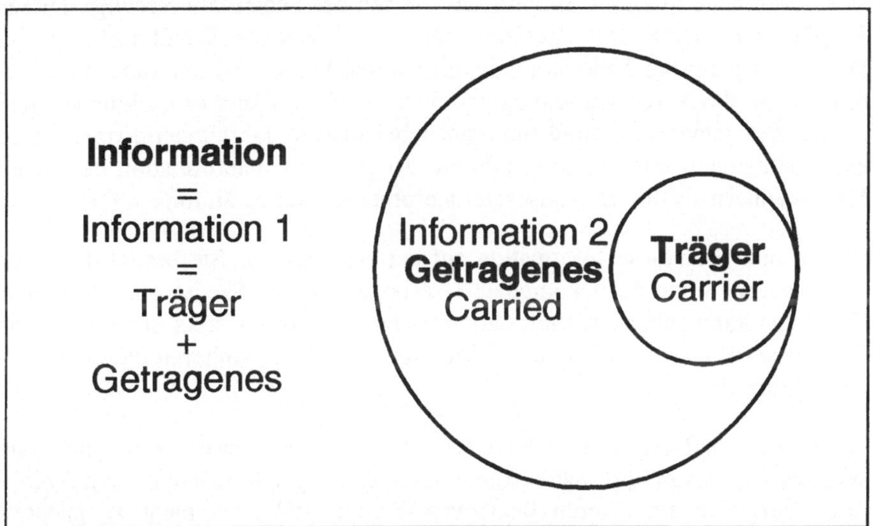

Bild 2. Die Zusammenhänge von Information 1, Information 2 (Getragenes = carried) und
Träger (carrier)

So entsteht die Aussage, die sich auf den weitesten Informationsbegriff
bezieht:

◆ **Information ist Träger plus Getragenes.**

Das Plus ist dabei nicht arithmetisch oder mengentheoretisch, sondern eher
'philosophisch' zu interpretieren. Ein Ganzes, die Information ist eben mehr
als die Summe der Teile, nämlich aus Getragenem und Träger. Als Konsequenz dieser Begriffsbildung steht jetzt die Frage nach einer Definition des
Getragenen. Wir werden uns ihr schrittweise nähern.

1.5 Beispiel Musikrezeption

Ich nehme eine Schallplatte aus meiner Sammlung zur Hand. Nein, nicht
irgendeine, sondern eine ganz besondere. Sie enthält die Fünfte Sinfonie von
Ludwig van Beethoven (op. 67, c-moll, ...). Auch hier wähle ich wieder genau

eine spezielle aus. Nämlich den Mitschnitt von 1946 aus dem Admiralspalast in Berlin. Die Aufführung erfolgte unter dem ersten Dirigat von Wilhelm Furtwängler nach seiner Entnazifizierung [6]. Furtwängler wollte damit auf das Wiedererwachen des demokratischen Lebens in Deutschland hinweisen. Beethoven hatte in dieser Sinfonie das Pochen des Schicksals verewigt. Dieses Klopfen war auch das Pausenzeichen des Londoner Rundfunks, der in Deutschland nur bei Todesstrafe gehört werden konnte. Weiter steht die römische 5 also das V für Vergeltung und Victory. Was nimmt es da Wunder, daß solche Zusammenhänge und dazu noch bei diesem Jahrhundertdirigenten zu einer einmaligen Interpretation führten. So gilt diese Interpretation bei vielen Musikkennern als die authentischste Interpretation der 5. Sinfonie.

Wo ist nun aber diese Information auf der Schallplatte? Sie besitzt doch nur eine einzige, wenn auch kompliziert verbogene Rille. Sie ist rein stofflicher Natur und kann daher nur Informationsträger sein. Wo ist aber der Reiter, das Getragene? Wie kommt also unser Musikerlebnis beim Anhören dieser Schallplatte zustande?

Tatsächlich sind die Zusammenhänge jedoch komplizierter. Ein Kind, das erstmals Beethoven hört, hat bestimmt nicht dieses große Erlebnis. Ihm fehlt ja jeder Vergleich zu anderen Beethoven-Werken und noch mehr zu anderen Interpretationen der Fünften. Auch das oben zusammengestellte Hintergrundwissen dürfte teilweise erforderlich sein. Um also diese Aufnahme würdigen zu können, muß der Hörer ein Kenner sein also beachtliche, zusätzliche Musikerfahrung und Kenntnisse besitzen.

Das Getragene fließt also mittelbar über die Trägerabfolge: Rille, Schall, Ohr in unser Bewußtsein. Diese Information der Fünften Sinfonie verlangt also einmal den stofflich-energetischen Träger, der auf unsere Sinnesorgane betont physikalisch einwirkt und so bei entsprechender Erfahrung in uns das große Erlebnis entstehen läßt.

Der Vergleich mit dem Reiter war zwar sehr anschaulich, führt aber auch zu falschen Schlüssen. Der Träger ist schon eher ein Trojanisches Pferd, dessen Inhalt sich erst zeigt, wenn es in die Stadt (in unser Bewußtsein) eingedrungen ist. Auch ein Vergleich mit Viren ist möglich. So können sie einerseits ein physikalisch-chemischer Kristall sein. Aber im Innern einer biologischen Zelle erwachen sie mittels deren genetischen Apparates unvermittelt zum Leben. So entsteht die folgende, relativ allgemeine Beschreibung:

---

[6] Dies ist umso erstaunlicher, da er überhaupt nicht Mitglied der NSDAP war. Von Karajan war dagegen gleich zweimal, in Deutschland und in Österreich Mitglied und wurde nicht entnazifiziert. Obwohl er sogar (zumindest teilweise) Furtwängler in der Nazizeit ablöste.

Information existiert nur im Zusammenwirken von einem komplexen System mit einem stofflich-energetischen Träger. Das Ergebnis dieses Zusammenwirkens ist das vom Träger zum System Getragene. In diesem Getragenen sind folglich auch viele Eigenschaften des Systems enthalten. Informationsaufnahme ist daher überwiegend kein passiver Vorgang. Der Träger von Information löst meist ein recht komplexes Geschehen im Empfangssystem aus.

Im künstlerischen Bereich bedeutet diese Aussage z. B., daß der Rezipierende ebenfalls beachtliche Leistungen aufbringen muß, um zum Kunsterlebnis zu gelangen. Beim rein passiv über sich Ergehenlassen dürfte es kaum eintreten. Zumindest müssen wir uns – wie es schon die Sprache ausdrückt – dem Kunstwerk öffnen und hingeben.

1.6 Der schöpferische Prozeß

Nun wissen wir recht grob, wie Information wahrgenommen wird. Doch wie entsteht sie? Schließlich muß sie ja irgendwie im Trojanischen Pferd versteckt worden sein. Dies läßt sich am Beispiel eines darstellenden Künstlers erklären. Er möge das Bedürfnis haben, seinen Mitmenschen oder der Nachwelt eine wichtige Botschaft und Erkenntnis zu übermitteln. Intuitiv weiß er in seinem Innern recht gut, wie das zu malende Bild aussehen müßte und was es enthalten sollte. Doch wie geschieht es, daß er seine Ideen auf die Leinwand bannt?

Die Psychologen haben erkundet, daß dieser Schaffensprozeß wahrscheinlich der schwierigste Teil bei der Arbeit eines Künstlers ist. Schließlich kann er ja nicht die Idee direkt übermitteln. Gedankenübertragung oder andere mystische Prozesse wollen wir hier ausklammern. Außerdem würden sie, sofern sie überhaupt möglich sind, auch nicht zu einem zeitbeständigen Werk führen. Also muß der Künstler seine innere Idee von seinem Bewußtsein abtrennen und in modifizierter Weise dem rein physikalisch-chemischen Träger, der Leinwand aufzwingen. Seine Idee ist folglich etwas erheblich Anderes als das fertige Bild. Sie ist aber gut versteckt in das eigentlich leere Holzpferd, die mit Farbtupfern versehene Leinwand, gepreßt. Doch rein physikalisch-chemisch gesehen, ist dort die Idee nicht mehr anzutreffen, Das Bild ist eben nur ein energetisch-stofflicher Träger. Nur wenn es ein Mensch aktiv rezipiert, sich für das Trojanische Pferd öffnet, kann er die Idee des Künstlers in sich wiederentstehen lassen.

Doch woher weiß der Künstler, daß die über so viele Umwege erreichte Wirkung auch die von ihm gewollte ist? Er kann ja in niemand hineinschauen. Er hat also Strukturen und Kontexte zu verwenden, die mit großer Wahrscheinlichkeit auch bei den Betrachtern seines Bildes existieren. Jedes Kunstwerk muß dabei irgendwo an das schon Tradierte anknüpfen, aber zugleich mit diesen Mitteln seine neue Botschaft ausdrücken. Das Neue wird also aus dem alten hergeleitet. Hier zeigt sich die große Bedeutung des kulturellen Umfelds. Deshalb habe ich oben beim Beispiel der 5. Sinfonie mehrere Fakten dieses Umfelds beschrieben.

Die Gestaltung des Kunstwerkes ist auch ein iterativer Prozeß. Hierauf wies wohl als erster in aller Deutlichkeit Frieder Nake [NAK] hin. Der Künstler wechselt beim Schaffensprozeß wiederholt seine Rolle. Einmal ist er Produzent, dann Rezipient, bald wieder Produzent usw. Hierbei versucht er zu begreifen, wie sein noch nicht fertiges Produkt auf jemand anders wirken könnte. Solange er selbst nicht die gewünschte Wirkung verspürt, ändert er weiter. Daher ist es auch ein für ihn oft schmerzhafter Schritt, das Werk für fertig und endgültig zu erklären.

Auch der Rezeptionsprozeß ist vielfach iterativ. Hierauf habe ich schon oben andeutungsweise hingewiesen. Nur wenn wir hinreichende Erfahrung mit Kunstwerken haben, können wir im eigentlichen Sinn rezipieren und gleichzeitig rezipieren wir häufig beim wiederholten Male und unter anderen Bedingungen, z. B. durch subjektive Stimmungen ein und dasselbe Kunstwerk immer etwas anders. Dies sind auch Lernprozesse, die sich ebenfalls hervorragend an Musik studieren lassen (siehe u. a. [VÖC]).

1.7 Das erste Modell

Die bisherigen Betrachtungen faßt das Bild 3 zusammen. Es ist eine Darstellung in mehreren Ebenen. Ganz unten befindet sich der stofflich-energetische Träger. Darüber ist das sozial-kulturelle Milieu gelagert. Oben befinden sich der Künstler und der Rezipient. Beide sind über den Informationsträger (das Kunstwerk) direkt und über das Getragene (die Idee) locker verbunden.

Bild 3 (rechts): Überblick zu Informationsprozessen bei der künstlerischen Produktion und Rezeption. Weitere Details siehe im Text.

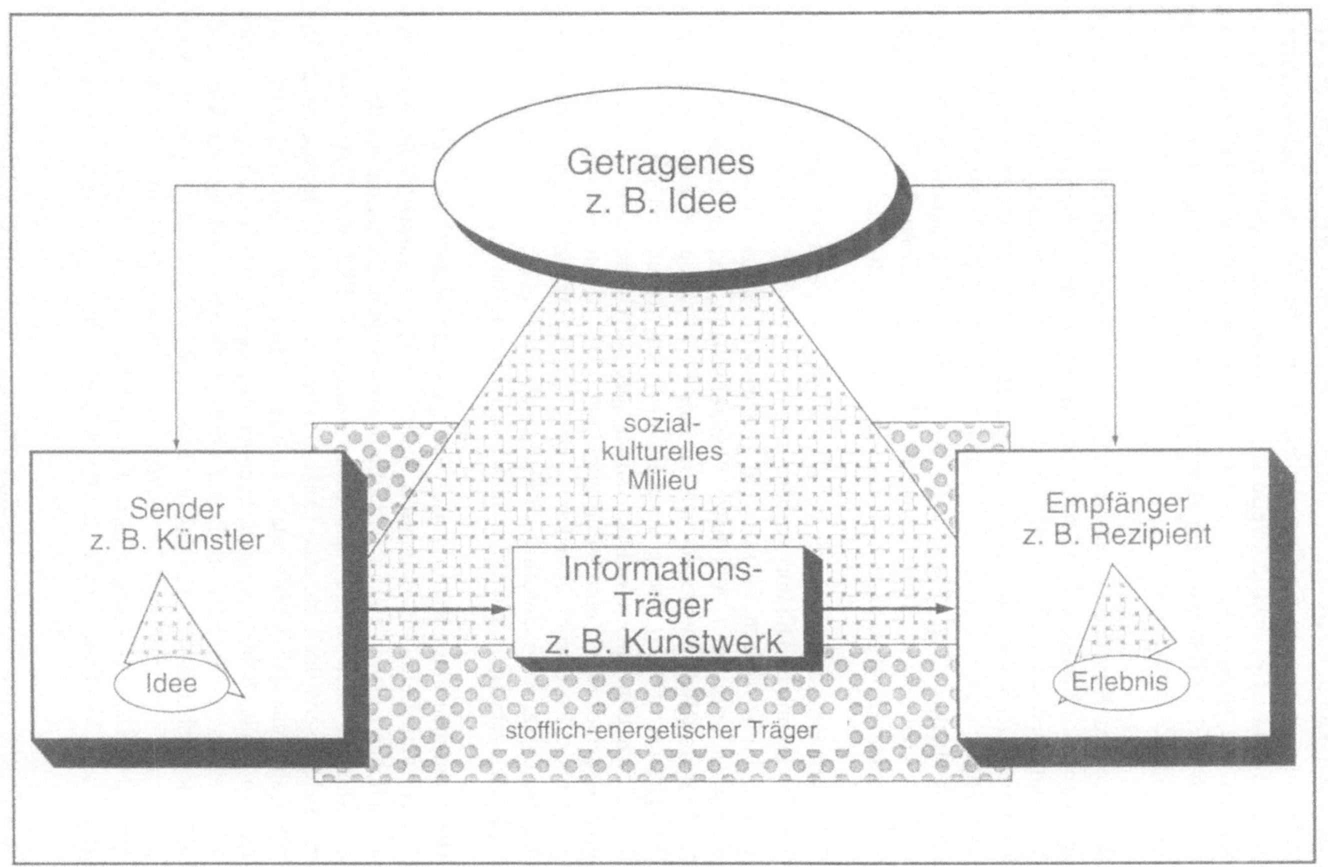
Getragenes
z. B. Idee
sozial-
kulturelles
Milieu
Sender
z. B. Künstler
Idee
Informations-
Träger
z. B. Kunstwerk
Empfänger
z. B. Rezipient
Erlebnis
stofflich-energetischer Träger

Das sozial-kulturelle Milieu besteht u. a. aus ideellen Werten, sozialem Verhalten und kulturellen Gepflogenheiten. Es ist also primär gesellschaftlicher Natur. Damit ist es auch teilweise vom Künstler und vom Rezipienten verinnerlicht und spiegelt sich so natürlich etwas unterschiedlich im Bewußtsein beider wider. Im Bild wird das Milieu und seine Widerspiegelungen durch die drei Dreiecke symbolisiert.

Die Idee des Künstlers veranschaulicht eine Ellipse. Ihre Schnittmenge mit dem Dreieck ist jener Teil an tradierten Gegebenheiten, auf den er zurückgreifen kann. Der andere Teil ist das Neue, was er zu übermitteln hat. Im Schaffensprozeß muß der Künstler nun einen stofflich-energetischen Träger (das herzustellende Bild) erschaffen. Er muß dabei einerseits die bereits tradierten stofflich-energetischen Trägerstrukturen nutzen und andererseits neue entwickeln. Dem Träger (Bild, Kunstwerk) können jedoch nur stofflich-energetische Strukturen aufgeprägt werden, keine ideellen Werte, Gedanken usw.

Das geschaffene Bild, genauer gesagt seine stofflich-energetischen Strukturen, sieht der Rezipient. Die dort vorhandenen tradierten Träger-Strukturen aktivieren bei ihm Vorwissen, also den entsprechenden Teil des Dreiecks, d. h. sein inneres Kulturmilieu [7]. Aus dieser Wechselwirkung und den neuen Strukturen des Trägers (Bild) entwickelt sich bei ihm die Wirkung des Getragenen. Das Getragene wird also, streng gesehen, nicht übertragen. Es gelangt nur der Träger zum Empfänger, welcher daraus aber auf Grund seiner inneren Struktur und seiner Vorkenntnisse (sozial-kulturelles Milieu) – darin sind auch einige über den Sender enthalten – sich das Getragene (Idee des Künstlers) erschließen kann. So entsteht sein Kunsterlebnis. Aus dieser Sicht dürften jetzt die Fakten verständlich sein, die in der Regel Probleme bereiten.

Alle Menschen eines Kulturkreises verfügen über wesentliche Teile des gleichen sozialen Kulturverständnisses. Jeder einzelne hat zusätzlich infolge seiner persönlichen Entwicklung individuelle Ausprägungen. So kommt es, daß einerseits alle viel Gleichartiges aus einem Musikstück, Bild oder Text entnehmen und andererseits doch nie eine exakt gleiche Auffassung vertreten. Außerdem ändert sich das individuelle sozial-kulturelle Milieu jedes Menschen fortwährend ein wenig. Seine gestrigen, heutigen und morgigen Einstellungen weichen immer etwas voneinander ab. Daher erlebt er die gleiche Trägerstruktur (z.B. Bild oder Schallplatte) stets leicht variiert. Schließlich hat sich ja mit jeder Rezeption – allein als Folge der Rezeption – seine innere 'Struktur' verändert. Der einzelne ist Stimmungen (z.B. Freude oder Trauer) unterworfen. Sie aktivieren oder blockieren Teile der Gedächtnisstruktur. So kommt es, daß die

---

[7] F. Klix [KLI] spricht im ähnlichen Zusammenhang vom Triggern einer Gedächtnisstruktur.

Rezeption unter sonst gleichen Bedingungen auch hierdurch zu verschiedenen Wirkungen führt.

1.8 Das Verhältnis der drei Objekte

Für den Stoff habe ich kein Modell vorgestellt. Er ist einfach vorhanden.

Ein Modell der Energie zeigte Bild 1. Hierin sind auch Wechselwirkungen zwischen Stoff und Energie enthalten. Dennoch ist das Modell im wesentlichen einfach, übersichtlich und vor allem linear.

Das Modell der Information als Zusammenfassung von Träger und Getragenem sowie die Übermittlung des Getragenen erforderte bereits die komplizierteren Bilder 2 und 3. Und wie der iterative Prozeß nach Nake zeigte, fehlt in diesen Modellen sogar noch die Rückkopplung.

Information ist in den vorgestellten Beschreibungen weitaus komplexer als Stoff und Energie. Daher müßte man eigentlich folgern, daß Stoff das alles umfassende Objekt sei und käme so zu der mengentheoretischen Schreibweise:

Stoff $\supseteq$ Energie $\supseteq$ Information

Andererseits lassen sich auch Argumente für eine Umkehrung der Reihenfolge finden. Aber allein das Verhältnis von Stoff und Energie widerspricht generell einem Hierarchie-Verständnis. So ist es sinnvoll, ein vollständiges Venn-Diagramm für die drei Objekte (Beschreibungen) gemäß Bild 4 zu verwenden.

Aus dem Bild wird unmittelbar die Bedeutung des Energie-Trägers klar. Er ist die Durchschnittsmenge von Stoff und Energie und bezeichnet jenen Teil des Stoffes, der in Energie umwandelbar ist. Auch die Verkopplung beider Objekte über die Einstein-Formel ist unmittelbar einsichtig. Selbst die Einteilung der Information in den Träger und das Getragene gewinnt Anschaulichkeit. Die Schnittmenge von Information mit Stoff und Energie ist nur folgerichtig der Informationsträger. Das Getragene ist schließlich der von Stoff und Energie freie Teil der Information. Auch hierzu gibt es Grenzbeziehung mit Analogie zur Einstein-Formel. Auf sie wird im folgenden eingegangen.

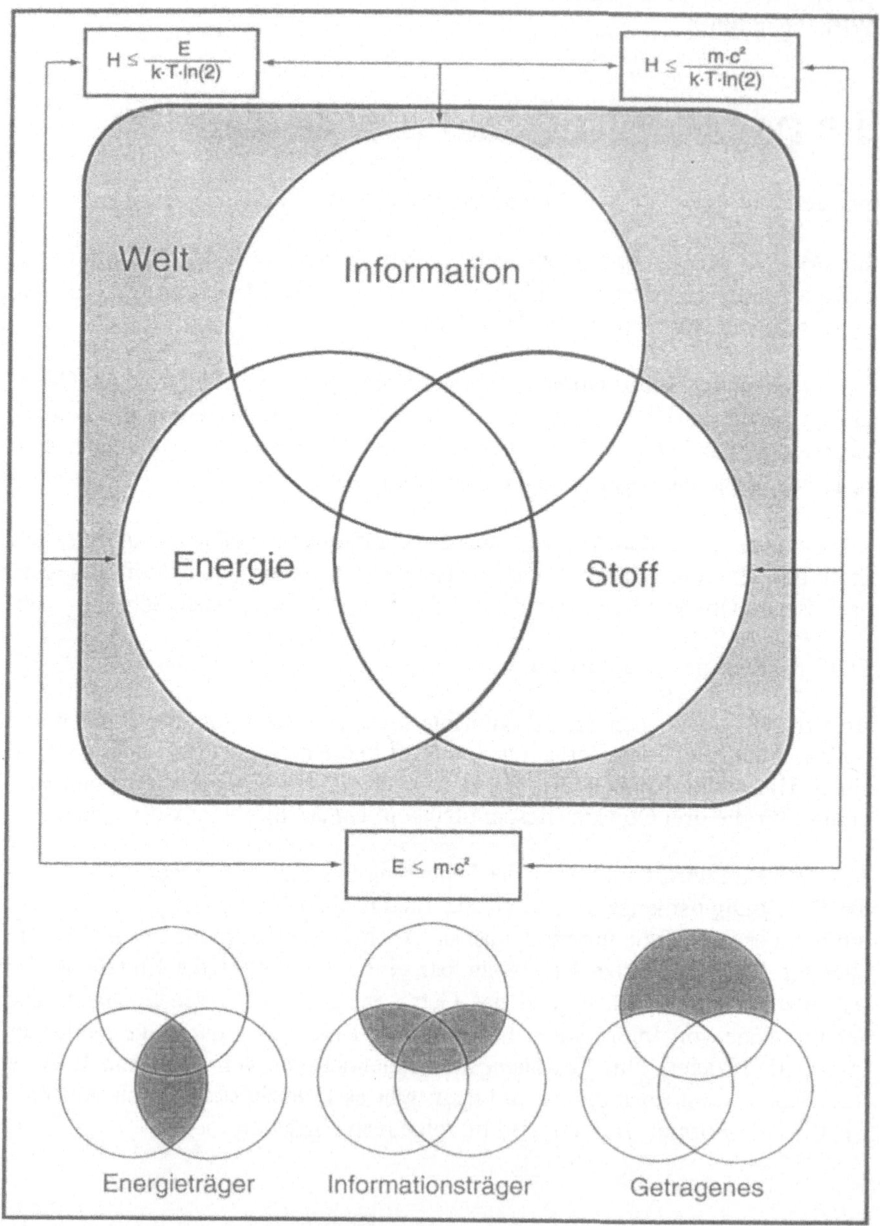
H ≤ E / k·T·ln(2)
H ≤ m·c² / k·T·ln(2)
Welt
Information
Energie
Stoff
E ≤ m·c²
Energieträger
Informationsträger
Getragenes

1.9 Energie je Bit [8]

Zur Nachrichtenübertragung ist eine gewisse Energie

$$E = z \cdot E_{th}$$

erforderlich. Sie liegt beim z-fachen der unvermeidbaren thermodynamischen Störenergie:

$$E_{th} = k \cdot T$$

Darin bedeuten

k die Boltzmannkonstante mit $1{,}381 \cdot 10^{-23}$ J/K
T die absolute Temperatur in Kelvin

In der Theorie der Nachrichtenübertragung [9] ist weiter die Entropie H einer Quelle wichtig. Sie wird in Bit gemessen. Beim Störabstand z gilt für sie:

$$H = \mathrm{ld}(1 + z)$$

Für das Verhältnis aus Energie und Information folgt daraus:

$$E/H = k \cdot T \cdot \frac{z}{\mathrm{ld}\,(1 + z)}$$

Die zugehörige Maßeinheit ist J/Bit. Diese Formel gibt also an, welche minimale Energie je Bit theoretisch notwendig ist. Für den Bruch läßt sich ein Grenzwert bestimmen. Er tritt ein, wen z gegen 0 strebt. Dann gilt [10]

$$E/H \geq k \cdot T \cdot \ln(2)$$

bzw.

Bild 4 (links): Venn-Diagramme für den Zusammenhang der drei Weltbeschreibungen durch die Objekte: Stoff, Energie und Information und deren gegenseitige Begrenzungen. Unten im Bild sind drei ausgewählte Teilgebiete hervorgehoben.

---

[8] Dieser Abschnitt erfordert ein wenig Mathematik. Falls Sie dabei auf Probleme stoßen, können Sie die Formeln schlicht überlesen und nur das Ergebnis zur Kenntnis nehmen.
[9] Sie wird auch Informationstheorie genannt und später noch genauer behandelt
[10] Diese Beziehung läßt sich auch quantentheoretisch herleiten, siehe z. B. [VI3] S. 60

$$H \leq \frac{E}{k \cdot T \cdot \ln(2)} \approx 1{,}04 \cdot 10^{23} \cdot \frac{E}{T} \quad [\text{J/K}]$$

Bei Zimmertemperatur (etwa 300 Kelvin) sind folglich mindestens $3 \cdot 10^{-21}$ Joule je Bit erforderlich. Das ist eine unwahrscheinlich kleine Energie, die natürlich den Informationsträger betrifft. Sie kann aber keinesfalls Null werden. In der angewandten Technik wird immer ein beachtliches Vielfaches – meist ein Vieltausendfaches – verwendet.

In die letzte Formel kann auch die Einstein-Formel eingesetzt werden. Dann folgt:

$$H \leq \frac{m \cdot c^2}{k \cdot T \cdot \ln(2)} \approx 9{,}40 \cdot 10^{39} \cdot \frac{m}{T} \quad [\text{kg/K}]$$

Bei Zimmertemperatur (300 K) sind in 1 kg Masse damit maximal theoretisch $3 \cdot 10^{40}$ Bit zu speichern. Praktische Werte sind um viele Zehnerpotenzen kleiner.

Für Stoff und Energie gibt die Einstein-Formel einen Grenzwert zu ihrem Austausch an. Die obigen Formeln stellen ähnliche Grenzbeziehungen zwischen Energie bzw. Masse einerseits und der Information andererseits her. So ergeben sich für die Wechselwirkung zwischen den drei Objekten Stoff, Energie und Information feste Grenzrelationen, die auch im Bild 4 eingetragen sind.

2 Zur Bedeutung der Codes

Code leitet sich vom lateinischen cauda (Schwanz, Schleppe; Coda = musikalischer Schluß) und caudex (Baumstamm, Strafblock, Buch, Bibel) ab. Der Begriff wechselte dann im Französischen zur Bedeutung von Gesetz, z. B. als Code Napoleon. Heute wird Code bevorzugt im technischen Sinne verwendet. Hier existiert eine sehr große Vielfalt von Varianten. Inzwischen ist der Begriff auch außerhalb der Technik gebräuchlich, z. B. genetischer Code. Schwerpunktmäßig wird der Begriff für die folgenden Inhalte verwendet:

- Festlegung, Festschreibung bzw. Normung von Signalkombinationen. Hierzu gehört z.B. das Sondersignal der Rundfunksender für Anfang und Ende der Verkehrsmeldungen. Auch ein zwischen Liebenden vereinbartes Zeichen ist in diesem Sinne ein Code.
- Zuordnung von Signalen (Zahlen) zu Fakten, Objekten, Inhalten usw. Beispiele sind der ASCII-Code für die Buchstaben in der Textverarbeitung und die Schläge einer Kirchturmuhr für die Zeit.
- Codierung und Decodierung als Maßnahme/Methode zur Erzeugung von Signalen oder Rückwandlung des Originals aus den Signalen. Die automatische Schrifterkennung realisiert eine Codierung von gedrucktem Text in den ASCII-Code. Die Entwicklung eines Lebewesens aus dem Ei kann als Decodierung des genetischen Codes interpretiert werden.

Die Klassifizierung der Codes erfolgt nach sehr unterschiedlichen Gesichtspunkten und betrifft vorwiegend den 2. Punkt. Auf sie wird noch einzugehen sein. Hier sollen aber zunächst zwei recht allgemeine, relativ neue Klassen eingeführt werden (siehe [VI3] S.81ff.).

2.1 Objekt- und Struktur-Code

Zur Kennzeichnung von Gegenständen, Tieren oder Menschen werden individuelle Namen verwendet. Allgemeiner soll jetzt von beliebigen materiellen oder ideellen Objekten ausgegangen werden. Statt durch Namen sollen sie mittels Zahlen oder spezieller Signale gekennzeichnet werden. Diese Methode hat große technische Vorteile. Die zugehörige Abbildung vom Objekt zur Zahl bzw. zum Signal heiße *Objekt-Code*. So kann die Eigenschaft männlich durch 0 und weiblich durch 1, die Ziffer 5 durch den ASCII-Code 35H und ein

Bankkonto durch seine Konto-Nr. codiert werden. Der vorwiegend durch Zahlen ausgedrückte Objekt-Code verweist folglich immer auf etwas anderes, nämlich ein materielles oder ideelles Objekt, das vielfach außerhalb des betrachteten technischen Bereiches liegt.

Häufig werden in der Technik die Signale oder Zahlen des Objekt-Codes auch zur Erzeugung von Objekten oder Prozessen benutzt. Dies ist also die umgekehrte Abbildungsrichtung, nämlich vom Signal oder von der Zahl zum Objekt. Da hierbei häufig Strukturen generiert werden, soll der Begriff *Struktur-Code* für diese Richtung verwendet werden. Während ein Objekt-Code für Objekte steht, hat in der Umkehrung ein Struktur-Code immer etwas zu bewirken. Er steuert z.B. den Motor eines Druckers oder Plotters, er wirkt auf entsprechende Geräte ein. In diesem Sinne sind auch die Befehle eines Rechners Struktur-Codes. In der Natur wirkt der genetische Code genau auf diese Weise. Er 'konstruiert' einmal das Lebewesen aus dem genetischen Code und hält es dann mittels anderer Teile des Codes am Leben. Damit können Struktur-Codes sowohl funktionelle als auch strukturierende Eigenschaften besitzen.

Bild 5 faßt wesentliche Inhalte zum Objekt- und Struktur-Code zusammen. Daraus ist ersichtlich, daß zwischen mehreren zugehörigen Begriffen präziser unterschieden werden muß: Objekt- und Strukturcodierung (in den Kreisen) sind Vorgänge, welche dazu führen, daß dem ursprünglichen Objekt der Code zugeordnet wird bzw. aus dem Code das neue Objekt erzeugt werden kann. Sie schaffen also die Voraussetzung für die zum Objekt- bzw. Strukturcode gehörende Abbildung. Infolge der mehr oder weniger symmetrischen Abbildung beider Code-Arten existiert genau genommen nur ein einziges Code-Alphabet aus Signalen oder Zahlen. Es ist in der Mitte des Bildes dargestellt. Mit ihm wird bevorzugt im technischen Bereich operiert. Es ersetzt hier beide Objekte.

In diesem Sinne ist die Zeichenerkennung eine Objekt-Codierung, welche Texte automatisch liest und in ASCII-Code überführt. Mittels eines Druckers wird andererseits aus ASCII-Code-Folgen wieder ein Text zu Papier gebracht. Der so neu gedruckte Text besitzt (bis auf Lesefehler oder verursacht durch andere Störungen) den gleichen Wortlaut in der Buchstaben- und Zeichenfolge. Er weicht aber oft in seinem Aussehen (u.a. Font, Schriftgröße und Auszeichnung) deutlich vom ursprünglichen Text ab. Betrachtet man diese Vorgänge über den rein technischen Bereich hinaus, so gilt vereinfacht, daß die Objekt-Codierung das Getragene entfernt (ins Trojanische Pferd packt), und die Struktur-Codierung das Getragene wieder hervorzaubert. Bei der eigentlichen Signalübertragung bzw. bei den Zahlen des ASCII-Codes ist das Getragene nicht unmittelbar zugänglich. Zur Vertiefung dieser Zusammenhänge müssen zunächst zwei Begriffspaare genauer analysiert werden:

- relevant und irrelevant (mit betont subjektiver Natur),
- redundant und nicht redundant (mit betont technischen Aspekten).

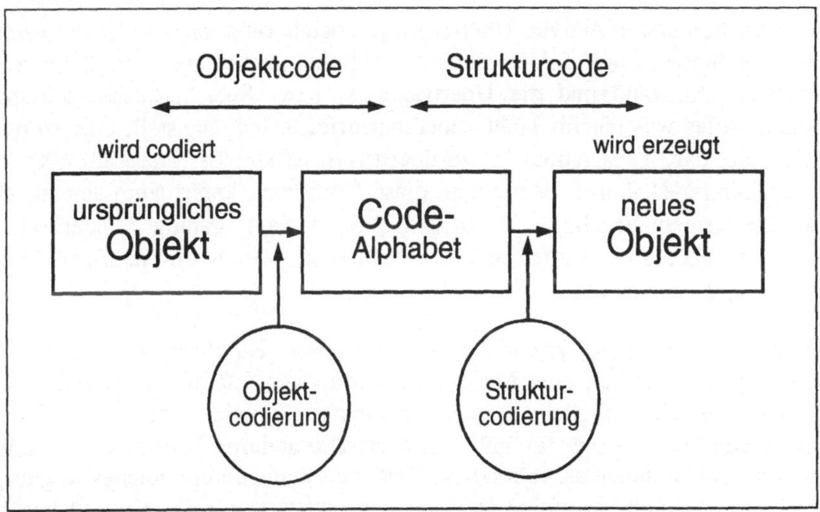

Bild 5. Zum Zusammenhang von Objekt- und Struktur-Codierung bzw. -Code

2.2 Die Redundanz, das echt Überflüssige

Redundanz ist eine im wesentlichen objektive Größe. Sie weist das jeweils Überflüssige aus. Diese Teile kann man bei der Übertragung oder Speicherung entfernen, ohne daß dadurch eigentlich etwas verloren geht. Nach gegebenen Regeln können diese Teile wieder problemlos auf der Empfangsseite automatisch hinzugefügt werden. Im beachtlichen Umfang hängt damit die Redundanz von der Leistungsfähigkeit bzw. dem Wissen des Empfangssystems und den verwendeten Methoden ab. Typisch für Redunzdanzsenkung sind Komprimierungsverfahren. Sie arbeiten nach gegebenen (umkehrbaren) Algorithmen, die auch der Empfänger kennt. Mit ihnen kann er das Original wieder herstellen. Redundanz ist also genau genommen nur dann eine objektive Größe, wenn man auch den zugehörigen Algorithmus zur Redundanzsenkung kennt. Auf alle Fälle existiert Redundanz vorrangig in bezug auf den Informationsträger und kaum für das Getragene. Dies folgt schon daraus, daß ja im eigentlichen Sinne das Getragene nur mittelbar zum Empfänger gelangt.

Unabhängig von den allgemeinen Redundanzeigenschaften müssen deutlich zwei Typen unterschieden werden:

- störende Redundanz,
- förderliche Redundanz.

Zur schnellen und effektiven Übertragung, Speicherung usw. sollte die Redundanz der Signale und Zahlen immer möglichst gering sein. So können der technische Aufwand und die Übertragungs- bzw. Speicherkosten minimiert werden. Alles was hierfür nicht unbedingt erforderlich ist, stellt eine *störende* Redundanz dar. Tausendmal '1' zu übertragen ist sinnlos. Die Zahl 1000 und eine folgende '1' führen, wenn man diese Codierung kennt, zum selben, aber redundanzarmen Ergebnis. Wenn ein Redner sich ständig wiederholt, so spricht er ebenfalls mit (störender) Redundanz. Auch ein häufiges, nichts sagendes 'äh' gehört dazu.

Bei jeder Übertragung können Fehler auftreten. Zu ihrer Entdeckung und Behebung kann gezielt eine *förderliche* Redundanz angewendet werden. Aus der Vielzahl aller möglichen, unterscheidbaren Signale, Codes oder Wörter dazu werden nur wenige für gültig erklärt. Die anderen Wörter geben keinen Sinn und gelten daher als redundant. Tritt nun dennoch ein solches ungültiges Signal auf, so muß es infolge eines Fehlers entstanden sein. Hierauf beruhen alle Verfahren der Fehlererkennung. Teilweise besteht bei solchen ungültigen Signalen auch noch die Möglichkeit, das richtige Signal zu erkennen und so den Fehler zu korrigieren. Es wird dabei einfach jenes gültige Signal gewählt, welches den geringsten Abstand zu einem gültigen besitzt. Wenn z.B. in einem Text "Huasgarten" steht, so weiß man mit sehr großer Wahrscheinlichkeit, daß es Hausgarten heißen muß. Genau in diesem Sinne ist jede natürliche Sprache stark förderlich redundant.

Eine förderliche Redundanz wird auch in der Pädagogik angewendet. Hier ist die Wiederholung die Mutter alles Lernens. Auch in der Musik spielt sie eine wichtige Rolle. So zeigten z.B. Musikanalysen, daß im klassischen Sonatensatz das Motiv etwa 30 Mal variiert wiederholt wird. Dadurch lernen wir schnell das Hauptmotiv.

2.3 Was ist relevant?

Relevant bedeutet, daß etwas wichtig, belangvoll, wesentlich oder erheblich ist. Die Entscheidung hierüber hängt immer vom Zusammenhang oder Kontext ab. Damit gehen zuweilen stark spezifische, individuelle Eigenschaften des Empfängers ein. Häufig wird das letztlich ein Mensch sein. Dann wird relevant zusätzlich durch das subjektive Ermessen des einzelnen beeinflußt. So ergeben sich drei Beispielgruppen für relevant:

- Grenzen der Aufnahmefähigkeit des Empfängers,
- Information, die leicht über den Kontext ergänzt werden kann,
- Information, die bezüglich des Kontextes keinen Sinn macht.

Die Grenzen der *Aufnahmemöglichkeit* des Menschen werden bei einer Bildwiedergabe über den Bildschirm oder beim Film deutlich. Erfolgen die Bildwechsel zu selten, tritt Bildflimmern auf. Je nach Helligkeit verschwindet es bei einer Bildwiederholfrequenz von ca. 60 bis 70 Hz. Daher ist es irrelevant, noch schnellere Bildwechsel anzuwenden.

Schallfrequenzen über 20 kHz hört kein Mensch. Höhere Tonfrequenzen sind daher bei jeder Schallspeicherung irrelevant. Soll dagegen, wie beim Telefon, nur die menschliche Sprache übertragen werden, genügt bereits ein Frequenzbereich zwischen 300 und 3000 Hz. Reicht etwa gar der Wortlaut ohne individuelle Färbungen und Nuancen aus, kann der relevante Frequenzbereich mittels Vocoder [1] sogar auf wenige hundert Hz reduziert werden.

Der Mensch kann oft *fehlende Information* ergänzen. So werden Druckfehler meist nicht bemerkt. Auch fehlende Selbstlaute sind in der deutschen Sprache leicht zu erraten. Beim Sehen ergänzen wir sehr zuverlässig Teile eines Gegenstandes, die durch andere Gegenstände verdeckt sind. Verzerrungen bei der Übertragung von Sprache stören die Verständlichkeit nur dann, wenn sie einen recht großen Wert erreichen.

Bereits aus diesen Aufzählungen wird deutlich, daß Relevanz sich häufig auf das Getragene (als Kontext) bezieht. Daher gilt, wenn auch nicht eindeutig, so doch bevorzugt die folgende Zuordnung:

---

[1] Vocoder ist ein technisches Gerät, das in komplizierter Weise spezielle Ausschnitte aus der Sprache auswählt und in geschickter Weise verschlüsselt.

Relevanz   ↔   Getragenes
Redundanz   ↔   Informationsträger

Weiter läßt sich für die beiden unabhängigen Begriffspaare die folgende Matrix
aufstellen:

	relevant	irrelevant
redundant	Fehlererkennung und -korrektur	fast nie wichtig
nicht redundant	unbedingt erforderlich	subjektiv abwägen

2.4 Decodierbarkeit

Die zumindest teilweise Reziprozität von Objekt- und Struktur-Codes bedingt
zwei Codierungen: Der jeweilige Code (aus dem Code-Alphabet) muß mittels
Codieren des Objekts erzeugt werden. Durch Decodieren sind dann später aus
dem Code wieder Objekte zu erstellen. Der zweite Schritt, die Decodierung,
ist nur dann eindeutig möglich, wenn gewisse Voraussetzungen erfüllt sind.
Hierauf muß bereits bei der Codierung, genauer gesagt bei der Aufstellung des
Code-Alphabets, geachtet werden. Der Morse-Code läßt z. B. fehlerhafte
Codierung dann zu, wenn die verschiedenen Pausenlängen für Zeichen-, Buch-
staben- und Wortabstände nicht präzise eingehalten werden. Hierauf wird noch
einmal im Abschnitt 2.6. bei der Textcodierung eingegangen. Ein Beispiel für
eine fehlerhafte Decodierung zeigt das folgende Schema:

```
    s  ei n en a d  el
    ..........-..-..--.....-..
    h  er  r  w  i el
```

Die hierin verwendeten Morsezeichen sind in der folgenden Tabelle zusammengefaßt:

```
a  .-        h  ....       n  -.        w  .--
d  -..       i  ..         r  .-.
e  .         l  .-..       s  ...
```

Ursache vieler Decodierfehler ist, daß nicht eindeutig die Anfänge der verschiedenen, aufeinander folgenden Codewörter erkannt werden. Dies vermeiden drei wichtige Prinzipien:

- Sondertrennzeichen,
- Gleichmäßiger Code,
- Präfix-Code.

In eindeutiger Weise können die einzelnen Code-Worte durch ein spezielles *Trennzeichen* voneinander abgegrenzt werden. Es darf dann aber mit keinem anderem Codewort übereinstimmen. Hier liegt genau der Mangel des obigen Beispiels. Der Morse-Code besteht nämlich nicht, wie meist angenommen wird, nur aus den Punkten und Strichen. Als wichtiges drittes Zeichen des Code-Alphabets gehört zu ihm nämlich auch die Pause, die überhaupt erst die Punkte und Striche erkennen läßt. Damit muß aber zur Abtrennung der Code-Wörter aus Punkten, Strichen und Pausen ein weiteres Codewort eingeführt werden. In der Praxis ist dies die 3mal längere Pause. Genau sie wurde oben bewußt unterschlagen. Eine ähnliche Funktion nehmen in der Schriftsprache die Wortzwischenräume und Interpunktionszeichen ein. Da so etwas in der gesprochenen Rede nicht üblich ist [2], gehen Redner bei Zitaten so vor: Unmittelbar vorher sagen sie kurz und bündig "Zitat!" und hinterher schlicht "Ende des Zitats". Bei einigen technischen Übertragungen wird in diesem Sinne eine sonst nicht erlaubte Bitfolge, die Präambel zuerst gesendet. Beim Fax, der Datenkommunikation im Telefonnetz (u. a. ansynchrone V 24), existiert hierzu ein Start- und Stoppbit bestimmter Länge.

Bei einem *gleichmäßigen Code* sind alle gültigen Code-Wörter gleich lang. Man spricht auch von einem Code mit konstanter Wortlänge. Im praktischen Leben gilt so etwas z.B. für die Postleitzahlen, Kontonummern bei einer Bank und Telefonnummern in einer Stadt. Ein typisches technisches Beispiel ist der ASCII-Code mit seinen 7 (8) Bit. Insgesamt sind solche Codes doch eher die Ausnahme.

Der *Präfix-Code* heißt auch irreduzibel, kommafrei oder natürlich. Hier gibt es weder Trennzeichen noch gleichbleibende Wortlängen. Das Auswahlprinzip ist etwas komplizierter und lautet für die gültigen Code-Wörter:

---

[2] In der NS-Zeit sollen sich politisch internierte Künstler zu ihrer Ablenkung eine seltsame Sprachart erdacht haben. Sie gaben den Interpunktionszeichen sprachliche Laute: Punkt = bum, Komma = peng, Semikolon = bum-peng, Ausrufungszeichen = sching-bum, Fragezeichen = tütelit-bum, Gedankenstrich = tatütata. Noch heute existiert hiervon die Variante des Vortrages von Goethes Erlkönig. Trotz des makabren Hintergrunds erweckt sie unvergleichliche Heiterkeit.

- kein Code-Wort darf der Anfang eines anderen sein.

Im praktischen Leben ist mir kein Beispiel hierfür bekannt. Bereits alle zusammengesetzten Wörter widersprechen voll diesem Prinzip. Wenn z.B. 'Laden' ein solches Codewort wäre, dürfte es kein 'Ladenfenster', keine 'Ladentür', keinen 'Ladenbesitzer' usw., aber auch keine 'Lade' mehr geben. Da im Präfix-Code alle Wortzwischenräume und Interpunktionszeichen fehlen, würden die ersten beiden Sätze dieses Absatzes so aussehen:

impraktischenlebenistmirkeinbeispielhierfürbekanntbereitsallezusammengesetzt enwörterwidersprechenvolldiesemprinzip.

Da auch die Großschreibung so etwas wie ein Startzeichen ist, wurde sie bewußt zusätzlich entfernt. Sie sehen daran sofort, wie schwer dieser Text für uns zu lesen ist. Die Sprache braucht auf Grund ihres Aufbaus also unbedingt Trennzeichen. Beim Präfixcode sind sie dagegen voll redundant, überflüssig. Daher ist der Präfixcode eine besonders kompakte und redundanzarme Codierung. So erlangte er im technischen Bereich größte Bedeutung, und es gibt mehrere Verfahren zu seiner optimalen Gestaltung. Die beste [3] Methode ist die Huffmann-Codierung. Damit Sie sich unter diesem Code etwas mehr vorstellen können, möchte ich wieder für die beiden Sätze ein einfaches binäres Beispiel konstruieren. Diese Codetafel wurde bewußt willkürlich festgelegt und etwas umsortiert:

```
1                alle
010              Beispiel
001              bekannt
00011            Bereits
00010            diesem
00001            hierfür
000001           Im
00000011         ist
00000010         kein
00000001         Leben
0000000011       mir
0000000010       praktischen
0000000001       Prinzip
000000000011     voll
000000000010     widersprechen
000000000001     Wörter
000000000000     zusammengesetzten
```

---

[3] Vielfach gilt der Huffman-Code als optimal. Es gibt sogar 'Beweise' dafür, daß es keine effizientere Codierung geben kann. Dabei sind jedoch die Voraussetzungen präzise zu nennen. So ist u.a. in den letzten Jahren die z. T. leistungsfähigere arithmetische Codierung entwickelt worden.

Hiermit entsteht aus den beiden Sätzen diese Zeichenfolge:

00000100000000100000000100000011000000001100000010010000010010001110000000000000000000000001000000000011000100000000001

Versuchen Sie einmal, hieraus die Sätze wieder zu rekonstruieren. Die Zeichenfolge beginnt mit '0'. Damit kommen zunächst alle Wörter außer 'alle' in Betracht. Durch die weiteren Nullen scheiden dann schrittweise die folgenden sechs Wörter aus. Die '1' an sechster Stelle führt schließlich zum gültigen Codewort für 'Im'. In ähnlicher Weise kann schrittweise aus der 01-Folge der alte Text rekonstruiert werden. Wer dies einmal wirklich durchführt, merkt, wie spannend diese Codierung ist und wundert sich schließlich, daß sie absolut zuverlässig funktioniert.

Die bisher genannten Code-Klassen sind besonders wichtig und gründlich untersucht, umfassen aber keineswegs alle Möglichkeiten für decodierbare Codes. Dies sei an einem Beispiel für zunächst zwei Zeichen gezeigt:

A → 0   und   B → 01.

Beide Codes beginnen mit 0, dabei ist 0 aber kein Trennzeichen, denn es ist selbst ein Codewort. Der Code für A ist außerdem Präfix für den von B. Der Code ist sogar erweiterbar:

C → 011   und   D → 0111.

Derartig ausgefallene Codes haben aber kaum Bedeutung. Sie sind weder systematisch zu konstruieren noch optimal [4].

---

[4] Für die irreduziblen Codes lassen sich allgemeine und exakte Abschätzungen zur Decodierbarkeit gewinnen. Sie geben zugleich Hinweise zum minimalen Aufwand. Jeder Code ist ferner durch typische Code-Eigenschaften gekennzeichnet. Hier werden nur wenige Beispiele erwähnt: *wägbar* (BCD, AIKEN, 3-Ekzeß = Stibitz-Code); Gegenteil davon sind *Anordnungs-Codes*. *Symmetrische* werden bezüglich Pseudotetraden betrachtet. *Komplementäre* lassen es zu, die Subtraktion durch eine Addition zu realisieren. Erkennen der *Geradzahligkeit*, leichtes *Abrunden* und *übertragungsgerechte Addition* bei Zahlen sind weitere Eigenschaften für die Rechentechnik. Bei der Übertragung ist *selbsttaktend* bzw. *maskierbar* wichtiger. *Einschrittige*, z. B. der GRAY-Code, sind bei zählenden Prinzipien wertvoll. Weitere Details sind u. a. in [VI3] enthalten.

2.5 ISBN und Bar-Code

In einigen Fällen existieren sehr direkte Objekt-Codierungen. Hierbei sind Objekt und Code in unmittelbaren Bezug gesetzt. Ein gutes Beispiel ist die Internationale Standardisierte Buch-Nummer (ISBN). Sie wird auch Standardbuchnummer genannt und gilt exakt für ein einziges Buch. Sie steht im Impressum und wird z. B. für Buchbestellungen und zu vielfältigen Registrierungen und Nachweisen, z. B. in Bibliotheken genutzt. Sie besteht immer aus 10 Ziffern in der folgenden Reihung:

Ländergruppe – Verlag – Buchnummer – Kontrollziffer

Bei der Ländergruppe für die Herstellung (1 Ziffer) gilt z. B. 0 für englisch-amerikanisch und 3 für deutschsprachlich. Die Zählung der Verlage erfolgt mit 2 bis 4 Ziffern (bevorzugt 3) nur innerhalb jeder Ländergruppe. So steht 0 – 13 für englischsprachige Bücher von Prentice-Hall und 3 – 524 für den Vieweg-Verlag. Die Buchnummer (je nach Verlagslänge 6 bis 4 Ziffern) wird individuell vom jeweiligen Verlag vergeben. Ein Beispiel hierfür ist: 3 – 528 – 05252 – X. Die ersten neun Ziffern werden als Positionscode interpretiert [5], also gilt:

$$1\cdot3 + 2\cdot5 + 3\cdot2 + 4\cdot8 + 5\cdot0 + 6\cdot5 + 7\cdot2 + 8\cdot5 + 9\cdot2 = 153$$

Dieses Ergebnis wird dann Modulo 11 genommen und ergibt die Kontrollziffer:

$$153 \text{ MOD } 11 = 10$$

Sie kann, wie in diesem bewußt ausgewählten Fall, maximal 10 werden. Da aber nur die Ziffern 0 bis 9 zur Verfügung stehen, wurde für den Sonderfall der 10 die römische X eingeführt.

Die Bindestriche in der ISBN werden recht unterschiedlich gesetzt. Hierbei geht meist die Anzahl der Ziffern für den Verlag ein. So existieren u. a. die Varianten:

x – xxxx – xxxx – x, x – xx – xxxxxx – x oder x – xxx – xxxxx – x.

---

[5] Positionscode bedeutet, daß die erste Ziffer mit 1, die zweite mit 2 usw. bewertet wird und dann eine Addition erfolgt. Ein anderer Algorithmus verwendet eine doppelte Quersummenbildung, führt aber zu der gleichen Kontrollziffer. Vgl. [VI3] S. 89.

Ein ähnlicher direkter Objekt-Code ist die Warennummer. Für sie hat sich der Bar-Code (Balken-Code) in mehreren Varianten weitgehend durchgesetzt. Hierbei werden die Zahlen (z.T. auch Buchstaben) nach unterschiedlichen Algorithmen in schmale und breite Striche, die durch ebenfalls schmale oder breite Pausen getrennt sind, codiert. Die Vorteile dieses Codes sind vielfältig. So ist eine einfache und schnelle Datenerfassung mit Scannern, z.B. an den Kassen der Supermärkte möglich. Gekoppelt damit läßt sich die Warenhaltung und Bestellung überwachen.

2.6 Text-Codierung

Die Textverarbeitung mit Rechnern ist heute eine Selbstverständlichkeit. Wesentlich war und ist dabei die Breitenanwendung des international verwendeten ASCII-Code (American Standard Code for Information Interchange). Er ist das eigentliche Austauschformat zwischen Rechnern und Programmen. Daher ist er ein verbindlicher (genormter) Objekt-Code. Ohne ihn wäre es wohl nie zu dieser Breitenanwendung im Umgang mit Texten gekommen.

Infolge einiger technischer Entwicklungen sind aber leider in den letzten Jahren gewisse Inkompatibilitäten zwischen Rechnern und/oder Textverarbeitungssystemen entstanden. Dies ist vor allem dann der Fall, wenn Zeichen jenseits des festgelegten 7-Bit-Zeichensatzes verwendet werden. So etwas gilt u. a. für nationalsprachliche Zeichen, wie im Deutschen äöüÄÖÜß. Aber auch die IBM-Liniengrafik, mathematische Sonderzeichen usw. bereiten zuweilen beachtliche Schwierigkeiten. Hinzu kommt, daß mit den gewachsenen Ansprüchen des DTP (DeskTop Publishing, elektronisches Publizieren mittels Tischrechner) immer neue, nicht allgemein gültige Varianten der Codierung hinzugefügt wurden. Andererseits ermöglicht die jetzige Leistungsfähigkeit der Rechner auch relativ leicht Konvertierungen zwischen den unterschiedlichen Codierungen. Dennoch bereitet die Inkompatibilität etliche Probleme. Es gibt offensichtlich keine voll korrekte Konvertierung zwischen allen Formaten. Deshalb sind seit einiger Zeit Normungen in Arbeit und teilweise bereits abgeschlossen, die wieder zu einem universellen Text-Code führen sollen. Sie gehen dann aber nicht mehr von 7 bzw. 8 Bit je Zeichen aus, sondern setzen 16 (oder mehr) Bit voraus. Dadurch können dann alle möglichen Zeichen eindeutig codiert werden.

Die Ursachen für die angedeutet unglückliche Entwicklung sind sehr vielfältig. Grob lassen sie sich etwa folgendermaßen zusammenfassen:

- Heute reicht der eigentliche ASCII-Zeichensatz mit 128 bzw. 256 nicht mehr aus. Es muß eine Vielzahl von Sonderzeichen zusätzlich einbezogen werden:
  - nationalsprachliche Zeichen, wie äöüßÄÖÜ, èÆ£¥.
    griechische Zeichen, wie α, ß, Γ, π, Σ, Ω.
  - mathematische Zeichen, wie $\geq$, ∞, $\sqrt{\ }$, $\approx$, $\cap$, $\equiv$, $\pm$, «.
  - graphische Zeichen, z. B. für Linien ⊩, ⊿, ⊦, ⊢.
  - Piktogramme, wie ▸, ♥, ☎, ⌨, ✂, ✄.
  - weitere Alphabete wie kyrillisch, hebräisch, arabisch oder gar japanisch, chinesisch, koreanisch.
  - eventuell sind alte Schriften, wie Keilschriften, Runen, Ägyptisch oder Babylonisch notwendig.
- Die Zeichen allein genügen nicht mehr allein; es müssen zusätzliche vielfältige Auszeichnungen ergänzt werden, u. a.:
  - Schriftfont, z.B. Times, Helvetia, Garamond, Courier, Letter Gothic usw.
  - Schriftgröße, bevorzugt angegeben in typographischen Punkten
  - Schriftstil, wie fett, kursiv, hochgestellt, unterstrichen, aber auch proportional, gesperrt usw.
  - Textformatierungen, wie Zeilenabstände, Einrückungen, Absätze, Tabellen usw.
  - Bei wissenschaftlichen Texten besteht die Notwendigkeit, Formeln nach genau festgelegten Regeln zu schreiben.
- Vielfach sind auch Bilder in die Texte einzubinden. Dann gibt es zusätzliche Probleme, auf die noch im Abschnitt 2.9. eingegangen wird.
- Es existiert häufig ein Unterschied zwischen dem Aussehen des Textes auf dem Bildschirm und beim Druck. Deshalb wird heute ein WYSIWYG (What You See Is What You Get) angestrebt. Doch hierbei gibt es vielfältige Probleme, nicht zuletzt, weil selbst die meisten heutigen Rechner hierfür immer noch nicht leistungsfähig genug sind.
- Es existieren viele Druckertypen, die auf sehr unterschiedliche Weise angesteuert werden müssen (Struktur-Codes). Sie können außerdem immer nur einige ausgewählte Zeichensätze und Auszeichnungen realisieren. Daher ist bei jeder Textverarbeitung auch auf den jeweils vorhandenen Druckertyp Rücksicht zu nehmen.

Die Vielfalt dieser Forderungen läßt kaum eine komplette Normung der Textverarbeitung erwarten. Hinzu kommt, daß außerdem ständig die Ansprüche weiter wachsen. Daher sei eine grobe und unvollständige Gliederung der heutigen Textverarbeitung vorgestellt. Hierbei müssen vorweg folgende Teile unterschieden werden:

- Programme zum Schreiben und Editieren von Text, die primär zu Dateien führen, aber auch immer eine Ausgabe zum Drucker oder Belichter realisieren können.
- Dateien, welche die formatierten Texte enthalten. Da sie der bleibende Teil einer Textverarbeitung sind, wird hierfür bevorzugt die obige Normung angestrebt.
- Methoden bzw. Sprachen speziell für die Druckerausgabe.

Am meisten werden spezielle *Programme* wie WORD, WordStar, Wordperfekt usw. genutzt. Sie realisieren oft einen beachtlichen Umfang der Forderungen und konnten so eine große Verbreitung finden. Sie verwenden häufig recht individuelle Zusatzzeichen und vor allem unterschiedliche Auszeichnungsmethoden, die nur z.T. verbindlich dokumentiert sind und teilweise sogar von Version zu Version wechseln. Die meisten Programme enthalten auch teilweise brauchbare Möglichkeiten für den Export in spezielle Austauschformate. Hierunter befindet sich auch fast immer reiner ASCII-Code. Dabei geht jedoch jede Auszeichnung verloren, und außerdem entstehen häufig Probleme bezüglich der nationalsprachlichen Zeichen.

TEX-LATEX ist ein Programm, welches bevorzugt für wissenschaftliche Texte entwickelt worden ist. Es besitzt daher u.a. große Vorteile für das Schreiben von Formeln. Obwohl der Grundbestand an Schriften, Auszeichnungen usw. streng festgelegt ist, gibt es auch hier bereits je nach Implementation gewisse Abweichungen. Da TEX-LATEX teilweise auch eine Programmiersprache ist, fehlt hier weitgehend die Vorschau auf das Druckbild. Konvertierungen von und zu TEX-LATEX bereiten häufig Probleme.

POSTSCRIPT ist eigentlich eine spezielle Programmier-Sprache zur Definition ganzer Druckseiten und berücksichtigt auch Grafik und Typographie. Belichter und leistungsfähige Drucker sind auf dieses Dateiformat ausgelegt. So besteht der Vorteil einer konsequenten Normung. Dadurch sind aber die nutzbaren Zeichen und Fonts begrenzt. Es gibt kaum geeignete Methoden, um Postscriptdateien auf dem Bildschirm im Sinne einer Vorausschau zu betrachten.

PCL (Printer Control Language) ist eine Ansteuerungssprache für Drucker. Sie verwendet spezielle Steuerbefehle (ECSAPE-Sequenzen) für alle Auszeichnungen und läßt vielfältige Zeichensätze (siehe unten) zu. Sie wurde für Laser- und Tintenstrahl-Drucker von Hewlett Packard entwickelt und gilt weltweit als Industriestandard.

ESCAPE P ist eine vergleichsweise einfache Druckersprache vor allem für Nadeldrucker. Sie wurde von EPSON eingeführt. Auch sie ist zu einem Industriestandard geworden.

Von den 256 Zeichen eines Byte sind nur die Nummern 32 bis 127 als ASCII-Zeichen festgelegt. Einige wenige werden dabei allerdings nationalsprachlich bedingt, auch verschieden verwendet. Die anderen Werte können sehr unterschiedlich belegt sein. Die jeweilige Belegung wird in *Zeichensatztabellen* aufgezeigt. Auch hierfür gibt es Normungen. So unterscheidet man u.a. PC-8, PC-850, Roman 8, HP-Legal, ECMA 94 und Windows. Es gibt aber auch total abweichende Tabellen, wie z. B. Dingbat, Wingbat, Math-7, Math-8, Pi-Font, HP-Line-Draw usw. Eine Umschaltung zwischen den einzelnen Zeichensatztabellen wird je nach Druckersprache oder Textverarbeitungsprogramm über spezielle Steuerzeichen ausgeführt. Mit der oben genannten Norm könnte hier in absehbarer Zeit wieder eine allgemeingültige Normung mit nur einer einzigen großen (16 Bit) Zeichensatztabelle wirksam werden.

Aus der Sicht all dieser Fakten stellt die ASCII-Nr. und somit der ASCII-Code eine recht abstrakte Text-Codierung dar. Wie hoch diese Abstraktion ist, wird u. a. durch die erstaunlich langsamen Fortschritte bei der Schrifterkennung (OCR, Optical Charakter Recognition) deutlich. Sofern keine extrem aufwendigen Systeme benutzt werden, ist sie immer noch mühsam und teilweise unbefriedigend. Entgegen allen optimistischen Aussagen seit über zwanzig Jahren bleibt sie weit hinter den menschlichen Leistungen zurück. Die Abstraktion des ASCII-Code beseitigt also extrem viel Redundanz und Irrelevanz. Das von den ASCII-Zeichen Getragene ist offensichtlich vollständig nur für den Menschen zugänglich. Ein Problem besteht folglich darin, daß ein Teil der beseitigten Redundanz und Relevanz beim Drucken von ASCII-Texten (als Struktur-Code) wieder erzeugt werden muß. Genau deshalb sind die vielfältigen Steuersprachen für Drucker usw. erforderlich.

Aus den Betrachtungen ergibt sich, daß gedruckte (auch geschriebene) Texte eigentlich aus drei Teilen bestehen:

- ASCII-Code mit Erweiterungen durch Sonderzeichen
- Auszeichnungen, wie Fonttyp, Größe, Stil usw.
- Inhaltliche Aussagen der Texte.

Für die erste Stufe stellt der klassische ASCII-Code immer noch eine recht gute Lösung dar. Die angestrebte Normung könnte zudem jetzt bestehende Unzulänglichkeiten beseitigen. Die zweite Stufe befindet sich z. Z. stark in Entwicklung. Sie könnte prinzipiell über eine universelle Steuersprache einheitlich gelöst werden. Für die dritte Stufe gibt es trotz aller Versuche der Künstlichen Intelligenz bestenfalls Ideen. Das Getragene einer Sprache ist offensichtlich sehr an den menschlichen Kontext gebunden. Daher sind technisch perfekte Lösungen sehr unwahrscheinlich.

Schließlich seien noch drei Ergänzungen zu weniger bekannten oder gebräuchlichen Codierungen für "ASCII"-Zeichen erwähnt.

Die *Blindenschrift* gibt nur die wichtigsten Buchstaben als ein 3*2 Rastermuster wieder.

Recht alt ist der immer noch verwendete *Morse-Code* von 1840. Er ist aber deutlich komplizierter als allgemein angenommen wird (siehe oben). Er besteht einmal aus den beiden eigentlich aktiven Zeichen "Punkt" und "Strich" mit dem Längenverhältnis von 1:3. Sie werden durch drei Pausen verschiedener Dauer ergänzt:

- zwischen den aktiven Zeichen von der Länge eines Punktes,
- am Ende eines Code-Wortes mit der Länge von 3 Punkten,
- am Ende eines sprachlichen Wortes mit der Länge von 4 Punkten.

Ebenfalls recht alt ist der *5-bit-Fernschreib-Code*. Er wird teilweise noch bei der sequentiellen Datenübertragung (TELEX) und als spezieller Lochstreifen genutzt. Im Gegensatz zum Morse-Code ist er aber bereits weitgehend von leistungsfähigeren Verfahren abgelöst.

2.7 Zahlen-Codierung

Zahlen sind Objekte, die überall und nicht nur in der Rechentechnik verwendet werden. Daher werden sie auch in vielfältiger Weise codiert. Zunächst einmal existieren für sie Zahlzeichen (Ziffern). Sie bilden mit einigen zusätzlichen Zeichen (z.B. Vorzeichen, Dezimalpunkt bzw. -komma und Exponentenzeichen) ein 'Alphabet', aus dem die Zahlen erzeugt werden. Heute wird als Algorithmus fast ausschließlich das Stellenwert-System benutzt:

7392 bedeutet dann $7 \cdot 10^3 + 3 \cdot 10^2 + 9 \cdot 10^1 + 2 \cdot 10^0$.

Neben der hier verwendeten Basis 10 des Zahlensystems existieren vor allem in der Rechentechnik noch 2 (binär) und 16 (hexadezimal). Unter diesen Bedingungen kann eine Ziffernfolge recht unterschiedliche Zahlen bedeuten [6].

Für jede Zahlendarstellung sind zwei Größen bedeutsam: Die *Anzahl der Zahlzeichen* (Ziffern) und die für die notwendige *Anzahl von Ziffern* (Stellen). Das dezimale Alphabet hat 10 und das binäre 2 Zahlzeichen. Infolge der wenigen Zahlzeichen erfordert die binäre Darstellung einer Zahl fast immer auch mehr Stellen. Das Produkt aus der Anzahl der Zahlzeichen und der Stellenzahl heißt *Bezeichnungsaufwand*. Es läßt sich zeigen (u. a. [VI3] S.19), daß er für die Zahlenbasis $e = 2,71 \ldots$ ein Minimum wird. Die große Bedeutung des binären Zahlensystems liegt daher auch in seiner Nähe zu e begründet.

Im täglichen Leben ist fast ausschließlich das Dezimal-System gebräuchlich. Hieran hat sich die Menschheit wahrscheinlich wegen der zehn Finger gewöhnt. In der Rechentechnik sind dagegen vielfältige Codierungen für Zahlen gebräuchlich. Bevorzugt werden folgende Klassen benutzt:

- *Logische Größen*, zweiwertig.
- *Integer*, ganze (natürliche) Zahlen aus einem endlichen Zahlenbereich von z. B. $-32768 \ldots 32767$ oder $-2 \cdot 10^{10} \ldots 2 \cdot 10^{10}$.
- *Real*, Gleitkommazahlen, die aus den zwei Anteilen, nämlich Mantisse und Exponent bestehen. Beide treten dabei mit unterschiedlicher Zifferzahl der Mantisse und des Exponenten auf.

Im Prinzip gibt es auch ein international genormtes Format (IEEE 754 Gleitkomma-Standard) für alle Zahlen. Dieses Format ist sogar hardwaremäßig durch Arithmetikprozessoren u.a. der Typen XX87 unterstützt. Dennoch wird es nur von wenigen Programmen verwendet. Ein Datenaustauch von Zahlen erfolgt bevorzugt über ASCII-codierte Zahlzeichen. Damit liegt bei den Zahlen entgegen allen Möglichkeiten zur Objekt-Codierung ein geringeres Niveau als bei Texten vor. Das Getragene wird so sehr mittelbar und individuell in den einzelnen Systemen realisiert.

---

[6] Je nach Basis ist also das Empfangssystem anders gestaltet. Die binäre Zahl 11011001 bedeutet dezimal 217 und hexadezimal D9. Ist die Zahlenbasis bei 11011001 dagegen nicht bekannt, so bestehen folgende Möglichkeiten: Im binären Fall ist der dezimale Wert 217. Bei dezimaler Basis hat sie dagegen den Wert von rund 1 Million. Liegt gar hexadezimale Basis zugrunde, so entspräche sie dem dezimalen Wert von 285 282 305. Dies zeigt deutlich, wie sehr das Getragene als Eigenschaft des Sende- bzw. Empfangssystems den Träger unterschiedlich interpretieren läßt.

2.8 Musik-Codierung

Nach den vorangegangenen Betrachtungen ist es verwunderlich, daß gerade in der Musik ein weiterer allgemeingültiger Standard geschaffen wurde. Er entstand 1982 als MIDI-Norm (Musical Instrument Digital Interface) im Zusammenhang mit der Popmusik und dem Synthesizer sowie anderen elektronisch steuerbaren musikalischen Geräten. Dabei bestehen viele Parallelen zur Textverarbeitung. Auch die drei dort genannten Unterscheidungen existieren hier ähnlich:

- Notenwerte, wie man sie z. B. in einer Partitur sieht.
- Klangbilder, wie sie u. a. durch verschiedene Instrumente realisiert werden.
- Inhaltliche Aussagen von Musik.

Ähnlich den ASCII-Zeichen sind genau definierte Daten-Byte mit Bit 7 = 0 für folgende Noteneigenschaften festgelegt:

- Tonhöhe,
- Tondauer,
- Lautstärke.

Daher liegt schon hier im Gegensatz zum ASCII-Code der Textverarbeitung keine Minimalvariante, sondern eher die dort erst angestrebte Maximalauslegung vor. Solange sich die Musik auf Halbtonschritte begrenzt, kann es hier folglich keine Probleme geben.

Jede musikalische Tonfolge kann auf unterschiedlichen Instrumenten realisiert werden. Die Byte der Notenwerte berücksichtigen im MIDI-Code diesen Fakt nicht. Ähnlich wie beim Druck zwischen den Fonts und Auszeichnungen durch spezielle Steuerzeichen umgeschaltet wird, gibt es im MIDI-Code hierfür jetzt aber ein eindeutig festgelegtes Status-Byte mit Bit 7 = 1. Hierüber können auch individuell die verschiedenen angeschlossenen elektronischen Geräte einzeln oder in Gruppen angesprochen werden.

Die Musik verfügt nun aber über eine gewaltige Vielfalt an Klängen. Da existieren einmal die unterschiedlichsten Musikinstrumente. Sie kann ein Synthesizer weitgehend nachbilden. Doch es entstehen auf Grund der Flexibilität der Musikelektronik auch ständig neue Klänge. Sie zeichnen sich durch unterschiedliche Spektren sowie durch spezifische Ein- und Ausschwingvorgänge aus. Diese Fülle ist nicht normbar. Aber die einzelnen hierfür zuständigen Parameter sind speicherbar und werden in sogenannte Klangbänke abgelegt. Ähnlich wie spezielle Druckerschriften als Softfonts bei der Textverarbeitung in den Drucker geladen werden, lädt man diese Klangbänke [7] in den Synthesizer. Dann sind sie durch Status-Bytes ansprechbar. An dieser (einzigen) Stelle ist der MIDI-Code ähnlich wie die Textverarbeitung unbestimmt. So gilt auch für die Klangbänke ähnlich den Schriftfonts das Urheberrecht.

2.9 Codierung von Bildern

Die Welt der Bilder ist äußerst vielfältig. Sie können groß und klein sein. Sie existieren schwarz-weiß, in Grauwerten oder in Farbe mit unterschiedlicher Farbtiefe. Es gibt Bilder, die aus Punkten, Linien oder Flächen bestehen. Doch viel weniger wissen wir über den eigentlichen Inhalt der Bilder. Daher leuchtet es unmittelbar ein, daß noch kein universeller Bild- oder Grafik-Code existiert.

Bilder werden heute auf dem Rechner nach folgenden Verfahren gespeichert und bearbeitet:

- Pixelgrafik,
- Vektorgrafik,
- Fraktalgrafik, existiert erst in Ansätzen.

Bei der *Pixelgrafik* existiert eine bestimmte, jedoch begrenzte Anzahl, vorwiegend quadratischer Raster-Punkte. Sie heißen Pixel von pictur element. Die Anzahl der Pixel bestimmen die Auflösung des Bildes. Ihre Fähigkeit zur Variabilität ist durch die zugehörige Bit-Anzahl, die Bit-Tiefe bestimmt. Jedes Pixel kann im Prinzip einzeln in seiner Helligkeit und/oder Farbe verändert werden. Auf dem Bildschirm werden die einzelnen Pixel direkt dargestellt. Analog geht man beim Ausdruck des Bildes vor. Gespeichert werden die Bilder ebenfalls pixelweise. Man spricht dann von Bit-map. Infolge der dabei entstehenden großen Dateien werden jedoch meist zuvor Kompressionsverfahren angewendet. Leider existieren hierfür mehrere unterschiedliche Varianten und Standards, z.B. .PCX, .TIF und .IFF. Im Sinne einer Objekt-Codierung besteht so lediglich ein Code für die Helligkeit oder Farbe eines Pixel, nicht jedoch für ihre bildhafte Zusammensetzung. Da aber in Bildern fast immer

---

[7] Bei vielen Druckern, insbesondere bei Laserdruckern, unterscheidet man zwei Arten von Schriftfonts. Jeder Drucker verfügt über eine bestimmte, zuweilen kleine Anzahl von Schriften (z.B. Courier und Lineprinter), die fest eingebaut sind. Zusätzlich besteht die Möglichkeit, weitere Schriften in den RAM des Druckers zu laden und dann wie die festen Schriften zu verwenden. Die letzten Schriften heißen Softfonts, abgeleitet von Software und Schriftfont.

eine Form oder Gestalt wichtig oder entscheidend ist, kann dies kein sinnvoller Objekt-Code sein. Er ist bestenfalls eine Variante, bildliche Objekte unmittelbar zu speichern. Bedeutsam ist dabei, daß man in der Regel ein Bild erst dann gut erkennt, wenn der Abstand zu ihm so groß ist, daß man die einzelnen Pixel gerade nicht mehr wahrnimmt.

Bei einer *Vektorgrafik* werden nicht mehr Pixel sondern vorrangig geometrische Koordinaten verwendet. Bei einer Geraden ist dies ihr Anfang und das Ende sowie eventuell ihre Dicke; beim Kreis ist es der Mittelpunkt und Radius, Kurvenzüge werden durch Splines oder Bezierpolynome genähert. Für geschlossene Figuren existieren bei den meisten Verfahren/ Methoden, Farben und Raster zum Ausfüllen der Fläche. Vektorgrafik ist also ein Objekt-Code, der Koordinaten für ausgewählte, einfache geometrische Gebilde benutzt. Auch hierfür existiert eine größere Anzahl industrieller Standard, z. B. .CDR, .GEM, .WMF und .DXF. International existiert zwar auch ein übergreifender Standard, das GKS (grafisches Kern-Sytem). Es hat jedoch keine sonderlich breite Anwendung erobern können. Mit der Vektorgrafik können recht gut betont geometrische Bilder erzeugt und gespeichert werden. Solange diese Bilder nicht zu komplex sind, wird dann auch eine erheblich kleinere Speicherkapazität als bei entsprechenden Pixelbildern benötigt. Doch bei natürlichen Bildern mit photographischer Qualität versagt dieses Prinzip fast völlig. Bereits bei nur leidlicher Annäherung werden die Dateien wesentlich größer als entsprechende Pixeldateien. Mit Vektorgrafik ist es also ganz im Gegensatz zur Pixelgrafik kaum möglich, Bilder im allgemeinen Sinn zu realisieren oder zu bearbeiten. Der Vorteil von Vektorgrafik zeigt sich vor allem dann, wenn relativ einfache geometrische Gebilde vorliegen, und/oder wenn Maßstabsänderungen oder Bilddrehungen erfolgen sollen. Hier funktioniert sie ganz im Gegensatz zur Pixelgrafik immer fehlerfrei, d.h. ohne störende Effekte.

Die *Fraktalgrafik* wurde 1982 von Mandelbrot eingeführt. Sie hat sich seitdem rasant entwickelt. Sie verlangt hoch iterative oder gar rekursive Programme. Dadurch entsteht ein sehr großer Rechenaufwand. Anderseits sind so natürliche Gebilde, wie Bäume, Gräser, Wolken und Berge in hoher Natürlichkeit aus einfachen Formeln zu erzeugen. Die Stärke der fraktalen Geometrie liegt folglich u. a. dort, wo die klassische Geometrie versagt. Daher könnte es sein, daß in ihr ein grafischer Objekt-Code verborgen ist. Noch sind dafür aber viele Grundlagen nicht ausreichend verstanden. Hierzu einige Fakten:

- Es ist uns kaum möglich, den inhaltlichen Zusammenhang zwischen den einfachen Formeln und den hoch komplexen Bildern zu erfassen.
- Den Rechnungen liegt oft Rekursivität zugrunde. Unser intellektuelles Denken ist aber über Jahrtausende an linearen Abläufen geschult. Die rund fünfzig Jahre Rechentechnik haben dies zusätzlich verstärkt.
- Für die Umkehrung der fraktalen Geometrie, also vom Bild zur Formel, ist bisher so gut wie keine Forschung geleistet.

Aus den bisherigen Fakten und der langen Geschichte der Bilder [8] ist zur Zeit nichts über einen möglichen Grafik-Code zu erkennen. Um so mehr ist es notwendig, zumindest einige wenige hierfür sprechende Fakten aufzuzählen.

Es ist einfach verwunderlich: Filme werden nur wenige Male wiederholt angeschaut. Musik genießt man dagegen in häufiger Wiederholung. Unser Gedächtnis muß folglich Bilder und Bildfolgen viel besser behalten als Tonfolgen. Dabei können wir uns Tonfolgen sogar viel leichter einprägen, indem wir sie nachsingen. Für Bilder besitzen wir keine derartige Möglichkeit. Ganz im Gegensatz zu diesem Verhältnis steht der technische Aufwand für die Produktion und Speicherung von Bild und Ton.

Die höhere Komplexität der akustischen Rezeption bestätigt weiter der Aufbau unseres Gehirns. Die akustische 'Informationsverarbeitung' verläuft über 7, die optische dagegen nur über 6 Neuronenschichten. Allerdings dürfte die Anzahl der beteiligten Neuronen − soweit das z. Z. abschätzbar ist − bei der Bildverarbeitung etwas größer, zumindest aber hochgradiger parallel sein. Ferner werden Bilder betont in der rechten Hirnhälfte rezipiert, die aber keine Sprache besitzt. Dies könnte ein Grund dafür sein, daß sie so schwer sequentiell (sprachlich wie algorithmisch) zu behandeln sind.

Pflegestätten und Therapeuten wissen sehr gut um Unterschiede bei optischer und akustischer Rezeption. So lernt ein Blinder wesentlich besser abstrakte Begriffe als ein Taubstummer. Für die Kirche ist es daher eine sehr schwierige Aufgabe, Taubstummen Gott begreiflich zu machen und sie damit zur Kommunion zu führen.

Hieraus leitet sich eine interessante Konsequenz ab. Heute wird (noch) angenommen, daß wir 90 % unserer Information über das Auge aufnehmen. Die entsprechenden Abschätzungen und Berechnungen erfolgen aber auf der Basis der Anzahl Stäbchen und Zäpfen unseres Auges, d. h. sie gehen auch von einer Pixelstruktur aus. Beim Gehör schätzt man dagegen die Anzahl der

---

[8] In [SCU] wird erstmalig ein umfassender Versuch zur Analyse dieser Entwicklung gemacht.

unterscheidbaren Signale (Klänge) ab. Im Gegensatz zum Gesichtssinn entspricht diese Berechnung aber bereits einer beachtlichen Verdichtung des Schallsignals. Daher läßt sich vermuten, daß wir auf optischem Wege deutlich weniger Information (vielleicht nur ein Drittel aller) aufnehmen.

2.10 Besonderheiten des Struktur-Codes

Objekt-Codes leiten sich von ausgewählten Eigenschaften der Objekte ab. Struktur-Codes stellen wieder Objekte her. Hierzu dienen bei der Schrift u. a. Drucker mit mehreren Schriftfonts. Die Fonts sind über innere Zustände des Druckers anwählbar. Die ASCII-Nummer erzeugt dann das für den gewählten Schriftfont typische Zeichen. Aus dieser Sicht ist die Fontsteuerung ebenfalls Struktur-Code, obgleich sie zunächst nichts Sichtbares bewirkt. Die Wirkung tritt erst ein, wenn anschließend ein ASCII-Zeichen (Struktur-Code) zum Drucker gelangt. Folglich sind also zwei Arten von Struktur-Codes zu unterscheiden:

- strukturierende, die 'nur' den Zustand des Empfängers ändern,
- funktionelle, die eine unmittelbare Wirkung hervorrufen.

Auf diese Unterschiede wurde mit anderem Bezug schon im Abschnitt Text-Codierung hingewiesen. Auch beim MIDI-Code existiert diese Trennung und wird dort sogar konsequent durch Status- und Daten-Byte [9] realisiert. Noch weiter untergliedert wird der strukturierende Code beim genetischen Code im folgenden Abschnitt.

2.11 Der genetische Code

Mittels des genetischen Codes wird einmal das Lebewesen aus den Genen 'konstruiert'. Zum anderen ist er dafür verantwortlich, daß das Individuum sein Leben funktionell aufrecht erhält. Hierzu sind u. a. fortlaufend die lebenswichtigen Bausteine und Substanzen zu erzeugen und zur Wirkung zu bringen. Dies ist eine Besonderheit von dynamisch veränderlichen Systemen. Dann sind zu unterscheiden:

---

[9] Status- und Datenbyte unterscheiden sich in Bit 7 (dem höchstwertigen). Die Statusbyte werden immer vor den Datenbyte gesendet. Sie legen fest, welche Daten für welches elektronische Musikinstrument folgen.

- strukturerzeugende Codes,
- strukturerhaltende Codes.

Generell vermittelt der genetische Code zwischen zwei Substanzgruppen. Beide sind dabei mehrfach hierarchisch strukturiert. Der Code ist allerdings nur auf der untersten Ebene wirksam:

- Nukleinsäuren, als Informationsträger,
- Proteine als lebenswichtige Substanzen.

Proteine (Eiweiße) sind die Grundsubstanz allen Lebens. Sie bilden einmal den Hauptbestandteil für die Struktur des Lebewesens und wirken zum anderen darüber hinaus funktionell in allen Prozessen des Lebens entscheidend mit. Jedes Protein besteht aus einer Kette von meist mehr als hundert Aminosäuren. Jede Aminosäure besteht aus drei Komponenten:

Aminogruppe	$- NH_2$
Carboxylgruppe	$- COOH$
Radikal	$- R$

Sie sind zu folgender Struktur miteinander verbunden:

$$
\begin{array}{c}
NH_2 \\
| \\
H{-}C{-}R \\
| \\
COOH
\end{array}
$$

Für das Radikal werden von allen Lebewesen auf der Erde exakt 20 Varianten verwendet. Aus diesen 20 Aminosäuren sind folglich alle wesentlichen Substanzen des Lebens aufgebaut. Infolge der Amino- und Carboxyl-Gruppe besitzt jede Aminosäure sowohl basische als auch saure Eigenschaften. Dadurch können sich immer wieder zwei Aminosäuren unter Abgabe von Wasser (Kondensation) verbinden (Peptidbildung). So entsteht eine lange Kette aus hunderten bis zu zehntausenden von Aminosäuren. Das sind die Proteine. Ihre Eigenschaften ergeben sich aus der Reihenfolge der unterschiedlichen Aminosäuren in der Kette. Das ist der Code des Proteins. Die Ketten falten sich dann allerdings noch in komplizierter, aber genau festgelegter Weise zu einem räumlichen Gebilde. Hierfür sind die Regeln noch nicht ausreichend bekannt. Aber über zusätzliche, chemische Bindungen wird die räumliche Struktur stabilisiert. In begrenztem Umfang ist diese Struktur aber auch über äußere Einflüsse dynamisch variabel. So realisiert ein und dasselbe Eiweiß zugleich unterschiedliche Zustände und damit Eigenschaften [10].

Die *Nukleinsäuren* sind die Träger der Erbanlagen und befinden sich in den Chromosomen jeder Zelle, also auch der Eizelle, von der die Entwicklung eines Lebewesens ausgeht. Sie bestehen ebenfalls aus drei Teilen:

Orthophosphorsäure H_3PO_4,
Pentose als spezieller Zucker [11],
organische stickstoffhaltige Base.

Hier bestimmen jedoch nur vier unterschiedliche Basen das Code-Alphabet

A: Adenin,
C: Cytosin,
G: Guanin,
T: Thymin (U: Uracyl).

Aus den einzelnen Nukleinsäuren werden über zwei Bindungsstellen des Phosphors wiederum lange Ketten erzeugt. Zwei exakt spiegelbildliche Ketten stabilisieren sich dann zur berühmten Doppelhelix. In ihr bestimmt wieder die Reihenfolge der Basen einen Code.

Der *genetische Code* vermittelt nun von je drei Basensequenzen ($4^3 = 64$) zu einer der 20 Aminosäuren. Zusätzlich existieren noch spezielle Stopp- und Startsequenzen. Die Redundanz des Codes scheint in der Hinsicht förderlich zu sein, daß so viele unerwünschte Störungen am Erbmaterial ausgeschaltet werden können.

---

[10] Durch die großen Kettenlänge bis zu etwa 10^5 Aminosäuren existiert eine gewaltige Anzahl theoretisch möglicher Proteine. Bei einer Länge m sind $20^m = 10^{1,3 \cdot m}$ Kombinationen möglich. Für alle möglichen Aminosäuren ist folglich die Summe über alle m von etwa 1000 bis 100 000 zu bilden. So ergeben sich ca. $10^{1000000}$ Proteine. Hiervon ist jedoch nur ein sehr kleiner Teil biologisch bedeutsam, geschätzt werden ca. 10^7 bis 10^9. In der Evolution dürften aber 10^9 bis 10^{10} Proteine irgendwie eine Rolle gespielt haben und erprobt könnten vielleicht 10^{15} sein. Das Leben hat also aktiv nur eine sehr kleine Anzahl der Möglichkeiten in 'Erwägung' gezogen und noch weniger praktisch genutzt.

[11] Verwendet werden zwei Arten von Zucker, nämlich Ribose und Desoxyribose. Dementsprechend existieren auch zwei Hauptarten von Nukleinsäuren, die DNS (Desoxyribose-Nuklein-Säure) und RNS (Ribose-Nuklein-Säure). Im Englischen heißen sie DNA und RNA (Acid = Säure). Je nachdem wird einmal das Thymin und das andere Mal das Uracyl als Base verwendet.

3. Messen

"Durch Messen erbaut man die Welt. Das sagte vor neunhundert Jahren ein weiser Araber. Ein Wort, das nach wenig klingt und das dennoch alles umfaßt. Beinahe nichts ist möglich ohne das Maß und ohne die Geräte des Messens. Ordnung, Sicherheit und Recht ... berechnen, erschließen und wirtschaftlich arbeiten ... mit dem Messen fängt alles an." [OMM]

Von Sokrates stammt der Ausspruch: "Wir sind zahlreichen Sinnestäuschungen ausgesetzt, und das beste Mittel dagegen ist das Messen, Zählen und Wiegen. Der Teil in uns, der sich auf dies Berechnen und Messen verläßt, ist die edelste Kraft unserer Seele."

Die Zitate zeigen deutlich: Messen ist notwendig. Sie zeigen aber nicht, was Messen ist. Das erfordert eine Definition und keine Argumentation. Auch zum Messen gibt es – ähnlich wie bei der Information – keinen Oberbegriff. Daher ist wieder die Methode der Konditionalsätze angebracht. Bevor das in der notwendigen konzentrierten Form geschieht, seien nur lose einige Aussagen zusammengestellt: Messen ist eine Tätigkeit und hängt u. a. eng mit Prüfen, Wägen, Wiegen, Urteilen, Schätzen, Testen und Zählen zusammen. Durch das Messen werden Aussagen über Objekte erhalten. Messen erzeugt also Information über Objekte. Letztlich ist aber auch Information ein Objekt, das meßbare Eigenschaften besitzt. Messen ist also doppelt mit Information verbunden.

- Messen erzeugt Information,
- Information sollte gemessen werden.

Beim Messen besitzt aber nicht jede beliebige Information Bedeutung. Dies zeigen z. B. die folgenden drei Aussagen über das Objekt Buch:

- Das Buch liegt auf dem Tisch.
- Das Buch ist dick.
- Das Buch wiegt 137,4 g.

Intuitiv hat der erste Satz kaum etwas mit Messen gemein, der letzte aber ganz gewiß. Beim zweiten Satz ist die Entscheidung nicht ganz einfach. Gerade an ihm wird deshalb eine Definition für das Messen zu *messen* sein.

3.1 Eigenschaften und Ausprägungen

Messen bezieht sich immer auf ein Objekt. Doch ein Objekt ist selbst nicht meßbar. Mehrere Objekte sind jedoch zählbar. Jedes Objekt besitzt aber vielfältige Eigenschaften, wie: männlich ⟷ weiblich, rund ⟷ eckig, dick ⟷ dünn, hart ⟷ weich, warm ⟷ kalt; groß ⟷ klein; hell ⟷ dunkel usw. Dabei kommen einem Objekt nicht alle, sondern nur einige Eigenschaften zu. So ist es z. B. unsinnig, danach zu fragen, ob das Buch männlich oder weiblich sei. Es besitzt nicht die Eigenschaft 'Geschlecht'.

Eigenschaften können bei einem Objekt mehr oder weniger stark vorhanden sein. Diese Intensität nennt man Ausprägung oder Ausprägungsgrad. Ein Buch kann in diesem Sinne dicker als ein anderes sein. Genau hier setzt die Definition des Messens ein:

Messen erfolgt bezüglich bestimmter Eigenschaften von Objekten. Diese Eigenschaften müssen mindestens zwei Ausprägungsgrade (vorhanden ⟷ nicht vorhanden) besitzen. Das Ergebnis des Messens ist die Angabe des existierenden Ausprägungsgrades in Bezug auf die ausgewählte Eigenschaft. Der Ausprägungsgrad kann sowohl verbal als auch in Zahlen ausgedrückt werden.

Durch Messen werden also nicht unbedingt Zahlenwerte erhalten. Diese etwas ungewöhnliche Aussage wird u. a. dadurch begründet, daß verschiedene Eigenschaften offensichtlich unterschiedlich präzise meßbar sind. Die folgende Aufzählung:

Länge, Zeit, Helligkeit, Farbe, Intelligenz und menschliche Güte

belegt das recht gut. Die Eigenschaft *Länge* ist problemlos mit Zahlenwerten meßbar. Bei der *Farbe* gibt es schon Probleme. Hier sind oft die einfachen Namen wie rot, grün und blau besser geeignet. Streiten kann man aber darüber, ob *menschliche Güte* überhaupt jemals meßbar sein wird oder gar sein sollte. Wie unterschiedlich sich einzelne Eigenschaften durch Ausprägungsgrade erfassen lassen, soll nun bei der *Temperatur* gezeigt werden:

1.　　kalt, normal, heiß.
2.　　eisig, frostig, kalt, kühl, angenehm, lau, warm, heiß, unerträglich.
3.　　13.5 °C, also mit Maßzahl und Maßeinheit.

In den ersten beiden Fällen ist das Messen stark mit einer Klassifizierung verwandt. Die vorhandene Temperatur ist nur einem der drei Begriffe zuzuordnen [1]. Mit wachsenden Ansprüchen wird eine immer feinere Unterscheidung der verwendeten Begriffe gefordert. Über den 2. Punkt hinaus kann sie durch Zusätze wie:

extrem, gewaltig, sehr, mehr, weniger, kaum, nicht usw.

erweitert werden. Doch schließlich werden Zahlenangaben, hier in °C verlangt.

Geschichtlich ist es bis zu dieser Möglichkeit immer ein langer Weg. Je nach Eigenschaft verläuft die zugehörige Entwicklung unterschiedlich schnell ab. Entsprechend der obigen Aufzählung verlief sie bei der Länge viel schneller als bei der Farbe. Dabei gilt aber nicht nur bei der menschlichen Güte die Frage, ob Zahlen möglich, sinnvoll oder nützlich sind [2]. Ein Gemälde von Rubens kann heute bis in alle Detailtreue und mit höchster Farbgenauigkeit gespeichert und reproduziert werden. Das geht bereits soweit, daß von den Museen die Frage diskutiert wird, ob für diese digitalen Daten das Urheberrecht gilt. Dennoch ist ein solcher Zahlenfriedhof gewiß nicht das Bild. Doch messen können wir die Unterschiede nicht mehr. Andererseits betrifft die Messung nur die eine Eigenschaft 'Farbe der einzelnen Bildpunkte' und keinesfalls die Gesamtheit des Bildes und das von ihm Getragene. Die Eigenschaft Farbe ist eine Eigenschaft des Informationsträgers.

3.2 Die Skalen

Messen im 'engeren' Sinne liegt immer dann vor, wenn den verschiedenen Ausprägungsgraden Zahlenwerte zugeordnet werden. Die Abbildung der Ausprägungsgrade auf die Zahlen bildet eine Skala und kann u. a. als Funktion aufgefaßt werden. Die einzelnen Skalen lassen sich systematisch ordnen. Die Folge spiegelt dann in etwa wider, wie präzise Aussagen über die Ausprägungen gemacht werden können. Bei den ranghöheren Skalen gelten immer alle

---

[1] Vergleiche hierzu die Klassifizierung von Fragen im Abschnitt 3.10.
[2] In ungewöhnlicher Weise hat diese Frage Professor Schallreuter in seinen Physikvorlesungen in Greifswald wiederholt parodiert: Bei der Durchflußgeschwindigkeit von Flüssigkeiten pflegte er ein Falstaff gemäß der Trinkleistung dieses edlen Ritters zu definieren. Als Studenten haben wir dies einmal – fast makaber – auf die weibliche Schönheit weitergeführt. Wir saßen in einer Tanzgaststätte und wollten eigentlich tanzen. Doch keine der anwesenden Damen erschien uns dessen würdig. So tranken wir Bier. Nach einer Weile stand einer von uns auf und tanzte. Verwundert zählten wir die Striche auf dem Bierdeckel. Es waren 13 und der Rekord an diesem Abend. Seitdem hieß es, mit 13 ist jedes Mädchen schön. Wenn wir durch die Straßen schlenderten, quittierten wir etwa: 3, 7 oder 1. Verliebte führten natürlich alsbald auch negative Zahlen ein.

Gesetze der vorhergehenden. Im folgenden gelten daher die bei einer Skala genannten Eigenschaften zusätzlich zu den vorhergehenden. Lediglich die beiden Intervall-Skalen sind gleichwertig. Folgende Skalentypen sind üblich:

Nominal-Skala

Prinzip: beliebige umkehrbar eindeutige Zuordnung zwischen Zahlen und Ausprägungsgraden.
Invariant: Eindeutigkeit der Abbildung.
Beispiele: Numerierung der Fußballspieler, Kontonummern.
Tests: Entropie, k^2-Test.

Ordinal-Skala [3]

Prinzip: monoton steigende Funktion.
Invariant: Rangordnung der Meßwerte.
Beispiele: Schulzensuren, Mohsche Härteskala, Erdbebenskala.
Tests: Median, Centile, Vorzeichentest.

Intervall-Skala

Prinzip: lineare Funktion $f(x) = a + b \cdot x$.
Invariant: Verhältnisse der Intervalle.
Beispiele: Temperatur in Celsius.
Tests: Mittelwert, Streuung, Fehlerrechnung, Korrelation.

Log-Intervall-Skala

Prinzip: Potenzfunktion $f(x) = a \cdot x^b$.
Invariant: Verhältnis der logarithmischen Intervalle.
Beispiele: Impuls, Reiz, Lautstärke in dB oder Phon.
Tests: wie zuvor.

Verhältnis-Skala

Prinzip: Proportionalität $f(x) = a \cdot x$.
Invariant: Verhältnisse der Meßwerte.
Beispiele: Länge, Masse, (alle SI-Größen).
Tests: geometrischer und harmonischer Mittelwert, Variationskoeffizient.

Absolute Skala

Prinzip: Identitätsfunktion $f(x) = x$.
Invariant: Meßwerte.
Beispiele: Häufigkeit, Wahrscheinlichkeit, Währung, Windungszahl, Wirkungsgrad.
Tests: wie zuvor.

---

[3] Ein schönes Beispiel hierfür stammt aus der Ilias XXIV, 25. Es demonstriert auch zugleich die möglichen großen Folgen einer Meßbarkeit: "Zu Peleus und Thetis Hochzeit von allen Göttern allein und nicht geladen, warf Eris einen goldenen Apfel unter die Gäste, der durch die Aufschrift "Der Schönsten" den Streit zwischen Hera, Athene und Aphrodite hervorrief und das Urteil des Paris und den Trojanischen Krieg veranlaßte."

Die Meßtechnik versucht meist für jede Eigenschaft eine möglichst ranghohe Skala zu erreichen. Dies muß aber nicht immer sinnvoll sein. Bei der schon angeführten menschlichen Güte dürfte z. B. auch langfristig die Ordinal-Skala das höchst Erreichbare sein. Um diese Zusammenhänge deutlicher zu machen, sollen noch einige Erklärungen zu den einzelnen Skalen gegeben werde.

Bei der *Nominal-Skala* hat die Zahl keinen inhaltlichen Sinn. Sie dient nur der eindeutigen Kennzeichnung. Deshalb sind hier auch so gut wie keine Operationen mit den Zahlen zulässig. Bei der *Ordinal-Skala* muß in jedem Fall bezüglich der Zahlen bereits die Größer-Relation erfüllt sein. Wenn z. B. Materialien nach der Mohschen Härteskala gemessen werden, so wird geprüft, welches Material das andere ritzt, und das ritzende bekommt den höheren Zahlenwert. Wie subjektiv solche Skalen sein können, zeigen die Schulnoten eines Schülers, die ihm verschiedene Lehrer geben. Eigenschaften der *Intervall-Skala* lassen sich recht gut für die Temperatur erklären. Hier gilt, daß zur Erwärmung von 30 auf 40 °C (fast) die gleiche Energie-Menge notwendig ist wie von 55 auf 65 °C. Bei der *Log-Intervall-Skala* gilt dies analog für die logarithmischen Werte. Eine Lautstärkenerhöhung von 30 auf 40 Phon hat die logarithmierte Zunahme wie die von 95 auf 105 Phon. Die *Verhältnis-Skala* ermöglicht erstmals die Addition. Ein Stab von 35 cm und einer von 72 cm können so zusammengefügt werden, daß sich eine Länge von 107 cm ergibt.

Faßt man die bisherigen Aussagen zusammen, so zeigt sich, daß zum Messen drei Seiten gehören:

- Die semantische Seite macht Aussagen über die zu messende Eigenschaft. Sie ist durch eine physikalische Größe und/oder Maßeinheit gegeben.
- Die theoretische Seite betrifft die Zuordnung zwischen den Ausprägungsgraden und dem Skalentyp (mathematische Funktion).
- Der experimentellen Seite sind die eigentliche Messung und die Geräte des Messens zugeordnet.

So wird deutlich, daß nicht nach der Meßbarkeit einer Eigenschaft schlechthin gefragt werden kann. Es muß immer hinzugefügt werden, welcher Skalentyp gemeint ist. Bei der experimentellen Seite ist noch zu beachten, daß viele Eigenschaften z. T. nur mittelbar zu messen sind. Die eigentlichen Messungen erfolgen dann über andere, oft mehrere Ausprägungen. Aus ihnen wird das Ergebnis schließlich berechnet.

Viele experimentelle Messungen beruhen auf dem Vergleich mit einem vereinbarten Normal. Dieses Normal legt zugleich die Maßeinheit, z.B. bei der Länge das Meter fest. Daher verlangen alle gemessenen Größen (Meßgrößen) von der Intervallskala aufwärts einen Zahlenwert z. B. 2,31 und eine Einheit (Maßeinheit), z. B. m. Im Laufe der Geschichte wurden viele Eigenschaften mit unterschiedlichen Maßeinheiten gemessen. Der eigentliche 'Meßwert' ist aber hiervon unabhängig. Es sind lediglich Umrechnungen erforderlich. Daher gilt für ein und dieselbe Geschwindigkeit:

$$100 \text{ km/h} = 27,8 \text{ m/s} = 54 \text{ sm/h} = 54 \text{ kn}.$$

3.3 Zur Geschichte

In der geschichtlichen Entwicklung des Messens sind vor allem drei Bezüge zu unterscheiden:

- qualitative Aspekte,
- Systemaspekte,
- Meßgenauigkeit.

Schon die Ägypter haben u. a. mit dem Pyramidenbau sehr gute Kenntnisse bezüglich der Länge und des Raumes bewiesen. Die Euklidische Geometrie der alten Griechen weist schließlich ein nahezu perfektes Beherrschen der Geometrie aus. Andererseits fehlte ihnen nahezu vollständig das Verständnis für Bewegung. Um dies zu erkunden, besaßen sie keine brauchbaren Uhren für kurze Zeiten. Erst 1583 entdeckte Gallilei, daß hierfür das Pendel hervorragend geeignet ist. Nur so konnte 1638 Gallilei seine "Discorsi" ausarbeiten und Newton seine Gesetze der Mechanik entwickeln. Erst im 19. Jahrhundert wurden dann schrittweise weitere physikalische Gebiete meßtechnisch erschlossen. So entstand ab der Jahrhundertwende schließlich die Entwicklung eines umfassenden Maßsystems und das dazu gehörende breite physikalische Verständnis. Daß die Entwicklung im Detail etwas komplizierter verläuft, sei im folgenden aufgezeigt.

Am ältesten dürfte die Messung der Zeit, genauer gesagt längerer Zeiträume, sein. Hier setzten schon sehr früh Tag und Nacht sowie Sommer und Winter Maßstäbe. Als nächste Meßgröße wurde dann wahrscheinlich die Länge verwendet. Recht früh wurde auch erkannt, daß die Schattenlänge ein Maß für Zeit sein kann. In einem dreitausend Jahre alten ägyptischen Papyrus steht:

"Wenn dein Schatten 16 Fuß mißt, Berenike, erwartet Amasis dich im Olivenhain ...".

Bereits hier zeigt sich, daß abgesehen von der Zeit der Mensch z. B. mit seinem Fuß und seiner Elle das Maß vieler Dinge wurde. Menschen sind nun aber einmal unterschiedlich groß, und so gab es vielfältige Längen der Maße für Elle und Fuß. Eine entscheidende Änderung erfolgte erst gegen Ende des 18. Jahrhunderts mit der Meterkonvention. In Frankreich baute man darauf ab 1795 das erste staatliche, gesetzliche Maßsystem auf. 1836 entwarfen Gauß und Weber das cgs-Sytem (von cm, Gramm und Sekunde abgeleitet), welches ab 1881 international für die Wissenschaft verbindlich wurde. Lange Zeit wurde geglaubt, daß alle physikalischen Größen auf diese drei mechanischen Grundgrößen (Länge, Masse und Zeit) zurückführbar seien. So wurden noch zu Beginn unseres Jahrhunderts selbst die elektrische Kapazität und Induktivität in cm gemessen. Vieles wird eben indirekt über die Länge gemessen: Temperatur ist gleich der Länge der Quecksilbersäule, Gewicht gleich Ausschlag einer Federwaage, Strom Anziehung eines Eisenstücks usw.

Spätestens ab der Jahrhundertwende zeigten sich erste Problem beim cgs-System. Für bestimmte Meßgrößen traten gebrochene Exponenten in der Zusammensetzung aus cm, g und s auf und in einigen Fällen war die Zusammensetzung sogar widersprüchlich. So entstanden zunächst viele neue Maßsysteme, die aber kaum eine Verbesserung brachten. Die erste neuartige Variante schuf Mie 1910 mit seinem Lehrbuch der Physik. Es enthielt eine zusätzliche Maßeinheit für die Elektrizität, das Ampere. Bald begann eine systematische Erforschung der Probleme. Hier war J. Wallot führend. Der entscheidende Gedanke kam jedoch 1954 von dem jungen Physiker Fleischmann. Er zeigte, daß alle Maßeinheiten zu einer Abelschen Gruppe zusammengefaßt werden müssen. Die wenigen Basiseinheiten müssen aus je einem Teilgebiet der Physik stammen. Wenn auch später (z. T. leider) etwas andere Basiseinheiten gewählt werden, so ist doch sein erster Vorschlag noch immer interessant:

Gebiet	Basiseinheit
Geometrie	Länge
Kinematik	Zeit
Mechanik	Energie
Elektrizität	Ladung
Magnetismus	Magnetische Spannung
Gravitation	Gravitationspotential
Wärme	Temperatur

Den vorläufigen Abschluß dieser Entwicklung bildete der Beschluß der X. Generalkonferenz für Maße und Gewichte 1954 in Genf. Hier wurden als mechanische Basiseinheiten Meter, Sekunde und Kilogramm festgelegt. Für

den Elektromagnetismus werden sie – leider im Gegensatz zu Fleischmann –
nur um eine Einheit, nämlich das Ampere ergänzt. Für die Thermodynamik ist
das Kelvin (Temperatur), für die Lichttechnik die Candela und für die Chemie
das mol hinzugefügt. Dieses System ist heute allgemeinverbindlich und heißt
"System International" oder kurz SI.

Doch nicht nur in den Maßeinheiten, sondern auch bei den erreichten Meß-
genauigkeiten der einzelnen Maße ist eine bedeutsame Entwicklung zu ver-
zeichnen. Dies belegt u. a. die Lichtgeschwindigkeit:

Autor	Jahr	Fehler in m/s
Römer	1676	100 000 000
Fizeau	1848	10 000 000
Foucault	1850	500 000
Michelson	1879	50 000
Michelson	1927	4 000
Essen	1950	1 000
Bergstrand	1951	200
Froome	1958	100
Simkin	1967	50
Bay	1972	20
Evenson	1972	1

Um 1980 betrugen die prinzipiellen Meßfehler wichtiger Maßeinheiten etwa:

$1 \cdot 10^{-13}$ für die Sekunde.
$4 \cdot 10^{-9}$ für das Meter.
$8 \cdot 10^{-9}$ für das Kilogramm.
$3 \cdot 10^{-6}$ für das Ampere.

Bedeutsam ist schließlich noch, daß heute alle wichtigen Einheiten, bis auf das
kg, zumindest mittelbar aus Naturkonstanten abgeleitet werden. So wird die
Länge aus der Lichtgeschwindigkeit und der Wellenlänge atomarer Quanten-
vorgänge (Licht) bestimmt.

3.4 Analoges und digitales Messen

Analoge Meßverfahren verwenden im wesentlichen die Ausschlagmethode.
Der Ausprägungsgrad der zu messenden Größe wird als Länge dargestellt. Das
alte Thermometer, die analog anzeigende Uhr und Zeigerinstumente kenn-

zeichnen diesen Fakt. Aber auch der vergleichende Nullabgleich Lautstärke erfolgt analog.

Digitale Meßverfahren zeigen bevorzugt direkt Zahlenwerte an. Die digitale Uhr, viele Zähler und das Digitalvoltmeter sind hier Beispiele. Aber auch das Aufleuchten einzelner Lämpchen ist digital.

Beide Prinzipien unterscheiden sich also deutlich und haben ihre Vor- und Nachteile. Analog Angezeigtes nehmen wir meist ganzheitlich und daher sehr schnell wahr. Digitale Anzeigen lassen sich durch eine Erhöhung der Stellenzahl sehr genau gestalten. Eine Vielzahl weiterer Fakten läßt sich anführen, z. B. in [VÖE] S.654ff. So nimmt es kaum Wunder, daß nach der rein digitalen Welle heute eine Kombination beider Verfahren immer häufiger wird. Dennoch geschieht die Begriffsabgrenzung analog ↔ digital im wesentlichen intuitiv. Wohin gehört z. B. eine Digitaluhr mit analoger Anzeige? Deshalb sei im folgenden auf die Begriffe eingegangen.

3.5 Analog

Analog geht auf das griechische logos – etwa Vernunft – zurück. Seltsam erscheint es daher aus heutiger Sicht, daß hiermit auch die *Logik* zusammenhängt. Sie operiert ja gerade mit dem digitalen Wahr ↔ Falsch und verbietet jegliches Drittes. Die lateinische Vorsilbe *ana* bedeutet: auf, wieder, aufwärts, nach oben. So entsteht das lateinische analogia, was soviel wie: mit der Vernunft übereinstimmend, aber auch Gleichmäßigkeit bedeutet. Aus diesem Stamm drang analog um 1800 in die deutsche Sprache ein. Heute verwenden wir analog im Sinne von: übereinstimmend, angeglichen, angepaßt, vergleichbar. Das Substantiv zu analog ist *Analogie*. Benutzt wird dieser Begriff im Sinne von Entsprechung, Ähnlichkeit, Gleichwertigkeit und Übereinstimmung zumindest. In drei Fachgebieten wird er etwas spezieller verwendet:

In der *Wissenschaft* wird dann von einer Analogie gesprochen, wenn zwei Systeme funktionell gleichartiges Verhalten zeigen. Dabei können sie durchaus recht unterschiedliche Bestandteile und/oder Strukturen besitzen. Die große Verwandtschaft mit dem Modell-Begriff war besonders deutlich beim Analogrechner. Ähnlichen Bezug weisen auch die elektromechanischen oder wärmeelektrischen Analogien aus. In diesem Sinne bildet die übliche Analoguhr mit ihren sich drehenden Zeigern die Bewegung des Schattens einer Sonnenuhr bzw. die Bewegung der Erde um ihre Achse nach.

In der *Biologie* wird bezüglich der Morphologie und der Struktur von analogen Organen gesprochen. Die unterschiedlichen Augen von Wirbeltieren, Tintenfischen und Insekten haben trotz vielfältiger Unterschiede eben eine analoge Funktion.

In der *Rechtsprechung* wird der Begriff Analogie dann angewendet, wenn ein rechtmäßig nicht geregelter Tatbestand auf einen etwa wesensgleichen bezogen wird.

> *Analog wird genau dann richtig verwendet, wenn etwas, z.B. ein Geschehen, ein Gegenstand, ein Signal oder ein Meßwert, Eigenschaften besitzt, die funktionell oder strukturell mit etwas anderem übereinstimmen. Das Gegenteil von analog ist daher 'nicht-analog', aber keineswegs digital.*

3.6 Kontinuierlich und diskret

Mit analog verwandt sind kontinuierlich und stetig. Kontinuierlich leitet sich von lateinisch *Continens* bzw. *continuus* ab, bedeutet also: zusammenhängend, angrenzend an, unmittelbar folgend, ununterbrochen, jemand zunächst stehend. *Continuare* bedeutet aneinanderfügen, verbinden, fortsetzen, verlängern, gleich darauf, ohne weiteres und schließlich *contingere* berühren, kosten, streuen, jemandem nahe sein, beeinflussen.

In der Mathematik existiert das *Kontinuum der reellen Zahlen*. Zwischen zwei Zahlen kann immer eine weitere Zahl gefunden werden. Die *Kontinuumsmechanik* der Physik vernachlässigt die Mikrostruktur der Materie. Sie kennt keine kleinsten Teilchen. Ähnlich kann bei kontinuierlichen *Signalen* jeder Zwischenwert erreicht werden. Dies gilt gleichermaßen für die Zeit wie die Amplitude, vgl. [VÖE] S.656. *Stetig* (siehe unten) ist für solche Signale unangebracht. Es hängt mit stehen zusammen und hat enge Nachbarschaft zu stet, stets. Es ist damit das Gegenteil von unstet. Der umgangssprachliche Gebrauch entspricht am besten: beharrlich, gleichbleibend und ununterbrochen. In der Mathematik wird es spezieller benutzt. Hier muß der Grenzwert von x gegen x_0 als lim f(x) existieren und gleich f(x_0) sein.

Diskret ist lateinischen Ursprungs, und es sind drei Wörter zu unterscheiden, *discretion*: Unterscheidungsvermögen, Urteil und Entscheid; *discretus*: abgesondert, getrennt; *discernere*: scheiden, trennen, unterscheiden, beurteilen, entscheiden. Diskret drang im 16. Jahrhundert in die deutsche Sprache ein. Umgangssprachlich bedeutet es heute: taktvoll, rücksichtsvoll, zurückhaltend, unauffällig, unaufdringlich, vertrauensvoll, geheim, verschwiegen.

In der Technik verweist diskret auf Größen, die sich nur mit endlicher Schrittweite ändern können. Die Quantenphysik demonstriert, daß auch die Natur mit diskreten Werten umgeht. In der Mathematik betrifft diskret einzelne Punkte oder Elemente. Ein diskretes Signal ist nur endlich vieler, genau definierter Werte fähig. Dies kann wiederum sowohl bezüglich der Zeit als auch der Amplitudenachse gelten. Der Übergang von kontinuierlichen zu diskreten Signalen erfolgt mittels Quantisierung.

Quantisieren kommt vom lateinischen *quantitas*: Größe, Anzahl bzw. *quantum*: wieviel, so viel wie, inwieweit, irgendwie. In der Physik erlangte das Quant durch die Ergebnisse Plancks eine sehr spezifische Auslegung im Sinne von diskreten Energiequanten. Diskrete und quantisierte Größen werden eigentlich nur in Bezug auf ihr Entstehen unterschieden. Etwas vereinfacht gilt: diskret ist sofort und unmittelbar gegeben. Im Wort quantisiert ist dagegen das Erzeugens aus kontinuierlichen Werten implizit enthalten.

Kontinuierlich und diskret sind zwei entgegengesetzte Eigenschaften. Kontinuierliche Werte können beliebig dicht beieinander liegen, diskrete Werte sind unterscheidbar gegeneinander abgegrenzt und einzeln ausgewiesen.

3.7 Digital

Digital geht auf das lateinische digitus – Finger – zurück. Genauer bedeutet es Fingerbreite, das ist eine alte Maßeinheit von 18,5 mm. Inhaltlich bedeutet es: zählen, ziffernmäßig, in Zahlen angeben. Digital ist also nur sinnvoll im Kontext von Zahlen. Diskreten Zuständen müssen hierfür also eindeutig Zahlen zugeordnet werden. Damit hat digital auch engen Bezug zum Code.

Eine weitere Einteilung digitaler Signale oder Zustände ist mit der verwendeten Zahlenbasis und der angewandten Zahlendarstellung möglich. So weist *binär* für die Zahlenbasis 2, oktal auf 8, *dezimal* auf 10 und hexadezimal auf 16 hin. Da viele Codierungen existieren, entspricht nicht immer die Anzahl der diskreten Zustände auch der Basis des Zahlensystems. Nur bei binär gilt für beides die Zahl zwei. Wird der Begriff *dual* verwendet, so sind mehrere Bausteine mit je zwei technischen Zuständen vorhanden. Die ihnen zugeordnete Zahlendarstellung besitzt aber nicht die Zahlenbasis zwei. Ein Beispiel dazu ist der BCD-Code (binär codierte Dezimalzahl). Hier werden vier Bausteine mit je zwei Zuständen so zusammengefaßt, daß ihre Zustandskombinationen eine dezimale Zahl codieren.

Die folgende Tabelle ergibt sich aus den vorangegangenen Betrachtungen und
enthält einige Beispiele zu den einzelnen Gebieten.

	analog	nicht-analog
kontinuierlich	Sonnenuhr Alte Schallplatte Oszilloskop	Frequenzmodulation Vocoder visible speech
diskret	Bahnhofsuhr (springt) Fernsehen (Zeilen) Rasterdruck	Pulsmodulation Codierungen digital

*Digital verlangt diskrete Signale oder Zustände, die auf Zahlen abgebildet
(codiert) werden. Die richtigen Gegensatzpaare sind kontinuierlich ↔ diskret und analog ↔ nicht-analog, aber nicht: analog ↔ digital.*

3.8 Messung von Wirkungsgraden

Im 18. Jahrhundert konnten Techniker Wärmekraftmaschinen bauen, zunächst
die Dampfmaschine, bald den Verbrennungsmotor und dann viele weitere
Varianten. Aus Wärmeenergie, die bei einer Verbrennung entsteht, wird wert-
volle mechanische Energie gewonnen [CAR]. Ein guter Ingenieur baute gute
Maschinen, ein nicht so guter weniger leistungsfähige Maschinen. Man konnte
zunächst bestenfalls das Verhältnis aus erzeugter Wärmemenge und nutzbarer
mechanischer Energie messen und erhielt dabei immer 'unwahrscheinlich'
kleine Werte. Verbesserungen wurden überwiegend intuitiv erreicht. Eine völlig geänderte Situation trat durch eine theoretische Untersuchung von Carnot
ein. Er definierte 1824 den thermodynamischen Kreisprozeß [4]. Darin treten
als wesentliche Kenngrößen zwei Temperaturen auf, die im Verbrennungsraum
und die der Umgebung. Aus beiden kann der theoretisch maximal mögliche
Wirkungsgrad berechnet werden. Der wesentliche Erkenntnisgewinn bestand
aus zwei Anteilen:

- Benennung der wesentlichen Einflußgrößen (beide Temperaturen),
- Formel zum Berechnen des bestmöglich Machbaren.

---

[4] Carnot, S.: "Betrachtungen über die bewegende Kraft des Feuers und die zur Entwicklung dieser
Kraft geeigneten Maschinen". Verlag von Wilhelm Engelmann, Leipzig 1909. Nachdruck: Akademische Verlagsgesellschaft Geest & Portig K.-G., Leipzig 1982.

Von nun an konnte jeder Ingenieur exakt bestimmen, wie gut die von ihm gebaute Maschine im Vergleich zum theoretisch Möglichen war. Darüber hinaus wußte er, daß mit dem Erhöhen der Verbrennungstemperatur sich der Wirkungsgrad steigern läßt.

In der *Nachrichtenübertragung* entstand in den 20er bis 30er Jahren ein ähnliches Problem. Es waren Telegraf, Telefon, Rundfunk und Fernsehen entwickelt. Man baute teure Sende- und Empfangseinrichtungen. Doch ihren 'Wirkungsgrad' konnte kein Techniker – nicht einmal näherungsweise – angeben. Erst als Shannon 1949 [5] seine Informationstheorie formulierte, waren wiederum zwei wichtige Kriterien geklärt:

- Entscheidend sind statistische Parameter der Signale. Vor allem sind dies Wahrscheinlichkeiten, die den Temperaturen bei den Wärmekraftmaschinen entsprechen.
- Mittels der Formeln für die Entropie und Kanalkapazität sind technische Systeme bezüglich ihrer Leistungsfähigkeit (Wirkungsgrad) zu berechnen.

Von nun an können auch auf diesem Gebiet alle Ingenieure genau die Qualität ihrer Geräte bestimmen, nun wissen sie auch, wie sie deren Leistungsfähigkeit verbessern können. Mittlerweile ist die Shannonsche Informationstheorie eine der schönsten abgeschlossenen Theorien aller Ingenieurwissenschaften.

Überträgt man die beiden Fälle auf die *Rechentechnik*, so folgt sofort die Frage: wie 'gut' ist ein Rechner und/oder ein Algorithmus? Obwohl heute bereits viele theoretische Grundlagen der Informatik existieren, gibt es hierzu nicht einmal Ansätze. Es besteht sogar Unsicherheit bezüglich der auszuwählenden Parameter. Vielfach werden genannt:

- Größe des Programms,
- Größe des erforderlichen Arbeitsspeichers,
- Zeit für das Lösen der Aufgabe.

Selbst wenn sie richtig sein sollten, fehlen (fast) alle theoretischen Zusammenhänge zwischen ihnen und noch mehr eine Formel für so etwas wie den theoretischen Wirkungsgrad. Die theoretische Informatik liefert vorwiegend nur Aussagen dazu, was theoretisch *nicht möglich* ist, wie z. B.: Es gibt keinen Algorithmus, der prüft, ob ein bekannter Algorithmus das Geforderte leistet oder ob ein bekannter Algorithmus fehlerfrei arbeitet. Es kann nicht einmal bestimmt werden, wie klein (in welcher Hinsicht auch immer) ein theoretisch minimaler Algorithmus zur Addition von n-Bytezahlen auf einem konkreten

---

[5] Die entscheidende Arbeit [SHA] wurde bereits am 24.3.1940 beim JIRE eingereicht. Aus nicht benannten, aber heute gut 'verständlichen' Gründen wurde sie bis 1949 geheim gehalten.

Rechner sein kann. Erst wenn ein neuer konkreter Algorithmus gefunden wurde, kann (meist sogar nur intuitiv) entschieden werden, ob er besser als die vorhergehenden ist. In der Informatik existiert diesbezüglich also genau jener Kenntnisstand, wie er etwa 1800 bei den Wärmekraftmaschinen oder 1930 bei der Nachrichtenübertragung vorlag.

Natürlich ist die Situation noch unsicherer, wenn man sich dem Problem der Meßbarkeit von *allgemeiner Information* zuwendet. Hier fehlt es ja schon an Aussagen dazu, was denn Information ist. Dies schließt aber keineswegs aus, daß man von ihren Eigenschaften schrittweise immer mehr als Ausprägungen erkennen und damit messen wird. Das heutige Bit entspricht auch bestenfalls jenem Stand, als noch fast alle physikalischen Größen in Längeneinheiten gemessen wurden. Außerdem zeigt die Geschichte des System International, wie lang und schwierig so ein Weg sein kann, und es ist zu vermuten, daß er bei der Information eher noch schwieriger ist.

3.9 Shannon-Information anschaulich

Begriffe zu raten ist ein altes Spiel. Person 1 denkt sich einen Gegenstand oder Begriff, z.B. Churchills Zigarre. Person 2 hat ihn dann mit Fragen zu erraten. Sie müssen aber so gewählt werden, daß Person 1 mit "Ja" oder "Nein" antworten kann. Ein Ausschnitt aus dem Dialog könnte dann etwa so aussehen:

Ist es belebt?	Nein
Ist es kleiner als ein Mensch?	Ja
Gehört es zu einer Person?	Ja

Jede Frage dieser Art, also jede Ja-Nein-Frage, ist das Äquivalent für 1 Bit, die Maßeinheit der Information bei der Nachrichtenübertragung. Mit ihrer Beantwortung – gleichgültig ob Ja oder Nein – erhält der Ratende 1 Bit Information bezüglich des zu ratenden Begriffs [6]. Nach diesem Prinzip wollen wir nun Kartenraten spielen. Es wird dazu ein normales Skatblatt mit 32 Karten verwendet. Aber nicht die einzelnen Karten, sondern nur ihre Zugehörigkeit zu einer der folgendem 4 Klassen soll erraten werden:

---

[6] Genau in diesem Sinn ist Information beseitigte Unsicherheit. Eigentlich müßten bei diesem Spiel noch zusätzliche Fakten bezüglich der günstigen und wahrscheinlichen Fragen aufgestellt werden.

Klasse	Beschreibungen	Karten	p_i
Z	alle Karten mit Zahlen	7, 8, 9, 10	0,5
M	alle männlichen Karten	König, Bube	0,25
W	alle weiblichen Karten	Dame	0,125
A	alle Asse	As	0,125

Zu Beginn jeder Spielrunde werden alle Karten gemischt. Der Spielmeister zieht eine Karte heraus. Das p_i der Tabelle gibt dabei an, mit welcher Wahrscheinlichkeit diese Karte der entsprechenden Klasse angehört. Von ihr ist jetzt die *Klasse* mit Ja-Nein-Fragen zu erraten. Diese Fragen können aber beliebig komplex sein, z. B. derart: "Gehört die Karte einer der Klassen M oder W an?". Bei einer Dame, einem König oder Buben müßte der Spielmeister darauf mit Ja, sonst mit Nein antworten. Wenn die Kartenklasse erraten ist, wird die Karte wieder zum Stapel gelegt und das Spiel beginnt von neuem.

Ziel des Spieles soll es nun sein, über eine Vielzahl (vielleicht 100) Spiele mit möglichst wenig Fragen auszukommen. Dazu muß man sich eine Ratestrategie ausdenken. Dieser Fall ist dann äquivalent zur Nachrichtentechnik. Der Sender überträgt Signale, für die nur die Statistik bekannt ist. Der Empfänger muß mit minimalem Aufwand bei jedem Signal entscheiden, welcher Art es ist. Daher erfüllt dieses Spiel korrekt die Voraussetzungen für die Shannonsche Entropie-Formel:

$$H = - \sum_{i=1}^{n} p_i \cdot \mathrm{ld}(p_i)$$

In unserem Beispiel ist n=4, und die Wahrscheinlichkeiten p_i stehen in der letzten Spalte der obigen Tabelle. Die zugehörige numerische Berechnung der Entropie zeigt die folgenden Tabelle:

Klasse	p_i	$\mathrm{ld}(p_i)$	$-p_i \cdot \mathrm{ld}(p_i)$
Z	0,5	−1,0	0,5
M	0,25	−2,0	0,5
D	0,125	−3,0	0,375
A	0,125	−3,0	0,375
Summe	1,000	sinnlos	1,75

Es müßte folglich möglich sein, im statistischen Mittel mit 1,75 Fragen je Spiel, also bei 100 Spielen mit 175 Fragen auszukommen. Versuchen wir es mit einer einfachen Strategie:

Ist die Karte Zahl oder männlich?

Je nach der Antwort würde man fortfahren
- **j** Bei Ja: *Ist die Karte Zahl?*
- **n** Bei Nein: *Ist die Karte eine Dame?*

Damit wären in jedem Fall je Spiel genau zwei Fragen erforderlich. Der Theorie nach muß es eine bessere Fragestrategie geben. Sie kann z. B. so aussehen:

Gehört die Karte zur Klasse Z?
- **j** Bei der Antwort "Ja" ist sofort mit einer Frage das Ziel erreicht. Das geschieht in 50 % der möglichen Fälle.
- **n** Bei der Antwort "Nein" fragen wir weiter:
  Gehört die Karte zur Klasse M?
  - **nj** Bei der Antwort "Ja" haben wir in 25 % der möglichen Fälle mit 2 Fragen das Ziel erreicht.
  - **nn** Bei abermals "Nein" müssen wir leider für die restlichen 25 % sogar eine dritte Frage stellen:
    Ist die Karte eine Dame?

Fassen wir das Ergebnis zusammen:

1 Frage	für 50 % der Spiele macht	0,5
2 Fragen	für 25 % der Spiele macht	0,5
3 Fragen	für 25 % der Spiele macht	0,75

Die gemittelte Summe der Fragen je Spiel beträgt also genau 1.75. Somit erreicht diese Strategie den theoretischen möglichen Wert. Folglich kann es keine bessere Strategie geben. Das schließt zwar keine weiteren gleichwertigen Strategien aus, doch lohnt es sich nicht mehr, danach zu suchen. Auffällig ist an diesem Beispiel, und das gilt generell, daß für selten auftretende Fälle wesentlich mehr Fragen zugelassen werden können. Nur so ist es nämlich möglich, für die häufigsten Fälle mit sehr wenigen Fragen auszukommen.

3.10 Fragetypen

Zuweilen wird angenommen, daß sich alle Entscheidungen – oder gar alle Varianten von Information – auf Ja/Nein-Fragen reduzieren lassen. Viele Erfolge der Informatik in den letzten 50 Jahren sprechen auch teilweise dafür. Auf eine Vielzahl von Gegenargumenten wird noch mehrfach in diesem Buch einzugehen sein [7]. Hier sollen lediglich mittels drei Fragetypen anschaulich solche Grenzen angedeutet werden.

Typ: *Entscheidungs*fragen
Methode: Ja/Nein-Antworten
Beispiele:
Ist England eine Insel?
Ist der Schnee weiß?
Sind Viren Lebewesen?

Typ: *Ergänzungs*fragen
Methode: mittels Entscheidungstabellen
              in Entscheidungsfragen überführbar
Beispiele:
Wo liegt Dresden?
Welche Farbe hat der Schnee?
Wie lang ist die Küste Englands?

Typ: *Begründungs-Erklärungs*fragen
Methode: Es gibt keine Regeln zur Beantwortung
Beispiele:
Was ist eine Insel?
Warum ist Schnee weiß?
Was ist Leben?

Die *Entscheidungsfragen* sind "im Prinzip" [8] mit Ja/Nein zu beantworten. Natürlich ist England eine Insel. Natürlich ist Schnee weiß ... sofern es z. B. nicht März ist und er am Rande einer Hauptverkehrsstraße liegt. Bei den Viren war die obige Frage noch vor reichlich zehn Jahren ein wissenschaftliches Problem. Heute wird sie wie folgt beantwortet: Viren sind keine *selbständigen* Lebewesen.

Eine andere Qualität stellen die *Ergänzungsfragen* dar. Für die Farben – auch für die des schmutzigen Schnees – kann man eine Tabelle aufstellen, welche zumindest alle wesentlichen Farben enthält. Bezüglich jeder Farbe kann dann der Vergleich mit dem schmutzigen Schnee über Ja/Nein überprüft werden. Solch ein Prinzip wird in der Entscheidungstabellentechnik genutzt. Doch wer sagt uns, wann die Tabelle vollständig ist? Hier liegt jetzt das eigentliche und

---

[7] Als Beispiel sei nur auf die vielen Antinomien und die Ergebnisse von Gödel bezüglich der Unentscheidbarkeit in hinreichend großen Systemen verwiesen.

[8] "Im Prinzip" nimmt Bezug auf die dem Sender Jerewan zugeschriebenen skurrilen Witze. Sie beginnen immer mit "Anfrage an den Sender Jerewan" und die Antwort von Sender beginnt mit "Im Prinzip Ja" Hier ein berühmtes Beispiel: Anfrage an den Sender Jerewan: "Stimmt es, daß der Genosse Iwan Iwanowitsch Koslow aus Moskau im Lotto ein Auto gewonnen hat?" Antwort des Senders: "Im Prinzip Ja, aber es war nicht Genosse Iwan Iwanowitsch Koslow, sondern Maxim Maximowitsch Budnikow. Außerdem war es nicht in Moskau, sondern in Kiew. Auch war es kein Auto, sondern ein Fahrrad, und schließlich hat er es nicht gewonnen, sondern es wurde ihm gestohlen."

neue Problem! Deshalb gilt hier die folgende Aussage: "Im Prinzip" sind Ergänzungsfragen mittels einer Tabelle auf Entscheidungsfragen zurückführbar, und diese sind dann wieder "im Prinzip" mittels Ja/Nein entscheidbar.

Begründungs- bzw. Erklärungsfragen sind eigentlich nur inhaltlich zu beantworten. Hier führt im Gegensatz zu den beiden anderen Fällen keine Ja-Nein-Strategie zum Ziel. Wahrscheinlich gibt es für sie überhaupt keine einheitliche Methode der Beantwortung. Am Beispiel des Schnees könnte die Antwort vielleicht folgendermaßen lauten: "Die einzelnen Kristalle sind so dimensioniert und angeordnet, daß sie alles sichtbare Licht in jede Richtung gleich stark reflektieren, und das entspricht genau der physikalischen Beschreibung von weißem Licht." In diesem Fall wird die Beantwortung also auf Vorkenntnisse aus der Physik zurückgeführt. In gewisser Hinsicht besteht so Ähnlichlichkeit mit jenen Problemen, die uns schon bei den Definitionen von Messen und Information begegnet sind. Gewiß existieren für einige Fälle Methoden, aber offensichtlich ist keine auf einen binären Entscheidungsbaum reduzierbar. Jede solche Frage muß mehr oder weniger individuell beantwortet werden, wobei sowohl die Kenntnisse des Fragenden als auch die Frage selbst berücksichtigt werden muß. Daher werden derartige Fragen zuweilen auch die 'verteufelten Fragen' der Kybernetik genannt. Macht man eine Statistik über die im praktischen Leben gestellten Fragen, so überwiegt zu allem Unglück dieser Typ bei weitem. Dies ist einer der Gründe dafür, warum die Shannon-Theorie so wenig für allgemeine Informationsprobleme nutzt.

4 Angewandte Strukturen

Der Begriff Struktur existiert bereits im Mittelhochdeutschen *stukture* für die Bauart oder Bauweise eines Gebäudes. Das lateinische *struktura* bedeutet: ordentliche Zusammenfügung, Ordnung und Bauart. Im übertragenen Sinne steht es für die Ordnung bzw. den Aufbau einer Rede und eines Gedankens. Struktur kam zunächst vereinzelt ab dem 13. und dann verstärkt ab dem 16. Jahrhundert in die deutsche Sprache. Dem heutigen Sinn entsprechen etwa Gefüge, Bau, äußere und innere Gliederung sowie Anordnung der einzelnen Teile eines Ganzen und ihr Verhältnis zueinander. Eine Struktur ist eigentlich statisch. Mögliche Strukturänderungen erfolgen meist gesetzmäßig. Viele wissenschaftliche Beschreibungen und Begründungen der Welt werden mittels Strukturen und deren möglicher Veränderungen gemacht. Die Technik benutzt (verwendet) dagegen die Gesetzmäßigkeiten vorhandener und bewußt erzeugter Strukturen. In der Informatik gilt dies vor allem für die Hardware. In diesem Kapitel soll auf einige ihrer Grundsätze eingegangen werden.

4.1 Was ist Speichern?

Woher weiß ich eigentlich, daß es ein Gestern gibt und ein Morgen geben wird? Das mag eine ungewöhliche Frage zum selbstverständlich erscheinenden Ablauf der Zeit sein. Aber es muß doch Unterschiede geben, von gestern zu heute und von heute zu morgen. Sowohl meine Umwelt als auch ich selbst ändern uns im Verlaufe der Zeit. Es wird Frühling, Sommer, Herbst und Winter, der Baum treibt Blätter, setzt Blüten an und es reifen die Früchte. Ich lerne Neues und werde älter.

Doch vieles ändert sich auch nicht. Der Baum bleibt ein Baum, ich bleibe ich. Ohne derartige feste Bezüge würden wir uns nicht mehr in der Welt zurechtfinden. An etwas Konstantem müssen wir uns doch orientieren. Es gibt folglich ein Verhältnis von Konstanz und Veränderung. Oder ist vielleicht nur die Geschwindigkeit der Veränderung unterschiedlich? In der Astronomie sind es Jahrmillionen, im Menschenleben Tage und Jahre, in der Technik Bruchteile von Sekunden. "Alles fließt" [1] haben schon die alten Griechen gewußt. Einiges bewegt sich aber auch nur wie ein Uhrzeiger im Kreise und kehrt so

---

[1] Herakleitos, deutsch Heraklit (544 bis 483 v.u.Z.) soll diesen Satz ausgesprochen haben, griechisch: Panta rhei.

immer wieder zum Anfang zurück. Der kahle Baum wird im Frühjahr wieder grünen! Tag und Nacht folgen unaufhörlich aufeinander.

Bei jeder Änderung geht etwas vom Objekt verloren und anderes kommt hinzu. So unterscheiden wir Altes und Neues. Doch es gibt auch Altes, das weiterhin vorhanden ist. Was sich ändert, muß also nicht immer verloren gehen. Woher wissen wir z.B., was vor einer Million Jahren auf der Erde geschah? Aus Funden der Archäologen! Wie klärt der Kriminalist den Ablauf einer Tat? Er sucht nach Beweisen! Wie kann sich eine alte Frau an den Tag ihrer Hochzeit zurückversetzen? Sie kramt in ihrem Gedächtnis und holt auch Fotografien hervor. Es gibt also viele Methoden, um in die Vergangenheit zu blicken.

Doch mit der Zukunft ist das völlig anders. Nur wenige meinen, in die Zukunft sehen zu können. Wir nehmen uns zwar vor, dies und das morgen zu tun. Aber Sicherheit wie bei der Vergangenheit besitzen wir kaum. Die Wissenschaft hat es uns ermöglicht, für die Zukunft zu planen. Aber spätestens an den globalen Problemen erkennen wir heute, wie wenig zuverlässig auch dieses sein kann.

Die Zeit hat also eine Richtung. Doch alle Gesetze der klassischen Physik [2] enthalten die Zeit nur als einen Parameter, der keine Richtung kennt. Wendet man sie an, so gäbe es keine Unterschiede für vorwärts und rückwärts ablaufende Ereignisse. Jeder Film, den wir uns rückwärts anschauen, belehrt uns aber eines anderen. Ein Stein, der einen Abhang hinunterrollt, kann eben nicht ohne besondere Maßnahmen wieder hinaufrollen. Menschen und Tiere werden älter. Einen Jungbrunnen gibt es nur in Märchen. Der Zeitablauf schafft oft Veränderungen, die nicht rückgängig gemacht werden können. Genau diese sind es, die uns zwar in die Vergangenheit blicken lassen, aber für die Zukunft zumindest in vielen Einzelheiten noch nicht bekannt sind.

Die Unmöglichkeit einer Zeitumkehr widerspricht der klassischen Physik. Aber nur unumkehrbares Geschehen ist irreversibel und hinterläßt bleibende Spuren, die dann Rückschlüsse auf das Vergangene zulassen [3]. Darauf bauen Archäologie, Geologie, Kriminalistik, Geschichte usw. auf. Ich bezeichne solche Spuren als *gespeicherte* Vergangenheit. Damit wird Speichern allerdings viel allgemeiner und fundamentaler als sonst der Begriff in der Technik verwendet. Doch dadurch gilt, daß Spuren gespeicherte Information über die Vergangenheit sind. Da außerdem Irreversibilität eine generelle Eigenschaft der

---

²⁾ Details hierzu siehe unter dem Abschnitt 6.1 Beschreibungen der Welt
³⁾ Sheldrake [SHE] meint zwar, daß die Natur in morphischen Feldern (sein Terminus) statistisch über 'Gewohnheiten' sprich Häufigkeiten speichere. Vielleicht ist dies aber nur eine andere Beschreibung der Welt, als sie hier verwendet wird.

Materie zu sein dürfte, folgt sofort eine ungewöhnliche Aussage: Fast alles Geschehen der Welt hinterläßt Spuren, nahezu alle Vergangenheit ist gespeichert. Für uns gilt es, nur die entsprechenden Spuren zu finden und dann richtig zu interpretieren. So können wir über (fast) alles, was jemals geschah, Information erhalten. Damit wird eine Aussage zur Speicherung verständlich:

Gespeicherte Information kann im Prinzip nicht verloren gehen.

Eventuell kann allerdings gespeicherte Information bewußt zerstört werden. Doch auch dazu werden später deutliche Einschränkungen aufgezeigt [4].

4.2 Etappen des Speicherns

Weltgeschichte läuft einmal in der Zeit und wird zum anderen über Spuren gespeichert. Daraus leiten sich fünf Etappen für die Speicherung ab. Die Etappen sind zwar zeitlich nacheinander entstanden, existieren aber heute noch nebeneinander. Sie sollen nachfolgend beschrieben werden.

Der Beginn unserer Welt wird heute mit dem Urknall angenommen. Erst danach entstanden Photonen, Elementarteilchen, Atome, Gestirne, die Erde usw. 1965 wurde die Hintergrundstrahlung [5] entdeckt. Sie ist eine zurückgeblieben Spur, also Speicherung des Urknalls. Geologische Sedimente sind ebenso Speicherungen aus längst vergangener Zeit und geben uns heute z. B. Auskunft über den Wechsel von Eis- und Warmzeiten. Versteinerungen lassen uns weiter erkennen, was für Tiere einmal gelebt haben. Diese Beispiele der physikalisch-chemischen Speicherung lassen sich gewaltig vermehren. Bei genauerer Analyse zeigt sich, daß immer nur Teile von Fakten, die sich bei der Entwicklung ändern, gespeichert werden. Was Bestand hat, wie Elektronen, Atome usw. braucht ja ohnehin nicht gespeichert zu werden. Es existiert direkt weiter. Physikalisch-chemische Speicherung existierte also von Anbeginn der Welt und ist daher die *erste* Etappe der Speicherung.

Die *zweite* Etappe der Speicherung beginnt mit dem Leben. Aus menschlicher Sicht kann ihr erstmalig ein 'Zweck' zugeordnet werden. Trotz dem Tod aller einzelnen Individuen existiert nämlich infolge dieser Speicherung jede Art über

---

[4] Es gibt eine Informationsschwelle, die beim Erreichen eines bestimmten Niveaus der Informationstechnik auftritt. Siehe Abschnitt 6.9 Informationsflut, -krise und -schwelle.

[5] Aus dem Weltall kommt zu uns u. a. das Licht der Sterne. Es läßt uns etwas über ihre Existenz und Eigenschaften erfahren. Physiker messen viele Arten von Strahlung, u. a. auch Röntgenstrahlen und Radiowellen. Bei derartigen Untersuchungen fand man 1965, daß aus jeder Richtung, also selbst von dort, wo sich keine Sterne oder andere astronomischen Objekte befinden, eine konstante thermische Strahlung von 3 K kommt. Sie wird Hintergrund- oder Reststrahlung genannt und wurde schließlich zu einem Beweis für den Urknall.

sehr lange Zeiten. Dazu ist in jeder Zelle mittels Nukleotid-Sequenzen [6] u.a. das meiste Artspezifische codiert. Dabei ist es auch bedeutsam, daß die genetische Speicherung ebenfalls der Dialektik von Stabilität und Veränderung folgt. Teile der gespeicherten Information werden durch verschiedene Einflüsse, z. B. radioaktive Strahlung verändert. So ist die Entwicklung des Lebens zu höheren Formen (was man auch immer darunter verstehen mag), also die Evolution möglich.

Mit der fortschreitenden Evolution erreichen einige Lebewesen schließlich die Fähigkeit zur freien Bewegung im Raum. Zusätzlich zu der sich ohnehin ändernden Umwelt tragen sie so aktiv dazu bei, daß ihre Lebensumstände sich sehr schnell ändern. Dies erfordert ein der jeweiligen Situation angepaßtes Verhalten. Dabei sind die Änderungen oft so schnell und vielfältig, daß der genetische Speicher überfordert ist. Folgerichtig entwickelte sich so das Nervensystem. Es besitzt die zusätzliche Möglichkeit zu lernen. Mit dieser *dritten* Etappe des neuronalen Speicherns werden individuelle Erfahrungen für die Lebenszeit des Individuums aufbewahrt. Die entsprechende Speicherung hängt offensichtlich mit der Funktion der Neuronen in den Gehirnen zusammen. Zur genauen Beschreibung fehlen heute noch viele Detailkenntnisse. Insbesondere haben sich alle Analogien zu bekannten technischen Speichern als unbrauchbar erwiesen. Im Gegensatz zur physikalisch-chemischen und genetischen Speicherung geht neuronal Gespeichertes mit dem Tod des Individuums verloren. Erfahrung und Wissen des einzelnen ist nur durch Lernen von anderen, vor allem älteren zu übernehmen. Die Aussage, gespeicherte Information kann nicht verloren gehen, wird hier erst durch Methoden der nächsten Etappe ermöglicht.

Viele Tierarten leben in sozialen Gruppen. Eine Weiterentwicklung durch die Evolution führte dabei zu Staatenbildungen, wie sie u.a. bei den Ameisen und Bienen existieren. In ihnen kann das Verhalten (die Aufgaben) einzelner Tiere hoch spezialisiert sein. Königin, Sammlerin, Nachwuchspflegerin usw. sind nur drei Beispiele dafür. Das 'Wissen' des Kollektives ist folglich über mehrere Individuen verteilt. So wird die neuronale Speicherung auf zusätzliche Weise stabilisiert und überindividuell erhalten. Zusätzlich kann so die begrenzte Speicher- und Lernfähigkeit eines einzelnen Tieres deutlich überboten werden. Dies ist die *vierte* Etappe der Speicherung. Sie besitzt natürlich auch in der menschlichen Gesellschaft einen hohen Rang, ist aber leider noch sehr wenig systematisch untersucht [7]. Besonders auffällig wird sie beispielsweise dann, wenn in einem gut eingespielten Team jemand ausfällt. Wegen des

---

[6] Siehe hierzu auch den Abschnitt 2.11 Der genetische Code.
[7] Die einzige, mir bekannte und zugleich recht umfangreiche Analyse zu gesellschaftlichen Speichern stammt von Wersig [WE9].

dadurch eintretenden Informationsverlustes können katastrophale Folgen für die Leistung und den Bestand der Gruppe eintreten.

Relativ spät entdeckt die Menschheit, daß es möglich ist, Information beständig so außerhalb eines Individuums und unabhängig von ihm zu speichern, daß sie für alle zugänglich ist und das Einzelindividuum überlebt. Dies ist der Beginn der *fünften* Etappe, der technischen Speicherung. Nach neueren Einschätzungen war es in diesem Sinne für die Menschwerdung sogar wichtiger, Werkzeuge aufzuheben als sie zu gebrauchen. Jedes Werkzeug ist nämlich eine externe Speicherung seines Gebrauchs. Es erspart nicht nur die neuerliche Herstellung, sondern vielmehr das Merken der zugehörigen Arbeitsmethoden. Weitere Stufen dieser Entwicklung sind dann u. a. die Bilder, die Schrift, der Buchdruck und schließlich die elektronischen Medien. Im folgenden werden einige Gebiete dieser technischen Speicherung noch genauer betrachtet. Sie umfaßt heute ein sehr großes Spektrum. Es seien nur die papiernen Massenmedien, der Film, das Ton- und Videoband sowie das große Spektrum der rechentechnischen Speicher erwähnt.

Eine Zusammenfassung aller fünf Etappen der Informationsspeicherung gibt die folgende Tabelle

Prinzip	Ort der Fixierung	möglicher 'Zweck'	Alter in Jahre
physikalisch -chemisch	Materie	? ? ?	$1,5 \cdot 10^{10}$
genetisch	DNS-Sequenzen in den Chromosomen	Erhaltung der Art Photosynthese	$3 \cdot 10^9$
neuronal	Neuronen und Synapsen im Gehirn	Verhalten und Lernen	$5 \cdot 10^8$
kollektiv	verteilt über viele Individuen	gemeinsame Arbeit	$5 \cdot 10^7$
technisch	Speichermaterialien	langer Erhalt außerhalb des Menschen	$5 \cdot 10^4$

Diese Tabelle und damit auch die obige Aufzählung der Speicherung ist aber kaum vollständig. Über weitere Speichermechanismen wissen wir heute oft so wenig, daß sie sich nicht einmal in das grobe Schema einordnen lassen. Vom Immunsystem (zumindest der Wirbeltiere) wissen wir u. a., daß es für viele Substanzen das Ich und das Nicht-Ich deutlich unterscheiden kann. Dabei speichert es wahrscheinlich Strukturkomponenten fremder Herkunft, um diese Stoffe bei deren erneutem Eindringen in den Körper schneller vernichten zu können. Wie eine solche Speicherung funktionieren könnte, wissen wir kaum. Wir kennen dafür aber recht gut die Folgen seines Zusammenbruchs bei AIDS. Als weitere mögliche körperspezifische Speicherung sei das Hormonsystem genannt.

4.3 Drei Speicherprozesse

Zwei bewußt extrem formulierte Sätze vermögen die Besonderheit von Speicherung aufzuzeigen:

- Alles Geschehen läuft in der Zeit ab.
- Speichern hebt diesen Zeitablauf auf.

Technisch gesprochen, macht die Speicherung also immer mittels einer spezifischen 'Fotografie' einen kurzen Zeitausschnitt zu einer festen Struktur. Diese Struktur kann später jederzeit genutzt werden. So gesehen besteht jede Speicherung aus einer Dreiteilung

- Aufzeichnungsvorgang,
- Speicherzustand,
- Wiedergabevorgang.

Der *Aufzeichnungsvorgang* bedarf der 'Auslösung' zu einer bestimmten Zeit. Dann hält er vom ablaufenden Geschehen einen Teil der momentan existierenden Strukturen fest. Die Festlegung des ausgewählten Zeitpunktes kann sowohl von 'außen' als auch durch das Geschehen selbst erfolgen. Vor allem in der ersten Etappe der Speicherung erfolgt die Speicherung automatisch mit dem ablaufenden Prozeß. Bereits bei der genetischen Speicherung existieren schon externe auslösende Faktoren für die zugehörige Genverdopplung und Zellteilung. Für die Verhaltensbiologie hat wohl Lorenz Auslöser für die Prägung (Speicherung) erstmalig nachgewiesen [8]. Bei der technischen Speicherung wird dagegen fast immer der Zeitpunkt für die Speicherung von außen bestimmt, fast so, wie man bei einem Fotoapparat auf den 'Auslöser' drückt. Beim Kassettenrecorder drücken Sie entsprechend die Aufnahmetaste.

---

[8] K. Lorenz hat experimentell gezeigt, daß eine frisch geschlüpfte Ente das zuerst Gesehene meist für seine Mutter hält. Selbst dann, wenn es nur ein Besen ist, wird sie diesem Gegenstand dann lange Zeit - so wie andere Enten der Mutter - folgen.

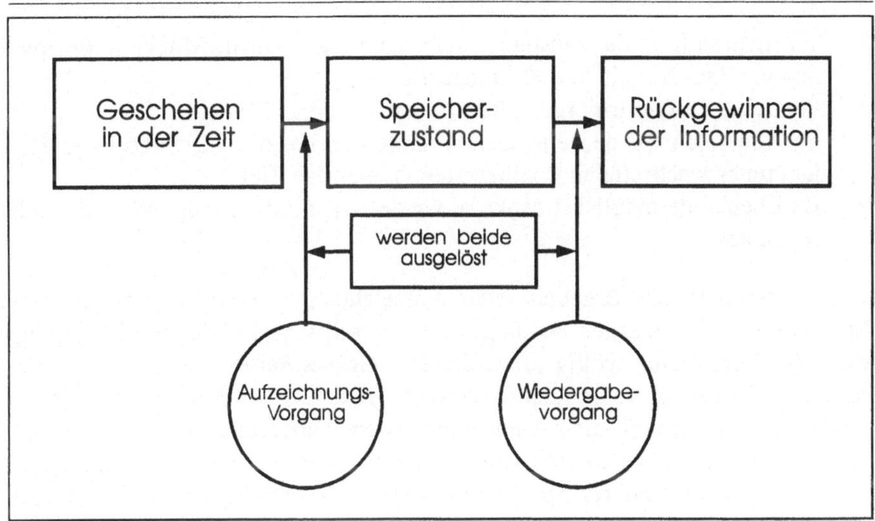

Bild 6. Schematische Darstellung der drei Funktionsteile bei der Speicherung.

Der *Speicherzustand* besitzt eine bestimmte Struktur, welche eine Momentaufnahme von Teilen des abgelaufenen Geschehens darstellt. Im Idealfall sollte sich diese Struktur in der Zeit nicht mehr ändern. Dieser gewünschte Grenzfall ist aber niemals vollständig erreichbar. Auch Gespeichertes ist, weil sich alles mit der Zeit ändert, nur für eine bestimmte Zeit hinreichend stabil. So können Fußspuren eines Geschehens z. B. von Wind und Wetter zerstört werden. Bei der DNS sind solche Änderungen – wenn auch in geringem Umfang – definitiv vorgesehen und teilweise sogar notwendig. Selbst bei daraufhin entwickelten technischen Speichern besteht die Gefahr der unerwünschten Änderung des Speicherzustandes. So vergilben z. B. Buchseiten.

Der Speicherzustand an sich ist zu nichts nutze. Seine Struktur muß für eine 'Nutzung' erst wieder in die Zeitlichkeit überführt werden. Dies bewirkt der *Wiedergabevorgang*. Er muß ähnlich dem Aufzeichnungsvorgang ausgelöst werden. In der Genetik erfolgt dies z. B. mit der Befruchtung des Eis. Beim Tonbandgerät drücken Sie dazu auf die Wiedergabetaste.

Nicht immer sind - wie eigentlich zu erwarten - Aufzeichnungs- und Wiedergabevorgang zueinander reziprok. Um dies verständlich zu machen, seien im folgenden verschiedene Arten der Nutzung des Gespeicherten betrachtet. Sie erfolgt um:

- Information über das einstige Geschehen zu gewinnen. Mögliche Beispiele sind die Archäologie und Kriminalistik.
- Ähnliches zu konstruieren. Musterbeispiel ist hier Genetik.
- ein Äquivalent zu den einstigen Abläufen zu besitzen. Erfolgreiches Handeln unter wechselnden Bedingungen ist hier das Ziel.
- das Ehemalige möglichst exakt zu wiederholen. Dies ist der Wunsch vieler Techniker.

Zum anderen ist das Ergebnis jedes Aufzeichnungsvorganges stets ein neuer Speicherzustand. Dagegen lassen gewöhnlich selbst viele Wiedergabevorgänge die Speicherstruktur völlig unverändert. Gespeichertes kann daher meist nahezu beliebig oft reproduziert werden. Eine CD wird beispielsweise nur einmal hergestellt und kann dann immer wieder abgespielt werden, ohne daß sich dadurch die Speicherstruktur verändert. Dem Tonband kann dagegen immer wieder ein anderer Speicherzustand durch einen neuerlichen Aufzeichnungsvorgang aufgezwungen werden. Dennoch verändert kein Wiedergabevorgang die jeweils vorhandene Speicherstruktur.

Beim Vergleich von Bild 5 für den Objekt- und Struktur-Code mit dem Grundschema der Speicherung von Bild 6 zeigen sich viele, zumindest formale Ähnlichkeiten. Doch ganz bewußt wurden die vergleichbaren Teilstrukturen etwas unterschiedlich dargestellt. So steht ein Code für ein Objekt. Er speichert also nicht ein Abbild dieses Objektes, sondern verweist nur darauf. Während der Speicherzustand Strukturen des Geschehens (des Objektes) möglichst exakt festhält, wird beim Code meist etwas ganz anderes statt des Objektes verwendet. Vor allem deshalb ist bei der Speicherung im Gegensatz zur Codierung die Auslösung und deren Zeitpunkt so wichtig.

Weiter ist ein Vergleich der Speicherung und der Codierung mit dem typischen Informationsprozeß von Bild 3 nützlich. Offensichtlich kann hier ja nur der Träger der Information gespeichert werden. Für das Getragene gelten andere Gesetzmäßigkeiten. Der Träger ist dabei dem Code recht nahe, denn auch er verweist nur auf Objekte und verwendet sie im Gegensatz zur Speicherung nicht unmittelbar. Das Getragene und der Code verlangen aber wiederum mehr einen Kontext als die Speicherung.

Insgesamt besitzen also Information (Informationsträger), Code und Speicherzustand sowohl beachtliche Ähnlichkeiten, aber auch deutliche Unterschiede:

Informationsträger Bild 3	Stofflich-energetischer Teil einer Information
Code Bild 5	Zuordnung eines Objektes zu einem stofflich-energetischen Zustand
Speicherzustand Bild 6	Abbildung von Geschehen auf stabile stofflich-energetische Zustände

4.4 Zeiteinflüsse

Die Zeit läuft unaufhörlich weiter, immer geradeaus, ohne Umkehr. In der Physik spricht man daher vom Richtungspfeil der Zeit, obwohl oder gerade weil es ihn nach den Gesetzen der klassischen Physik gar nicht geben dürfte. Das Speichern erlaubt uns, gemäß den Betrachtungen des vorigen Abschnitts, im gewissen Sinn die Zeit anzuhalten. Drei andere, wichtige Gesichtspunkte der Zeit sind nun nachzuholen:

- Gesetze, die keine Zeit enthalten und daher jederzeit und überall gelten.
- Gesetze, welche zwar die Zeit berücksichtigen, aber dennoch immer und überall gelten.
- Hinweise auf die Wirklichkeit, welche immer irgendwie von Raum und Zeit abhängen.

Zur ersten Gruppe zählen u. a. die meisten mathematischen Aussagen. In ihnen kommt die Zeit nicht einmal mittelbar vor: $2+2=4$ soll eben immer und überall gültig sein. Weniger unmittelbar einsichtig gilt dies bei den physikalischen Konstanten, wie Protonenmasse, Elementarladung oder Gravitationskonstante. Sogar einige physikalische oder chemische Eigenschaften gehorchen weitgehend dieser Aussage. Hierzu zählen u. a. Masse, Leitfähigkeit und Dichte einer Stoffmenge. Selbst in der Technik sind derartige Objekte vorhanden. Ein wichtiges Beispiel sind die kombinatorischen Schaltungen, die auch logische Schaltungen, statische Logik, binäre Logik oder Schaltnetze genannt werden. Sie sind ähnlich fundamental wie die Speicherung und stellen zugleich das andere Extrem an Idealisierung bezüglich der Zeit dar. Speicherung hebt den Zeitpfeil auf; bei kombinatorischen Schaltungen bleibt er ohne Auswirkung. Meist besitzen sie mehrere Eingänge und nur einen Ausgang. Die Werte an den Eingängen bewirken (zumindest theoretisch) unmittelbar, d. h. ohne jegliche Verzögerung, den zugehörigen Ausgangswert. Sobald sich ein Eingangswert auch nur etwas ändert, liegt gleichzeitig die entsprechende Änderung am Ausgang vor. Anders ausgedrückt hängt der Ausgangswert aus-

schließlich von den Eingangswerten ab. Nicht der Zeitpfeil, wohl aber die
Kausalität weist vom Eingang zum Ausgang. Während also die Speicherung
den Zeitpfeil mit einer Quasifotografie anhält, existiert bei der kombinatorischen Schaltung der Zeitpfeil nur in der zeitgleichen Änderung der Eingangs-
und Ausgangsgrößen. Daher ist sie das Gegenstück zur Speicherung.

Bild 7. Funktionelles Schema einer kombinatorischen Schaltung.

Zur o. g. zweiten Gruppe zählen viele klassisch-physikalischen Gesetze, welche die Zeit t zwar enthalten, aber dennoch unabhängig davon, immer Gültigkeit besitzen (sollen). Bei konstanter Beschleunigung b gilt z. B. für die
Geschwindigkeit $v = b \cdot t$.

In der Wirklichkeit hängt jedoch jedes Geschehen mit der Umgebung zusammen und wird umgekehrt auf sie zurückwirken. Bei diesem wechselseitigen
Prozeß breitet sich jede Wirkung mit endlicher Geschwindigkeit aus. Der
Grenzwert für die höchstmögliche Geschwindigkeit der Ausbreitung ist dabei
die Lichtgeschwindigkeit. Deshalb müssen immer Ursache und Wirkung einen
zeitlichen Abstand besitzen [9]. Daher sind sowohl die Speicherung als auch die
kombinatorische Schaltung nur Idealisierungen. Das gilt auch für viele
Gesetze. Sie sind vereinfachte Modelle der Wirklichkeit. Für die Wirklichkeit
sind alle Zusammenhänge deutlich komplizierter. Dennoch wird heute meist
folgendes angenommen:

*Alle gesetzmäßigen Abläufe – und nicht nur die der Physik – lassen sich
einschließlich des daraus ableitbaren Geschehens mittels Zusammen-
schaltungen aus Speichern und kombinatorischen Schaltungen zumindest
modellhaft nachvollziehen.* [10]

---

[9] Unter relativistischen Bedingungen, insbesondere bei sehr hoher Geschwindigkeit und großen
Entfernungen ist dies allerdings nicht mehr gegeben. Hier kann man nicht einmal mehr die
Gleichzeitigkeit feststellen.

[10] Hier wurde diese Aussage bewußt schon sehr vorsichtig formuliert. Zuweilen wird sogar - wie
in der harten KI - behauptet, daß die Gesetze und die Wirklichkeit identisch sind. Andererseits ist
diese Aussage äquivalent mit dem mathematischen Inhalt der Berechenbarkeit. Da es aber auch

Es ist aber auch zu beachten, daß als Folge der endlichen Lichtgeschwindigkeit die Rechengeschwindigkeit immer irgendwie begrenzt sein wird. Allein dadurch ist bereits eine deutliche Unterscheidung von berechenbar (computable) und durchführbar (feasible) erforderlich [11]. Hohe Komplexität wird also im obigen Sinne niemals in sinnvoller Zeit zu simulieren sein.

4.5 Was ist ein Automat?

Weizenbaum [12] wies wohl als erster konsequent darauf hin, daß mit der Uhr alle menschlichen Probleme der Automation begannen. Alle Werkzeuge zuvor waren nur prothesenhaft. Sie verstärkten als Motor die Muskelkraft, machten als Lupe oder Mikroskop das sonst zu kleine sichtbar, vergrößerten als Auto den Bewegungsspielraum des Menschen usw. Die Uhr besitzt ihnen gegenüber jedoch die besondere Eigenschaft, autonom zu arbeiten. Einmal in Gang gesetzt, läuft sie ohne unser Dazutun (ständig) weiter. Genau dies ist auch eine zentrale Eigenschaft aller Automaten. Sie tun etwas aus sich heraus. So gesehen ist die Uhr auch ein Automat. Als Einzelerscheinung treten automatenhafte Gebilde allerdings schon sehr viel früher auf. Bereits 100 v. u. Z. verfaßte Heron von Alexandria ein Buch unter dem Titel: "Über die Anfertigung von Automaten". Mit hydraulischen und pneumatischen Mechanismen wurden damals automatisch Türen geöffnet, kleine Szenen vorgespielt usw. Doch mit der Uhr erlangt erstmals ein Automat Massencharakter und zwingt die Menschen, sich seinem Ablauf unterzuordnen. Von nun an hat er nach dieser Uhr-Zeit sein Leben einzurichten! Heute wird das den meisten nicht einmal mehr bewußt. Wir können es uns auch nicht vorstellen, daß vor der Uhr die Zeit etwas ganz anderes, nämlich betont menschliches war. Inzwischen bestimmen sogar viel mehr Automaten unser Leben. Allein schon der Name spricht oft dafür: Zigaretten-, Getränke-, Fahrkarten-, Geld- und Produktionsautomat. Aber auch die Ampel, der Plattenspieler, Fotoapparat, Rundfunk und das Fernsehen sind hier einzuordnen. Der spektakulärste aller Automaten ist aber der Computer. Als universeller Automat kann er auf (fast) alle Leistun-

---

nichtberechenbare Funktionen gibt, könnte es sein, daß auch in der Natur solche 'Effekte' auftreten. Weiter ist m. W. nicht geklärt, wieweit sich die gegebene Behauptung mit der älteren physikalischen Auffassung deckt, daß alles Naturgeschehen durch Differentialgleichungen zumindest hinreichend genau beschrieben werden kann.

[11] Hierzu gehören die Begriffe P, NP und NP-vollständig. Vergleiche z. B.: Völz, H.: Grundlagen der Information. Akademie Verlag Berlin 1991 S. 273 ff.

[12] Joseph Weizenbaum zählte zu den führenden Forschern der Künstlichen Intelligenz (KI) am MIT. Er entwickelte dort das Programm "Eliza" als bewußt karikaturhafte Nachbildung des Verhaltens eines Psychotherapeuten. Zu seinem Entsetzen mußte er feststellen, daß dann aber viele - ja selbst Psychotherapeuten - dieses Programm ganz ernst nahmen. Dies war eine der Ursachen dafür, daß er zu einem der schärfsten Kritiker der KI wurde. In [WEI] ist die besondere Eigenschaft der Uhr deutlich herausgearbeitet. Er verweist dabei aber auch auf eine noch ältere Arbeit von L. Mumford, der hierzu bereits 1963 Aussagen machte.

gen/Aufgaben spezialisiert werden. Schon jetzt bestimmt er für viele Menschen viel stärker als die Uhr ihr Leben. Sie war eben nur der zarte Anfang.

Vorhin habe ich gesagt, daß (fast) alle Gesetze durch eine Zusammenschaltung aus Speichern und kombinatorischen Schaltungen nachgebildet (simuliert) werden können. Umgekehrt benutzen die Automaten bestimmte Gesetze für ihr Funktionieren. Folglich sind die fundamentalen Bausteine der Automaten eben die Speicher und die kombinatorischen Schaltungen. So schließt sich der Kreis zwischen Gesetz, Automat und Schaltung. Sie sind teilweise äquivalent, jedoch mit deutlichen Unterschieden. Schlagwortartig zeigt dies die folgende Tabelle:

Gesetz	Vereinfachtes Modell über Eigenschaften der Welt
Automat	Gerät, welches nach Gesetzen selbständig wirkt
Schaltung	Funktionsbild für einen Automaten

4.6 Vier Grundschaltungen

Schaltung ist in der Technik der Begriff für die betont strukturelle Zusammenfügung von Bauteilen zu einer Funktionseinheit. Diese Schaltung hat dann immer eine Funktion zu erfüllen. So sind sofort Begriffe wie kombinatorische und sequentielle Schaltung verständlich. Auch viele Speicher können aus kleineren Einheiten aufgebaut werden und sind daher mit einer Schaltung zu beschreiben.

Im Gegensatz zu den Speichern und der kombinatorischen Schaltung geht es bei der sequentiellen Schaltung um die Wirkung von zeitlich nacheinander erfolgenden Eingaben. Dabei wird auch immer vorher Geschehenes für den Fortgang berücksichtigt. Hieraus ist ersichtlich, daß eine sequentielle Schaltung funktionell immer Speicher und kombinatorische Schaltungen enthalten muß. Sie kann also in diesem Sinne immer aus Speichern und kombinatorischen Schaltungen aufgebaut werden. Dies weist der Mittelteil von Bild 8 aus.

Die Automaten sind nun wiederum ein Spezialfall der sequentiellen Schaltungen. Denn nicht alle sequentiellen Schaltungen arbeiten autonom, also von sich aus. Doch der Zusammenhang und die Wechselwirkung zwischen den hier genannten vier Schaltungen ist weitaus komplizierter als das nach den bisherigen Aussagen erscheint [13]. So kann man aus zwei kombinatorischen Schaltun-

---

[13] Die verschiedenen elektronischen Schaltungen können hier nur ganz knapp erklärt werden. Sie sind recht gründlich u.a. in [VÖE] S. 654 ff. behandelt.

gen durch Rückkopplung ein Flipflop mit zwei Zuständen (ein und aus), also eine Speicherschaltung für ein Bit aufbauen. Ähnlich kann durch erneute, übergeordnete Rückkopplung aus Speicherschaltungen jede sequentielle Schaltung erzeugt werden. Ebenso bestehen auch Möglichkeiten in der umgekehrten Richtung. So kann ein Speicher so betrieben werden, daß er wie eine kombinatorische Schaltung wirkt. Das gilt sogar schon für Speicher mit unveränderlichem Inhalt, also sogenannte ROM [14]. Jeder Automat und auch viele sequentielle Schaltungen sind andererseits (mittels Programm) fähig, kombinatorische Schaltungen nachzubilden.

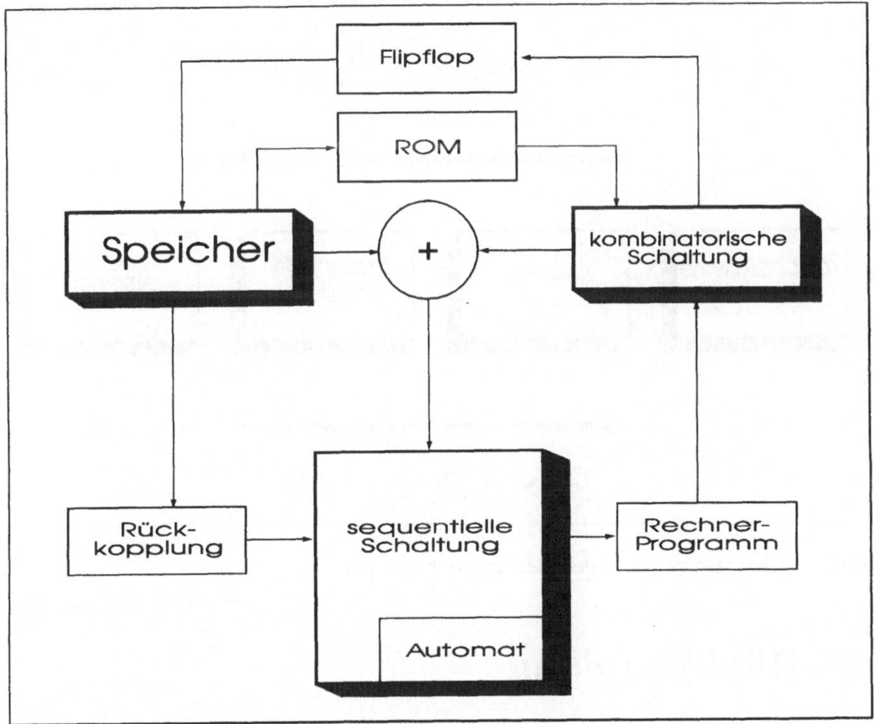

Bild 8. Der wechselseitige Zusammenhang von kombinatorischer Schaltung, Speicher, sequentieller Schaltung und Automat.

Durch die letzten Absätze entsteht der richtige Eindruck, daß im Prinzip jede der vier Schaltungen jede andere ersetzen, simulieren oder erzeugen kann. Dennoch existiert eine gewisse Hierarchie, die Bild 9 aufzeigt. Die Komplexi-

---

[14] ROM steht als Abkürzung für read only memory, also Speicher der nur lesbar, aber nicht änderbar ist. Der oben allgemein eingeführte Aufzeichnungsvorgang erfolgt bei diesen Speichern nur einmal und dazu meist während der Produktion. Die CD als Weiterentwicklung der Schallplatte wird einmal fertig produziert und kann dann nur noch gelesen (genauer abgehört) werden.

tät der Schaltungen ist recht unterschiedlich und nimmt im Bild von links nach rechts zu. Im allgemeinen ist Komplexität ein recht ungenau definierter Begriff. Hier kann sie aber zumindest in der Ordinalskala auf dreierlei Weise ausgedrückt werden und zwar durch

- Die Anzahl der zugehörigen Bauelemente,
- die Möglichkeit des Aufbaus aus den anderen Schaltungen,
- die funktionelle Leistungsfähigkeit und damit die Fähigkeit zur Simulation der anderen Schaltungen.

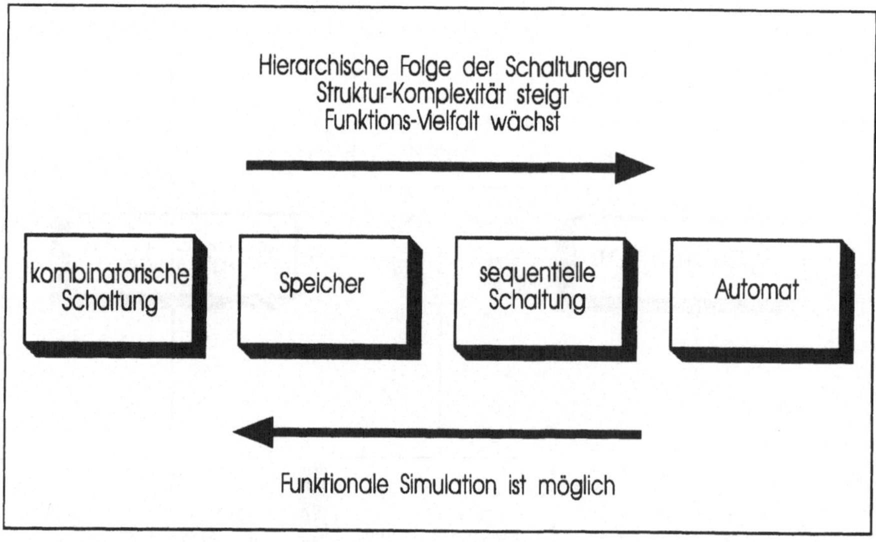

Bild 9. Relationen zwischen den vier Hauptschaltungen.

4.7 Rückkopplung

Es wurde gerade gezeigt: Speicher können aus kombinatorischen Schaltungen und sequentielle Schaltungen aus Speichern erzeugt werden. Dabei ist die Rückkopplung entscheidend. Bei ihr werden Ausgangsgrößen wieder dem Eingang einer Schaltung zugeführt. Deshalb heißt sie englisch auch feed back, frei übersetzt: zurück füttern. Die meisten Mechanismen zur Erzeugung von Schwingungen bzw. periodisch und quasiperiodisch ablaufenden Vorgängen enthalten als wesentliches Element eine Rückkopplung. Erst mit der Einführung der Rückkopplung gelang es Siemens, ohne Dauermagnete große Elektroenergien zu erzeugen. Mit der Rückkopplung gelang es weiter den Pionieren der Nachrichtentechnik, die leistungsfähigen Rundfunksender zu bauen.

Besonders deutlich wurden solche Zusammenhänge von Norbert Wiener bezüglich der Regelung und mit der Einführung der Kybernetik [15] hervorgehoben. Insbesondere wies er darauf hin, daß die Rückkopplung vielfältige neue Eigenschaften erzeugt. In der Kybernetik (heute Regelungs- und Steuerungstechnik) wird sie dazu benutzt, Abweichungen gegenüber vorgegebenen Sollwerten möglichst klein zu halten. Inzwischen ist die Rückkopplung zu solch einem universellen Prinzip geworden, daß sie kaum mehr als solches empfunden wird. Alle dissipativen Erscheinungen und Evolutionsprozesse sind ohne Rückkopplung undenkbar; die iterative Erzeugung von Fraktalen beruht auf Rückkopplung und auch die rekursive Programmierung ist Rückkopplung. Es ist daher zu vermuten, daß auch bei der Information, genauer bei dem Getragenen, die Rückkopplung entscheidend beteiligt ist.

---

[15] Norbert Wiener führte den Begriff (und die Wissenschaft) Kybernetik 1948 mit seinem Buch [WIE] ein.

5 Automaten und Algorithmen

5.1 Die Gesetze und der Automat

Schon sehr früh haben Menschen bemerkt, daß es in der Zeit gesetzmäßige Abläufe gibt. Tag und Nacht, Geburt und Tod, Frühling, Sommer, Herbst und Winter sind besonders einfache Beispiele. Im Laufe der Menschheitsgeschichte wurden ständig neue Zusammenhänge gefunden. Doch man beschied sich nicht mit dem Beschreiben dieser Ergebnisse. Es wurden auch Erklärungen gemäß dem Ursache-Wirkungs-Prinzip erbracht. Selbst Zusammenhänge für das Gesamtgeschehen wurden gesucht. Der Wille eines Schöpfers, die Gesetze der Natur oder die sich selbst organisierende Evolution sind mögliche Begründungen dafür. Um die Jahrhundertwende glaubten dann die meisten Wissenschaftler, daß alles in der Welt einheitlich und streng gesetzmäßig ablaufe.

Parallel zu der Wissensentwicklung bestand immer der Wunsch, in das Geschehen bewußt einzugreifen, es zu gestalten. So entwickelte sich schrittweise unsere heutige Technik und Zivilisation. Bereits sehr früh hatten dabei die vielfältigen Automaten einen hohen Rang. Garantieren sie doch den vorgegebenen Ablauf. Zunächst waren es nur einfache technische Einrichtungen, doch mit wachsender Größe und Leistung wurden sie bald Maschinen genannt. Später entstanden 'Nachbildungen' des Menschen, z. B. als Androiden oder Roboter. Heute gibt es den 'universellen' (Rechen-) Automaten. Seine Leistungsfähigkeit reicht aber bestenfalls bis zu berechenbaren Problemen.

Unser Vertrauen in die Technik ist sehr groß. Alle derartigen technischen 'Geräte' haben einfach gemäß unseren Wünschen zu funktionieren. Wenn das einmal nicht der Fall ist, so kann nur ein Fehler vorliegen. Entweder ist dann der Automat falsch konstruiert oder defekt.

5.2 Die Herkunft der Wörter

Automat geht auf alte griechische Wortverbindungen zurück Das Adjektiv *automatos* bedeutet ursprünglich selbst etwas wollend, beabsichtigend. Es betrifft also, was in der Natur, im menschlichen Leben von selbst, d.h. ohne menschliches Zutun, unwillkürlich, zufällig oder freiwillig geschieht. Der Plural des substantivierten Neutrums *automata* steht für Dinge, die sich von selbst bewegen. So wird in der Ilias von sich selbsttätig öffnenden Türen des Olymp berichtet. Bereits Heron (100 v. u. Z.) schrieb ein Buch: "Über die Anfertigung von Automaten". Mit hydraulischen und pneumatischen Methoden wurden mittels eines Feuers am Altar über viele Zwischenstufen die Türen des Heiligtums automatisch geöffnet. Aber auch Unterhaltungsautomaten mit singenden Vögeln usw. wurden damals bereits gebaut. Ins Lateinische kam das Wort Automat einmal als *automatus*: aus eigenem Antrieb handelnd, freiwillig und zum anderen als *automatum*: Maschine, die sich selbst bewegt. In einem deutschen Text taucht das Wort erstmalig 1575 auf: 'kleine sinnreiche automata, das ist, selbs bewegliche kunstwercklin'. Später wurden mit diesem Wort dann vor allem mechanische Nachbildungen des Menschen belegt. Mit der industriellen Entwicklung wird Automat aber immer stärker für leistungsfähige technische Produktionsausrüstungen verwendet. Der heutige Automatenbegriff ist wesentlich durch die Entwicklung der Automatentheorie in der Mathematik geprägt und hängt daher eng mit dem Begriff des Algorithmus zusammen.

Automat steht weiter in engem Bezug zur **Maschine**. Auch hier sind die Wurzeln bis in Griechische zurück zu verfolgen. *machana* (dorisch) und *mechane* (attisch) bedeutet Mittel, Hilfsmittel, Apparat, Kunstgriff. Im Lateinischen bekommt *maschine* dann die Bedeutung von technisches Gerät im Bau-, Kriegs- und Transportwesen, Gerüst, Bühne, Kunstgriff, List. Im 18. Jahrhundert wird Maschine auch für die Göttererscheinung im Theater verwendet, die in die Handlung eingreift. Das Neulatein *deus ex machina* bedeutet in diesem Sinne: der Gott aus der Maschine. Später bekommt dann die Maschine betont technische Bedeutung, wie bei Dampfmaschine, Schreibmaschine usw.

Roboter geht auf den slawischen Stamm *robot* für Arbeit, arbeiten zurück. 1920 führte Karel Capek das Wort Roboter mit dem Roman "W.U.R. – Werstand Univesal Robots" ein. Doch die menschenähnliche Maschine ist schon weitaus früher ein Traum der Menschen. Vielleicht lassen sich hier sogar der Homunkulus, die Heinzelmännchen und das Schlaraffenland einordnen. Einst wollte der Mensch über diese Technik gottgleich werden. Daher galten zuweilen Roboter, Androiden usw. als Gotteslästerung. Neben vielen älteren und kleineren Nachbildungen verdienen besonders die drei Androiden der Gebrüder Jaquet Droz (P. J. Droz 1721 – 1790) Erwähnung. Noch heute existieren je ein Schreiber, Zeichner und Klavierspieler. Sie sind ca. 80 cm groß. Im Museum der Schönen Künste in Neuchatel (Schweiz) sind sie zu erleben. Wie groß seinerzeit die Leistungen solcher Nachbildungen eingeschätzt wurden, demonstriert die Geschichte des Baron von Kempelen. Er stellte 1769 in Preßburg einen schachspielenden Automaten vor, der sich aber bald als Betrug herausstellte. Im Innern des Kastens saß ein Türke [1]. Zu den vielen Legenden um menschliche Nachbildungen gehört auch die altjüdisch-talmudische Adamslengende zum Golem, u. a. des Rabbi Loew, weitere Details in [LEH]. Allgemein bekannt ist die tanzende 'Puppe' aus E. T. A. Hofmanns Erzählung 'Der Sandmann'. Sie begegnet uns weiter als Olympia in Offenbachs 'Hofmanns Erzählungen' und Delibes 'Coppelia'. Später werden die Nachbildungen des Menschen mit ethischen Aspekten verknüpft. So schreibt 1818 Mary Shelley ihren 'Frankenstein' [SHL] und in der Neuzeit bemühte sich Isaac Asimov [ASI] (Biochemiker) um Gesetze für menschengleiche Roboter. Schließlich führt Stanislaw Lem diese Ansätze konsequent fort: Wenn wir keine Krüppel, keine Degenerierten, keine Schwachsinnigen morden, nur weil sie menschenähnlich sind, dann dürfen wir dies auch nicht mit menschenähnlichen künstlichen Wesen tun. Schon mit dem Kauf eines solchen 'Wesens' übernehmen wir folglich eine moralische Verantwortung. Oder ändert sich dies dann, wenn es ein uns völlig fremdes Bewußtsein besitzt?

5.3 Universeller und spezieller Automat

Einen Bumerang wirft man so, daß er entweder sein Ziel trifft oder zurückkehrt. Trotz dieses logistischen Ablaufes dürfte ihn kaum jemand Automat nennen. Würde er dagegen das sich bewegende Ziel längere Zeit verfolgen, so gäbe es kaum Zweifel darüber, daß er ein gut konstruierter Automat sei. Dabei braucht er dann nicht einmal das Ziel zu erreichen und auch nicht zurückzukehren. Ein rein logisch gesetzmäßiger Ablauf genügt also für einen Automaten nicht. Unter anderem ist ein sich anpassendes Verhalten ein wichtiges Kriterium. Diese Aussage sei am Beispiel von Fotoapparaten vertieft.

Es können zwei extreme Fotoapparate unterschieden werden. Die eine Art ist für professionelle Anwendungen gedacht. Sie ermöglicht und verlangt viele Einstellungen. Die andere gehört dem Sonntagsknipser. Bei ihr wird alles vollautomatisch erledigt. Sie wählt von sich aus u. a. die richtige Blende, Entfernung und Belichtungszeit. Ja sie schaltet gegebenenfalls sogar das Blitzlicht ein. Mit ihr kann jedermann jederzeit brauchbare Bilder erhalten. Würde er dagegen die professionelle Kamera verwenden, so brächte er wahrscheinlich fast nur Ausschuß nach Hause. Dem Könner jedoch ermöglicht nur die professionelle Kamera, allerdings unter vollem Einsatz seines umfangreichen Fachwissens, eine so hervorragende Bildqualität, wie sie niemals mit der automatisierten Kamera zu erreichen wäre.

---

[1] Hierauf soll übrigens der Begriff etwas türken, etwas fälschen zurückgehen.

Die soeben gezeigten Vor- und Nachteile einer Automation können ergänzend
und noch deutlicher beim Schreiben von Texten mit Schreibmaschine oder
einem Textverarbeitungsprogramm gezeigt werden. Bei der Schreibmaschine
sieht man ständig und sofort das Ergebnis. Jede einzelne Aktion – Anschlag
auf Tastatur, Bewegung von Walze und Schlitten – ist unmittelbar in der Wirkung erkennbar. Der Weg von der einzelnen Aktion zum endgültigen Druckbild ist ganz unmittelbar und daher gut verständlich. Auch ein Sonntagsschrei-
ber erreicht hier ähnlich wie zuvor der Sonntags-Fotograf immer brauchbare
Ergebnisse. Die Textverarbeitung entspricht mehr der professionellen Kamera.
Es erfolgt eine Zerlegung in mehrere, zunächst unabhängige Detailschritte [2].
Sie müssen alle – ähnlich wie beim professionellen Fotoapparat – einzeln verstanden, begriffen und ausgeführt werden. Die Trennung der Textverarbeitung
in diese Einzelschritte läßt sie den Anfängern so schwierig erscheinen. Sie
setzt für den Erfolg nämlich ein beachtliches Lernen, Wissen und Verstehen
voraus. Dafür ermöglicht sie dann aber später die völlig neuen Qualitäten,
welche bis zum perfekten DTP reichen.

1.   **Eingabe** des Textes: Es werden die reinen ASCII-Zeichen, d.h. die
      Buchstaben und Sonderzeichen mittels der Tastatur eingegeben. Sie
      erscheinen auf dem Bildschirm und sind im Arbeitsspeicher abgelegt.
      Hierbei sind aber bereits – im Gegensatz zur Schreibmaschine – erste
      Korrekturen möglich. Das Aussehen auf dem Bildschirm entspricht
      jedoch nicht dem späteren Druckbild.

2.   **Speicherung** des Textes: Der eingegebene Text wird auf die Festplatte
      übertragen und steht damit immer wieder zur Verfügung. Es ist sinnvoll,
      bereits häufig zwischendurch eine Speicherung auszuführen. So kann
      keine Arbeit verloren gehen. Die Speicherung ist auch bei den folgenden
      Schritten wiederholt durchzuführen. Diese auf die Zukunft orientierte
      Funktion ist bei einer Schreibmaschine prinzipiell nicht vorhanden.

3.   **Korrekturen** und **Feinbearbeitung** des Textes: Hier gibt es viele
      Hilfsmittel, wie Einfügen, Auslagern, Löschen und Umstellen von
      Textteilen. Aber auch komplexere Methoden wie Spellchecker
      (Rechtschreibprüfung), Synonym-Wörterbuch, Sprachstatistik zur Über-
      prüfung des Schreibstils usw. stehen zur Verfügung. Deshalb wird bei 1.
      häufig nur grob begonnen, um zunächst die Gedanken zu entwickeln und
      festzuhalten. Was bei der Schreibmaschine im voraus mit meist hand-

---

[2] Aus didaktischen Gründen wird im folgenden Beispiel bewußt nicht die WYSIWYG-Methode
herangezogen, sondern von der klassischen Textverarbeitung, wie bei WORD, Wordstar, Wordperfekt usw. ausgegangen.

schriftlichen Notizen usw. erfolgen mußte, ist hier schon unter 1. direkt ausführbar.

4.	Gestaltung des **Layout**: Hier wird der Bildschirm so betrieben, daß er möglichst genau das Druckbild sichtbar macht. Da jedoch im Gegensatz zur Schreibmaschine viele Schriftfonts und sogar Bilder verwendet werden können, ist die Gestaltung der Druckseite erheblich umfangreicher und oft sehr mühevoll. Dafür können vielfältige, auch ästhetische Kriterien leicht berücksichtigt werden.

5.	**Druck** des Ergebnisses: Schließlich kann mit einem Sondergerät – dem Drucker – die ganze Arbeit erfolgreich zu Papier gebracht werden. Die ganzen Vorstufen zahlen sich natürlich nur dann aus, wenn dabei auch eine deutlich höhere Qualität erreicht wird. Dies setzt aber ein Beherrschen aller Zwischenstufen voraus. Andernfalls entstehen – wie bei der Benutzung eines professionellen Fotoapparates durch einen Laien – nur sehr unbrauchbare Ausdrucke.

Beide Beispiele zeigen, daß es spezielle und universelle Automaten gibt. Die automatische Kamera und die Schreibmaschine sind hoch spezialisierte Geräte, während die professionelle Kamera und die Textverarbeitung recht universell anwendbar sind. Der Vergleich beider Beispiele macht aber auch deutlich, daß die Größe der intern vorhandenen Komplexität keinem der beiden Extreme zugeordnet werden kann. Die automatisierte Zusammenfassung vielfältiger Funktionen der professionellen Kamera führt zum speziellen Fotoapparat. Die Zerlegung der einen ganzheitlichen Leistung bei der Schreibmaschine in viele Einzelfunktionen führt zur universellen Textverarbeitung.

Beide behandelten Automaten sind nur universell bezüglich recht spezieller Aufgaben: fotografieren bzw. Texte schreiben. Ein echter universeller Automat müßte dagegen für alle möglichen Aufgaben – was das auch immer sei – geeignet sein. Er müßte z. B. gleichermaßen gut: Nachrichten erzeugen, Kinder betreuen, Rechnungen durchführen, Essen kochen, einkaufen und die Wohnung sauber halten. Kann es ihn überhaupt geben? Könnten wir ihn dann bedienen? Wenn es ihn gäbe, müßte er wahrscheinlich immer irgendwie in seinen Möglichkeiten eingeschränkt werden.

5.4 Vom Problem zur Lösung

Automaten sollen für irgend etwas gut oder nützlich sein. Sie sollen z. B. Bedürfnisse befriedigen oder eine Aufgabe lösen. Dazu benötigen sie eindeutige Anweisungen. Sie werden in Algorithmen niedergelegt. Der Begriff Algorithmus bezieht sich auf den Usbekischen Gelehrten *Ben Muza Al-Chawarizmi*. Bereits im 9. Jahrhundert stellte er Regeln für das Rechnen auf. Hieraus hat sich auch das Wort Algebra entwickelt. Das Wort Algorithmus entstand wahrscheinlich als Verschmelzung des Gelehrtennamens mit dem griechischen Wort *arithmus*, was Zahl bedeutet.

Algorithmen zu erfinden, erfordert viel Kreativität und umfangreiche Vorarbeit. Gewöhnlich wird dabei die Folge: Problem, Aufgabe, Algorithmus, Programm und Abarbeitung durchlaufen.

Ein *Problem* liegt vor, wenn uns irgend etwas nicht gefällt. Tucholsky wies darauf hin, daß wir uns lieber hundertmal ärgern, bevor wir das Problem abstellen. Häufig ist es aber gar nicht so einfach, die *Ursache* der Schwierigkeit zu ergründen. Erst dann kann nämlich eine *Aufgabe* zur Behebung gestellt werden. Dies wird auch die *Präzisierung* des Problems genannt. Dabei wird die *Zielstellung* erarbeitet. Den *Weg* dorthin zu finden, ist die dann notwendige kreative Leistung. Der Weg wird durch einen *Algorithmus* als ein eindeutiges, schrittweises Schema festgelegt. Sofern der Algorithmus vorliegt, ist nur noch Routinearbeit, d. h. vor allem Fleiß erforderlich. Deshalb kommt dem Algorithmus eine zentrale Stellung zu. Das *Programm* ergibt sich nämlich aus der Übersetzung (Codierung) des Algorithmus in einen für den Rechner verständlichen Code. Seine *Abarbeitung* bedeutet schließlich, daß der Rechner den Algorithmus ausführt, um die Aufgabe zu lösen. Ein Algorithmus kann auf verschiedene Art und Weise beschrieben werden. Hierzu zählen u. a.:

- Mittels der Umgangssprache beschreibt man rein *verbal*, was wann und unter welchen Bedingungen zu erfolgen hat.
- Der *Programmablaufplan* ist ein graphisch-formales Schema, was ansonsten der verbalen Beschreibung noch recht nahe steht.
- Das *Struktogramm* ist ein wesentlich stärker formalisiertes graphisches Schema. Es ist neueren Datums und berücksichtigt die Erkenntnisse der strukturierten Programmierung. Es soll einige Fehlerquellen unterdrücken, hat sich aber praktisch nicht sonderlich bewährt.
- Bei Verwendung einer *Programmiersprache* muß der Algorithmus in deren strenge Syntax übertragen werden. Dabei entsteht ein Programm, das voll

automatisch den Rechnercode erzeugt. Dieser Vorteil hat zwei beachtliche Nachteile. Programme sind häufig für den Menschen schwer zu lesen, und zuweilen geht die Allgemeinheit des Algorithmus verloren.

Ein Algorithmus ist eine konsequente Festlegung dafür, was, wie und wann zu geschehen hat. Dafür konnte bewiesen werden, daß sich alle bekannten Algorithmen aus zwei Grundschritten (Prinzipien, Bausteinen) aufbauen lassen:

- *Folge*: Erledige die Aufgaben a, b, c usw. in der vorgegebenen Abfolge. Präziser müßte es heißen: Tue a. Wenn du damit fertig bist, dann verrichte b. Wenn dies beendet ist, dann führe c durch.
- *Entscheidung*: Wenn du mit einem Schritt c fertig bist, dann prüfe das Ergebnis bezüglich der Aussage C. Ist sie wahr, dann erledige Schritt d, andernfalls e.

Für den zuvor erwähnten Bumerang würde ein verbal formulierter Algorithmus daher so lauten:

a   Bumerang zu Start bereithalten. (Folge)
b   Bumerang fliege zum Ziel. (Folge)
c   Versuche es zu treffen. (Folge)
C   *Getroffen?* (Entscheidung),
d   wenn *ja*, dann ist das ist *Ende erreicht*;
e   andernfalls *kehre zurück* und setze eventuell bei a fort.

Dieser Bumerang folgt zwar einem einfachen Algorithmus, führt aber – wie bereits oben erwähnt – eigentlich zu keinem Automaten. Nach c wäre dazu eventuell die Aufgabe 'Verfolge das Ziel' zu ergänzen. Doch sofort ist zu fragen: Wie erfolgt das? Wann oder wodurch ist diese Aufgabe beendet? Was geschieht, wenn das Ziel nie erreicht wird? Diese Fragen machen deutlich, die Vorgabe 'Verfolge das Ziel' ist zwar im menschlichen Kontext verständlich, reicht aber so noch nicht für eine Realisierung aus. Von einem Algorithmus wird deshalb noch gefordert,

- daß er *ausführbar* ist, also sehr genau festgelegt ist, wie etwas zu geschehen hat.
- daß er *terminiert*, also genau definiert ist, unter welchen Bedingungen er endet und daß auch gesichert ist, daß er unter allen möglichen Umständen ans Ende gelangt.

Wie schwierig es daher oft ist, brauchbare Algorithmen zu entwickeln, zeigen die beiden folgenden Beispiele.

Eine Fliege hat keine Probleme, sich kollisionsfrei im Raum zu bewegen. Dagegen ist es äußerst kompliziert, für ein technisches Flugobjekt einen entsprechenden Algorithmus zu schreiben. Die heute dafür bekannten Algorithmen sind so umfangreich und zeitaufwendig, daß meist ein Großrechner zur Ausführung erforderlich ist.

Fast mühelos und selbstverständlich fahren wir mit einem Fahrrad einen holprigen Waldweg entlang. Doch es ist wohl nahezu unmöglich, algorithmisch aufzuschreiben, wie und wann Sie ihr Gewicht verlagern, den Lenker bewegen und in die Pedalen treten müssen. Insbesondere erscheint es nahezu unmöglich, alle komplexen Abhängigkeiten sowie die Unregelmäßigkeiten des Weges zu erfassen und dann zu berücksichtigen.

Bei derartigen Aufgaben sind viele Informatiker – und nicht nur sie – intuitiv davon überzeugt, daß solche Algorithmen existieren und damit auch ausführbar seien. Aber selbst unter diesen Voraussetzungen ist es äußerst zweifelhaft, ob die Fliege danach ihre Flugbahn gestaltet, oder ob wir beim Radfahren sie benutzen. Wahrscheinlich ist Verhalten von Lebewesen teilweise nur sehr ganzheitlich und damit unscharf festgelegt. Dennoch wird das Ziel nahezu exakt erreicht. So wichtig also der Algorithmus für unsere technischen Automaten ist, so wenig muß er das einzige Prinzip für die Lösung von Aufgaben sein. Bis jetzt kennen wir aber keine Lösungswege ohne Algorithmen. Selbst die neuronalen Netze und die unscharfen Methoden (Fuzzy) beruhen letztlich auf Algorithmen.

Ein Algorithmus soll – wie schon oben erwähnt – immer terminieren. Erst wenn sein Ende erreicht ist, liegt das Ergebnis vor [3]. Denn solange er noch arbeitet, kann sich ja auch das Ergebnis ändern. Im praktischen Leben gibt es dagegen viele Aufgaben, die unbegrenzt fortgeführt werden. Hierzu gehören Buchhaltung, Lagerhaltung, Kartei führen und Kontostände. Dabei sind fortwährend auch die aktuellen Zwischenergebnisse wichtig. Ein terminierender Algorithmus kann hierbei folglich immer nur und immer wieder zeitweilig genutzt werden. Überträgt man dann gar diese Finalität auf menschliches Handeln, so gäbe es nur ein Ziel, nämlich den Tod. Erst dann wäre seine 'Aufgabe' gelöst und sein 'Ergebnis' gültig.

---

[3] In der Theorie existieren auch seltene und praktisch unwichtige Ausnahmen. So gibt es neben den hier behandelten total definierten Algorithmen auch partiell definierte. Weiter sei auf die damit zusammenhängenden nur partiell berechenbaren und die nicht berechenbaren Funktionen verwiesen. Unabhängig davon besitzt aber das Halteproblem eine fundamentale Bedeutung. Zu ihm gehört die Aussage, daß es keinen Algorithmus geben kann, der entscheidet, ob ein gegebener Algorithmus jemals terminiert.

5.5 Algorithmus und Berechenbarkeit

Die Mathematik hat im Laufe ihrer jahrtausendealten Geschichte immer neue Wege und Möglichkeiten des Berechnens entwickelt. Aus den zunächst nur konkreten Aufgaben der Maße, Gewichte, Landvermessung usw. entwickelten sich auch immer mehr allgemeingültige und damit notwendigerweise abstraktere Aussagen und Gebiete. So entstand zu Anfang unseres Jahrhunderts die Frage, was generell zu berechnen ist. Zunächst wurde der Begriff 'berechenbar' dabei nur intuitiv, also mathematisch nicht faßbar verstanden. Zu den ersten formalisierten Methoden gehört der von A. Turing 1936 definierte Automatenbegriff. Er wird heute allgemein Turing-Automat genannt, ist aber eigentlich nur ein Gedankenexperiment, ein Modell für das Rechnen. Dennoch wird er vielfach als ein besonders trivialer Rechner eingeführt (siehe hierzu Bild 10). Verbal umschrieben genügt es z. B.,

- daß er die beiden o. g. Grundschritte: Folge und Entscheidung beherrscht,
- daß er wenige Folgeoperationen, z. B. die Addition und den Vergleich ausführen kann,
- daß er Zugriff auf einen großen Speicher hat und auf ihn schreiben und von ihm lesen kann. Dieser Speicher muß, z. B. durch Bereitstellen von weiterem beschreibbaren Papier, beliebig erweiterbar sein.

Sehr bald konnte gezeigt werden, daß nach diesem Prinzip alle bekannten Algorithmen ausführbar sind. Vermutlich gilt dies auch für alle künftigen Algorithmen. Etwa zeitlich parallel zum Turing-Automaten entstanden weitgehend unabhängig voneinander mehrere andere Methoden, die ebenfalls als Modell einer Berechenbarkeit konstruiert wurden. Sie sind jedoch weniger anschaulich zu interpretieren. Im Vergleich stellte sich dann heraus, daß alle diese Methoden die gleiche Leistungsfähigkeit besitzen. Sie können alle dieselbe Menge von Funktionen berechnen. Dies ließ sich mit mathematischer Strenge beweisen. Daher stellte Church 1940 eine Hypothese auf. Sie ist nicht beweisbar, wird aber von den meisten Mathematikern als gültig akzeptiert und lautet etwa so:

Alle bekannten Methoden zur Berechenbarkeit, unter ihnen der Turing-Automat, besitzen den gleichen Leistungsumfang. Die für sie prinzipiell erstellbaren Algorithmen definieren daher die Grenze der Berechenbarkeit.

So wird der zunächst intuitive Ausdruck des Berechenbaren mit dem exakten Ausdruck des Algorithmus gleichgesetzt und ebenfalls präzise faßbar. Dabei ist aber zu beachten, daß alle diese Betrachtungen eigentlich nur die natürlichen Zahlen 1, 2, 3, usw. bis unendlich verwenden. Was hat nun aber dieser Begriff der Berechenbarkeit mit jenen Aufgaben zu tun, die hier zuvor in großer Allgemeinheit besprochen wurden und die durch einen Algorithmus gelöst werden sollen? Sind solche Aufgaben nicht zumindest teilweise völlig anderer Natur und eventuell auch viel komplizierter als berechenbare Aufgaben?

Hier hilft wieder die Codierung von Kapitel 2 weiter. Zunächst einmal kann ein Problem sehr unterschiedlich, z. B. verbal oder als Formel, notiert sein. Für alle prinzipiell algorithmisch lösbaren Probleme läßt sich dann aber zeigen, daß diese Notation eineindeutig auf die natürlichen Zahlen abgebildet, d. h. durch natürliche Zahlen codiert werden kann. Auch wenn dies im Detail recht schwierig werden kann, so gilt doch, daß, sofern überhaupt ein Algorithmus für ein Problem existiert,

- immer ein äquivalenter Algorithmus erzeugt werden kann, der dieses Problem mittels natürlicher Zahlen löst,
- dafür eine umkehrbar eindeutige Abbildung angegeben werden kann, die zwischen beiden Algorithmen vermittelt.

Damit kann die Church-These auch so lauten:

Alles Berechenbare läßt sich algorithmisch im Rahmen der natürlichen Zahlen behandeln.

Bild 10. (rechts) Vergleichende Darstellungen für einen Turing-Automaten
a) Übliche Beschreibung: Eine bewegliche Lese-Schreibeinrichtung steht in Verbindung mit einem beidseitig unendlichen Speicherband. Gesteuert wird sie von einer CPU (Central Processor Unit = zentrale Steuereinrichtung). Sie besitzt einige innere Zustände. Je nach dem aktuellen Zustand und dem vom Band gelesenem Zeichen entscheidet sie, was als nächstes zu geschehen hat. Dies kann sein: Kopf bewegen, auf das Band ein Zeichen schreiben und/oder einen neuen Zustand einnehmen. Zu Beginn stehen auf dem Band die Daten und das Programm. Nach dem Start führt dieser Automat die algorithmischen Operationen aus. Sofern er irgendwann zum Stillstand kommt, liegt dann auf dem Band das Ergebnis vor.
b) Anschauliche Darstellung der auf dem Speicherband vorhandenen Aufzeichnungen: Programm, Daten, Zwischenwerte der Rechnung und fertiges Ergebnis. Die sonstigen Einrichtungen sind hier unter Steuerung zusammengefaßt.
c) Einem Menschen werden eine Formel und die zugehörigen Daten übergeben Er errechnet daraus die Ergebnisse und schreibt sie rechts im Bild auf. Hier können alle links und rechts im Bild befindlichen Teile als Speicherband und die Mitte als Steuerung, also als CPU mit dem Schreiblesekopf verstanden werden.
d) Ein einfaches Programm, das die Aufgabe ebenfalls löst.

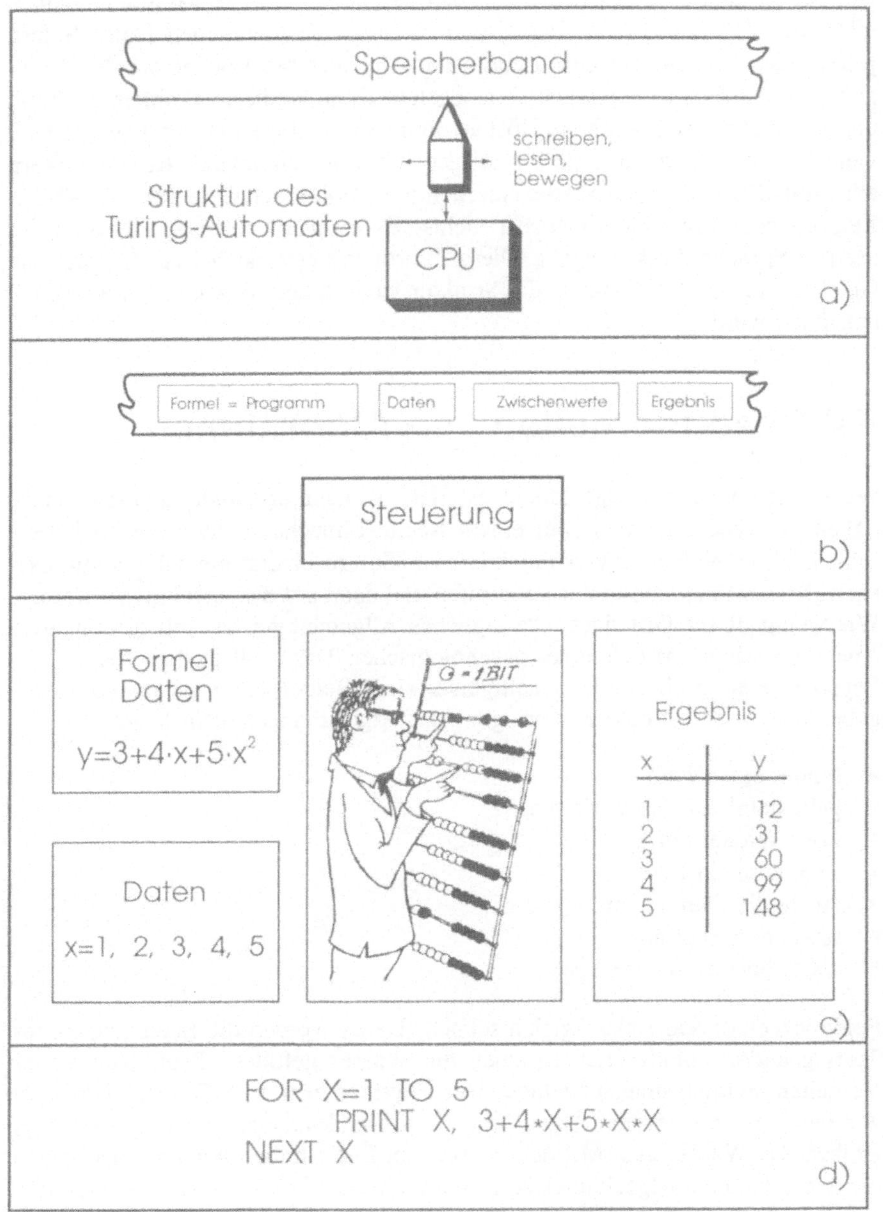
Speicherband
schreiben,
lesen,
bewegen
Struktur des
Turing-Automaten
CPU
a)
Formel = Programm
Daten
Zwischenwerte
Ergebnis
Steuerung
b)
Formel
Daten
y=3+4·x+5·x²
Daten
x=1, 2, 3, 4, 5
G = 1 BIT
Ergebnis
x   y
1   12
2   31
3   60
4   99
5   148
c)
FOR X=1 TO 5
    PRINT X, 3+4*X+5*X*X
NEXT X
d)

Hierbei ist aber noch zu bedenken, daß es unendlich viele natürliche Zahlen gibt, und daß bis zur Lösung eine sehr lange Zeit vergehen kann. Sofern jedoch das Problem mit einem endlichen Alphabet beschrieben werden kann, genügen natürlich auch endlich viele Zahlen. Dann ist dieses Problem auch mit unseren technischen Rechnern lösbar, denn sie verfügen ja nur über endlich viele binäre Zahlen, Speicherplätze usw. Obwohl ein solcher Rechner intern alles mit Binärzahlen bearbeitet, merken wir infolge der Codierung in ASCII-Zeichen oder Pixel hiervon meist nichts. Es erscheint uns so, als ob er mit unserer Sprache direkt umgeht. Diese Zuordnung bewirkt bei der Eingabe die Objekt- und bei der Ausgabe die Struktur-Codierung, so wie es im Kapitel 2 behandelt wurde.

5.6 Besonderheiten von Algorithmen

Wenn erst einmal ein Algorithmus existiert, so kann er ständig und mit Leichtigkeit verwendet werden. Bei einem Rechner macht es dann keinen Unterschied, ob er einfach oder kompliziert ist. Sofern er erst einmal auf ihm existiert, braucht man ihn ja nur aufzurufen und dann auf das Ergebnis zu warten. Wie wenig dieser Grundgedanke tägliches Allgemeingut ist, soll die folgende Anekdote zeigen. Mittels eines psychologischen Tests soll geklärt werden, ob Physiker oder Mathematiker intelligenter sind. Beiden überträgt man die Aufgabe, Wasser zum Kochen zu bringen. Der Algorithmus hierfür lautet:

- Nimm einen Topf
- gehe damit zur Wasserleitung
- lasse Wasser ein
- gehe zum Gasherd
- zünde die Flamme an
- setzte den Topf auf
- warte bis das Wasser kocht.

Beide lernen diesen Ablauf gleich schnell. Daher werden die Bedingungen des Tests geändert. Beide erhalten einen mit Wasser gefüllten Topf. Nun ist ihr Verhalten deutlich unterschiedlich. Der Physiker geht zum Gasherd und setzt von hier ab den gelernten Algorithmus fort. Der Mathematiker hingegen kippt einfach das Wasser aus. Mit dem leeren Topf ist nämlich der Anfangszustand für den bekannten Algorithmus hergestellt.

Wider Erwarten bedeutet diese Anekdote keine Kritik am Verhalten des Mathematikers, eher das Gegenteil. Denn es verdeutlicht, worauf eigentlich die Produktivitätssteigerung der Rechentechnik beruht. Wenn ein Algorithmus hinreichend präzise bekannt ist, kann er als Programm auf praktisch jeden Rechner übertragen werden. Danach ist es eigentlich nicht mehr notwendig, daß ihn ein Mensch ausführt. Das Programm braucht nur noch mit den richtigen Startbedingungen aufgerufen zu werden. Dazu können durchaus so unsinnig erscheinende Aktivitäten, wie das Leeren des Topfes erforderlich sein.

Doch die Wirksamkeit von Programmen und Algorithmen reicht weit über das bisher Erklärte hinaus. Eine Vielzahl einfacher Routinen werden nämlich immer wieder und bei den unterschiedlichsten Aufgaben benötigt. Sie können folglich in vielen Programmen Anwendung finden. Man denke nur an: Eingeben von Texten, Ändern von Adressen, Ausdrucken von Texten, Addieren von Zahlen, Berechnen von Preisen, Herstellen von Produkten usw. Sind erst einmal Programme für solche (Teil-) Aufgaben vorhanden, so können sie leicht in jedes andere Programm eingefügt und dann mit einem einfachen Befehl aufgeführt werden. Damit lassen sich Algorithmen und Programme vielfältig ineinander schachteln. Alles was irgendwo schon einmal erdacht und erprobt wurde sowie gespeichert vorliegt, kann jederzeit und aus jedem Programm als automatisch ablaufende Routine aufgerufen werden. Dieses Prinzip läßt sich natürlich beliebig erweitern. Programme, die solche Unterprogramme enthalten, können in weiteren Programmen erneut als Unterprogramme verwendet werden. Dieses hierarchische Ineinanderschachteln kann beliebig oft wiederholt werden. So gelangt man relativ schnell zu sehr mächtigen Programmen, die mit wenigen und einfachen Befehlen Gewaltiges zu leisten vermögen.

Natürlich ist das Prinzip der Unterprogramme nicht nur in der Rechentechnik gebräuchlich. Auch im täglichen Leben wenden wir es ständig an. Wenn Sie einen Brief unterschreiben, verläuft dies ganz automatisch. Sie müssen weder darüber nachdenken, wie der Kugelschreiber zu halten ist noch wie sie ihn zu bewegen haben. Gerade durch die Automatisierung (über Unterprogramme) ist Ihre Unterschrift so typisch und so schwer zu fälschen. Dieses Schreiben haben Sie durch langes Lernen und häufiges Üben erworben. Das steht deutlich im Gegensatz zum Computer. Für ihn genügt es, wenn ein fertiges Programm nur einmal eingespeichert wird. Insgesamt zeigen sich bezüglich der Algorithmen deutliche Unterschiede zwischen Mensch und Rechner:

- Neue Algorithmen erschafft (findet) nur der Mensch mit seiner Kreativität. Dies geschieht relativ selten und ist zudem eine hochspezialisierte Leistung. Deshalb sind Algorithmen so wertvoll.
- Sollen Menschen Algorithmen anwenden, so muß jeder einzelne sie mühevoll und auf die für ihn spezifische Art und Weise lernen und üben. Auch hierdurch ist unsere lange Ausbildungszeit begründet.

- Wenn ein Algorithmus auf einem einzigen Rechner funktioniert, so ist er sofort auf (fast) alle nahezu problemlos zu verwenden.
- Für die Übertragung von Programmen auf Rechner genügt es, ihn ein einziges Mal technisch zu speichern. Hierzu wird generell nur sehr wenig Zeit benötigt.
- Im Gegensatz zum Automaten oder Rechner kann jeder Mensch (und viele Lebewesen) Aufgaben lösen, für die (noch) kein Algorithmus existiert. Es sei hierzu an die kollisionsfreie Flugbahn der Fliege oder das Radfahren auf einem Waldweg erinnert.

Aus den geschilderten Eigenschaften von Algorithmen läßt sich relativ leicht die Universalität des Turing-Automaten verstehen. Er kann zunächst nahezu beliebig primitiv sein. Wichtig ist dann nur, daß die ersten, sehr einfachen Algorithmen auf ihm funktionieren. Dann lassen sich in hierarchischer Weise immer effektivere Leistungen daraus entwickeln und schließlich wird so die Fähigkeit zur Lösung von extrem komplizierten Aufgaben erreicht. Deshalb gilt ergänzend zu den obigen Aussagen: Alles was prinzipiell berechenbar ist, kann immer auch auf einen noch so primitiven Turing-Automaten ausgeführt werden. Ja es kann sogar jede Aufgabe, für die ein Algorithmus bekannt ist, auf jeden (auch sehr simplen) programmierbaren technischen Rechner ausgeführt werden. Die dabei auftretenden Grenzen liegen nur bei zwei Gegebenheiten:

- der Rechner muß eine ausreichende Speicherkapazität besitzen. Sie kann allerdings fast immer durch externe Speicher, wie Disketten, Festplatten usw. hinreichend erhöht werden.
- Wir haben genügend Zeit, um auf das Ergebnis zu warten.

Hieraus ergibt sich, daß die konkrete bzw. spezifische Hardware eines Rechners für die prinzipielle Lösung einer Aufgabe nahezu unwesentlich ist. Entscheidend ist (fast) nur der Algorithmus. Die beiden obigen Parameter bestimmen jedoch hauptsächlich die Leistungsunterschiede zwischen konkreten Rechnern. Er schlägt sich vor allem in der Zeit nieder, die wir auf das Ergebnis warten müssen. Es kann nach Bruchteilen von Sekunden oder erst nach Jahrtausenden vorliegen. Genau hier entspringt die Forderung nach immer höherer Verarbeitungsgeschwindigkeit und auch mehr Speicherkapazität. Denn meist kann durch sie die Geschwindigkeit noch zusätzlich gesteigert werden. So können wir nämlich immer kompliziertere Algorithmen anwenden. Das Anwachsen der Komplexität scheint damit keine Probleme mehr zu bereiten. Schließlich entsteht das Wunschdenken, über zusätzliche Komplexität einmal alle Probleme lösen zu können, nicht nur das der Flugbahn einer Fliege und das des Radfahrens. So werden die extremen Aussagen einiger Vertreter der Künstlichen Intelligenz möglich:

Alle Gedanken und Handlungen beruhen auf Algorithmen. Sie müssen zu finden sein und können dann in Automaten, Roboter usw. übertragen werden. Ohne weiteres Lernen wären diese danach fähig, alle menschlichen Leistungen und vieles andere mehr zu vollbringen, und das sogar wesentlich schneller als jeder Mensch.

Diese These vertritt u. a. Douglas Hofstädter in seinem Buch: Eine Konversation mit Einsteins Gehirn. Darin meint er, man könne alle Algorithmen, die in einem konkreten Gehirn existieren, ausfindig machen und auf einen Rechner übertragen. Eine Kommunikation mit diesem Rechner ist dann nicht mehr von einer direkten Kommunikation mit dem ursprünglichen Menschen zu unterscheiden. Auf diese Weise wäre eine Unterhaltung mit Einstein auch nach seinem Tode möglich. Einige Gegenargumente hierzu sind bereits im bisherigen Text enthalten. Auf die generelle Fragwürdigkeit solcher und ähnlicher Aussagen wird jedoch noch genauer im Kapitel 6 eingegangen. Hier sei aber bereits ein recht spezielles Argument gebracht. Es sei – und das ist gewiß unzulässig – angenommen, daß ein Mensch ein Turing-Automat sei. Sein 'Speicherband' sei weiter die gesamte Umwelt. Er liest von diesem Band, indem er die Umwelt wahrnimmt. Er schreibt in diesem Speicher, indem er in der Umwelt handelt. Zu dieser Umwelt gehören dann auch all seine Mitmenschen. Dann besteht wohl keine Möglichkeit, diese Komplexität mittels Algorithmen auf einen technischen Automaten zu übertragen.

5.7 Rekursion

Algorithmen können nicht nur hierarchisch miteinander verkoppelt werden. Sie können sich auch selbst aufrufen. Dann spricht man von Rekursion. Sie ist, wie noch gezeigt werden wird, eine völlig andere Qualität der Programmierung. In einen Bezug auf eine wichtige Arbeit von McCarthy schreibt in diesem Sinne Barron [BAR]:

"Hätte es im Mittelalter Rechenanlagen gegeben, dann wären bestimmt einige Programmierer wegen Ketzerei von anders gesinnten Kollegen auf dem Scheiterhaufen verbrannt worden.... Höchstwahrscheinlich wäre eine der Hauptketzereien der Glaube oder Unglaube an die Rekursion gewesen. "

Das Geschehen bei der Rekursion ähnelt jener Erzählung von Münchhausen, in der er sich an seinem eigenem Schopf aus dem Sumpf zieht. Während diese Geschichte vom Lügenbaron stammt, ist der Selbstaufruf in Informatik und Mathematik eine nützliche Methode. Sie ist wesentlich für die Theorie der berechenbaren Funktionen und hebt den streng linearen Ablauf auf. Rein formal kann zwar jede Rekursion auf eine (lineare) Iteration zurückgeführt werden. Dabei wird der algorithmische Aufwand meist wesentlich größer.

Rekursion stammt vom Lateinischen *recursus* Rücklauf, Ebbe, Heimkehr und von *recurso* ich kehre zurück. Ein verwandter Stamm ist *recurro* ich laufe zurück. Das sich selbst Aufrufen ist also aus der Wortherkunft nicht eindeutig ableitbar. *Iteratio* ist ebenfalls lateinisch und bedeutet Wiederholung. Das Adverb *iterato* bedeutet abermals. Daher kann Iteration so interpretiert werden, daß etwas nochmals getan wird.

Fast allen Menschen fällt rekursives Denken sehr schwer. Außerdem ist es kaum zu erlernen. Dies hat tiefe Ursachen. Über Jahrtausende sind wir gewohnt, streng sequentiell mit unserer, linear in der Zeit ablaufenden Sprache zu denken. Wurden einmal Selbstbezüge verwendet, so führten sie zu Antinomien (siehe nächster Abschnitt). In den Wissenschaften herrschte bis vor kurzem der schon beschriebene deterministische Ursache-Wirkungs-Glaube, der sogar eine verschärfte Form der linearen Denkhaltung ist. Fünfzig Jahre praktische Informatik haben diesen Trend weiter vertieft. Ließ doch die Mehrzahl der Programmiersprachen zunächst gar keine rekursive Programmierung zu. Als erste erkannten wohl die Mathematiker ab etwa 1930 die große Bedeutung der Rekursion. Brauchbare Methoden zur rekursiven Programmierung stehen jetzt etwa zehn Jahre zur Verfügung.

Die meistgebräuchliche Beschreibung einer mathematischen Funktion ist explizit gemäß $y = f(x)$. Als Beispiele seien genannt $y = x^2$, $y = \log(x)$ und $y = \sin(x)/x$. Daneben gibt es viele andere Prinzipien der Definition von Funktionen. Einige seien am Beispiel der Fakultät aufgezeigt. Um deutlicher ihren Funktionscharakter sichtbar zu machen, wählen wir hier statt der üblichen Schreibweise $n!$ den Ausdruck FAK(n). Ihre verbale Beschreibung lautet:

Der Wert der Fakultät einer Zahl n wird erhalten, indem man alle natürlichen Zahlen von 1 bis n miteinander multipliziert.

Mathematisch geschrieben sieht dies etwa so aus:

$$\text{FAK}(n) = 1 \cdot 2 \cdot 3 \cdot \ldots \cdot n$$

Die drei Punkte zwischen 3 und n deuten dabei den wesentlichen Teil des Algorithmus nur an. Er könnte so lauten:

- beginne bei 1
- nimm die 2 und multipliziere
- nimm die 3 und multipliziere
- nimm immer die nächstgrößere Zahl und multipliziere
- tue dies solange, bis n erreicht ist

Die beiden letzten Schritte sind typisch für einen iterativen Prozeß: eine Aktion wird mehrfach wiederholt. Die rekursive Definition der Fakultät sieht völlig anders aus:

$$FAK(0) = 1 \qquad \text{für } n = 0$$
$$FAK(n) = n \cdot FAK(n-1) \quad \text{für } n > 0$$

Die erste Zeile bestimmt einen speziellen Wert, nämlich für das Argument Null. Die zweite Zeile gilt allgemein und ist die eigentliche Funktionsdefinition. Sie verknüpft $FAK(n)$ mit dem Fakultätswert von $n-1$. Es besteht folglich eine Ähnlichkeit mit der vollständigen Induktion [4]. Im Gegensatz dazu wird aber zur kleineren Zahl übergegangen. Der obige Funktionszusammenhang läßt sich auch so ausdrücken, daß die Funktion FAK() sich wieder selbst aufruft, allerdings mit einem um eins kleineren Argument. Genau dieser Selbstaufruf ist die Rekursion. Will man nach diesem Prinzip die Fakultät von 6 berechnen, so entsteht zunächst schrittweise das folgende Schema:

$$FAK(6) = 6 \cdot FAK(5)$$
$$FAK(5) = 5 \cdot FAK(4)$$
$$FAK(4) = 4 \cdot FAK(3)$$
$$FAK(3) = 3 \cdot FAK(2)$$
$$FAK(2) = 2 \cdot FAK(1)$$
$$FAK(1) = 1 \cdot FAK(0)$$

Hierin ist lediglich FAK(0) bekannt. Daher kann die 'Tabelle' nun zeilenweise von unten nach oben berechnet werden. So folgt:

---

[4] Leicht verwandt ist hiermit die vollständige Induktion. Ihr Prinzip kann so beschrieben werden: Ich habe bemerkt, daß eine Aussage für einige natürliche Zahlen gilt und vermute daher, daß sie für alle natürlichen Zahlen gilt. Um dies zu überprüfen, wähle ich eine beliebige natürliche Zahl und gehe dann zur nächstgrößeren Zahl über. Wenn auch für sie die Aussage gültig ist, dann gilt sie allgemein. Hierzu ein Beispiel.
Da ich ständig weiterzählen kann, vermute ich, daß es keine größte Zahl gibt. Für 1, 2 und 3 kann ich unmittelbar eine größere Zahl angeben. Also wähle ich die vermeintlich größte Zahl n. Zu ihr kann ich $n+1$ als eine größere Zahl berechnen. Daher kann n nicht die größte Zahl gewesen sein und somit gibt es zu jeder Zahl immer eine größere Zahl. Folglich gibt es keine größte Zahl.

$$1 \cdot 1 \cdot 2 \cdot 3 \cdot 4 \cdot 5 \cdot 6 = 720$$

Gewiß, die obige rekursive Funktionsdefinition ist einfach und eindeutig. Sie verlangt nicht einmal die immer etwas umständliche Beschreibung der Bedeutung der drei Punkte. Ihre algorithmische Abarbeitung ist dafür aber kompliziert. Da Algorithmen heute jedoch im Rechner ablaufen, ist das unwesentlich. Schwieriger ist es schon, zu begreifen, was die rekursive Definition für eine Funktion erzeugt. Dies ist das o. g. Problem des rekursiven Denkens. Dabei gilt es zu beachten, daß die Fakultät keineswegs besonders typisch für rekursive Probleme oder Algorithmen ist. Deshalb seien noch einige einfache Beispiele ergänzt.

Der wohl älteste rekursive Algorithmus stammt von Euklid. Er lebte von 450 bis 380 v. u. Z. und war Schüler von Sokrates. Sein Algorithmus bestimmt den größten gemeinsamen Teiler (GGT) zweier natürlicher Zahlen N und M:

$$\begin{aligned}
GGT(N, M) &= N   &\quad &\text{für } M = 0 \\
GGT(N, M) &= GGT(M, N)   &\quad &\text{für } M > N \\
GGT(N, M) &= GGT(M, N \, \text{MOD} \, M) &\quad &\text{für sonst}
\end{aligned}$$

MOD bestimmt darin den Rest bei der ganzzahligen Division. Für die beiden Zahlen 170 und 50 läuft der Algorithmus wie folgt ab: 170/51 ergibt 3 Rest 17 ($3 \cdot 15 + 17 = 170$). Dann folgt 51/17 ist 3 Rest 0. Folglich ist 17 der GGT. Bei anderen Zahlenpaaren kann das Ergebnis erst nach weitaus mehreren Durchläufen vorliegen. Ihre Anzahl kann zu Beginn (im Gegensatz zur Fakultät) nicht aus N und M direkt bestimmt werden. Hinzu kommt, daß alle anderen Methoden, den GGT zu bestimmen, auch rechentechnisch aufwendiger sind. Das Verstehen dieses rekursiven Algorithmus ist so schwierig, daß es vielen Studenten nicht gelingt, ihn auf Anhieb aufzuschreiben. Für diese kompakte Form fehlen nemotechnische Hilfsmittel.

Im Gegensatz zu den bisherigen Beispielen kann bei der Rekursion auch auf mehrere 'Vorgänger' zurückgegriffen werden. Ein einfaches Beispiel dafür sind die Fibonacci-Zahlen. Sie wurden von diesem italienischen Mathematiker (1180 – 1250) im Zusammenhang mit der Vermehrung von Kaninchen gefunden.

$$\begin{aligned}
F(1) &= 0 \\
F(2) &= 1 \\
F(n) &= F(n-1) + F(n-2) \qquad &\text{für } n > 2
\end{aligned}$$

Schließlich kann nicht nur rekursiv gerechnet werden. Es können so z. B. ganze Klassen von Funktionen definiert werden. Ein Beispiel sind orthogonale Funktionen. Für den Sonderfall der Legendre-Polynome gilt z. B.:

$$P_0 = 1$$
$$P_1 = x$$
$$n \cdot P_n = (2 \cdot n - 1) \cdot x \cdot P_{n-1} - (n-1) \cdot P_{n-2} \qquad \text{für } n > 1$$

Für jedes n wird hierdurch rekursiv ein Polynom definiert. So gilt u. a., wie man leicht ausrechnen kann:

$$P_2 = 3/2 \cdot x^2 - 1/2$$
$$P_3 = 5/2 \cdot x^3 - 5/3 \cdot x$$

In der Informatik ist Rekursion heute ein universelles Prinzip. Es existieren vielfältige rekursive Funktionen, Algorithmen, Verfahren, Prozeduren und Strukturen. Insbesondere bei Übersetzern von Programmiersprachen [5] ist es vielfach notwendig, einen beliebigen arithmetischen Ausdruck auszurechnen. Das Prinzip sei am folgenden Beispiel gezeigt:

$$(a+b) \cdot [c+d \cdot (e+f)] \cdot (g+h) + (3+i) \cdot (j+1)$$

Hierbei ist einmal zu beachten, daß die Multiplikation vor der Addition zu erfolgen hat. Außerdem müssen die Klammern richtig aufgelöst werden. Ein Klammerausdruck wird erst dann berechnet, wenn eine schließende Klammer erreicht wird. Daher müssen mehrfach Zwischenergebnisse vorübergehend gespeichert werden. Für beliebige Formeln ist so etwas effektiv nur mit rekursiven Methoden durchführbar.

Auch viele Daten besitzen eine rekursive Struktur. Das tritt besonders häufig bei Listen mit vielfältigen Verweisen auf. Genau in diesem Sinne wurde schon sehr früh LISP von McCarthy geschaffen. Zum Schluß sei noch auf die Fraktale verwiesen, die genauer im Abschnitt 6.6 behandelt werden.

---

[5] Compiler und Interpreter sind die wichtigsten Beispiele. Generell sind dies spezielle Programme, welche von Menschen geschriebene Quelltexte (z. B. in FORTRAN, ALGOL, PASCAL) in einen Code transformieren (übersetzen), der auf Rechnern ablauffähig ist.

5.8 Paradoxien und Antinomien

Es gibt den sogenannten gesunden Menschenverstand. Paradoxien scheinen ihm zu widersprechen. Das Wort geht einmal auf das griechische Suffix *para* zurück, was etwa die folgenden Bedeutungen annehmen kann: daneben, dabei, von ... her, neben, bei, entlang, neben ... hin, über ... hinaus, gegen und wider. Das griechische *doxa* bedeutet Ansicht, Meinung. Damit erhält paradox den Sinn: der allgemeinen Meinung entgegenstehend, wunderbar, seltsam, unwahrscheinlich, widersinnig, jenseits des Glaubens.

Bewußt salopp wurde eine Paradoxie einmal als "Wahrheit, die auf dem Kopf steht, um Aufmerksamkeit zu erregen" bezeichnet [FAL]. Paradoxien existieren in vielfältiger Form und recht unterschiedlicher Struktur. Daher ist eine brauchbare Definition schwierig. Generell tritt eine widersprüchliche, meist nicht einfach auflösbare Konsequenz auf. Auffällig ist es, daß keine Paradoxien bezüglich Hören, Riechen und Schmecken bekannt sind. Paradoxien existieren also vor allem im optischen und sprachlich-logischen Bereich. Die optischen betreffen in erster Linie Fixierbilder, räumlich unmögliche Figuren, optische Täuschungen und fehlerhaft konstruierte Perspektiven. Die sprachlichen treten vor allem bezüglich des Zeitablaufs, der Wahrscheinlichkeit, der formalen Logik und bei Zusammenhängen um unendlich auf.

Antinomien können weitgehend als ein Spezialfall der Paradoxien angesehen werden. Dabei ist zweierlei wichtig: Es wird die formale Logik verwendet, und mit ihr ergibt sich ein nicht auflösbarer Widerspruch. In der Geistesgeschichte hatten sie mehrfach große Bedeutung, indem sie revolutionäre Entwicklungen in Wissenschaft, Mathematik und Logik vorwegnahmen. Daher könnte es bezüglich des Grafik-Codes (Abschnitt 2.9) durchaus möglich sein, daß einigen optischen Paradoxien ähnliche Bedeutung zukommt. Trotz ihrer großen Vielfalt lassen sich die Antinomien drei Gruppen zuordnen:

- Eine Behauptung, die widersprüchlich erscheint, tatsächlich aber wahr ist.
- Eine Behauptung, die wahr scheint, tatsächlich aber einen Widerspruch enthält.
- Eine logische Beweiskette, die zu widersprüchlichen Schlußfolgerungen führt.

Die ältesten Antinomien stammen aus Griechenland. Etwa sechshundert Jahre vor der Zeitrechnung lebte Eulubides. Ihm wird die ursprüngliche Version der Lügner-Antinomie zugeschrieben. Ein Lügner muß hier die folgende Frage beantworten: 'Lügst du, wenn du sagst, daß du lügst?' Welche Antwort er auch gibt, es ist nicht zu entscheiden, ob er dann lügt oder nicht. Eine etwas spätere Version stammt von Epimendis. Er behauptete einfach 'Alle Kreter lügen'. Doch Epimendis war selbst Kreter. Folglich lügt auch er. Also müßten gemäß seiner lügnerischen Aussage nicht alle Kreter lügen. Doch wenn sie nicht alle lügen, könnte auch Epimendis Satz wahr sein. Die Entscheidung ist also nicht möglich.

Eine sehr klare Antinomie geht auf Bertrand Russel (1918) zurück: In einer Kompanie existiert ein Soldat mit dem privaten Beruf Friseur. Er erhält vom Kompaniechef den Befehl:

"Ab morgen rasieren Sie alle, die sich nicht selbst rasieren!"

Damit er seine 'Kundschaft' kennt, muß die Kompanie antreten und alle Selbstrasierer links raustreten. Das Problem wird jedoch erst am nächsten Morgen sichtbar. Was tut der Friseur mit sich selbst?

a) Rasiert er sich, so rasiert er einen, der sich selbst rasiert. Das darf er nicht!
b) Rasiert er sich nicht, so rasiert er einen nicht, der sich selbst nicht rasiert. Auch dies darf nicht sein!

Es gibt aber auch *Schein*Antinomien. Sie führen bewußt in die Irre. Ein sehr altes Beispiel geht auf Platon zurück. Sein Dialog "Euthydemos" zwischen Donysodorus und Ktesippos lautet etwa so:

D: *Du sagst, Du hast einen Hund?*
K: Und zwar einen recht bösartigen.
D: *Hat er auch Junge?*
K: Ja, und die sind ebenso bösartig.
D: *Und deren Vater ist Dein Hund?*
K: Ja, ich habe selbst gesehen, wie er die Hündin bestieg.
D: *Wie nun, ist der Hund nicht Dein?*
K: Aber natürlich ist er mein.
D: *Also ist er ein Vater, und er ist Dein; ergo ist er dein Vater, und seine Kinder sind Deine Brüder.*

Ähnlich funktioniert die folgende moderne Variante: In einer Gerichtsverhandlung antwortet der Angeklagte immer mit sehr langen Ausführungen. Dies stört den Richter, da hierdurch viel Zeit vergeht. Deshalb beginnt er folgenden Dialog:

*R: Angeklagter, auf jede Frage kann man kurz mit Ja oder Nein antworten.
     Ich fordere Sie auf, sich daran zu halten.*
A: Herr Richter, darf auch ich eine Frage stellen?
R: Ja
A: Herr Richter, haben Sie aufgehört, Ihre Frau zu schlagen?

Diese beiden Beispiele zeigen, daß man nicht alle Regeln des korrekten
Sprachgebrauchs ausreichend exakt formulieren kann.

Alle bisher behandelten Antinomien nennt man klassisch. Die Entwicklung der
wissenschaftlichen Konsequenzen können mit der folgenden Aufzählung zur
Logik prägnant umrissen werden:

George Boole	An Investigation on the Laws of Thougt	1854
Gottlob Frege	Begriffsschrift	1879
Giuseppe Piano	Notations de logique	1894
Bertrand Russell	Principia Mathematica	1910 – 1913
David Hilbert	Über das Unendliche	1926

1844 führte Frege den Mengenbegriff ein, und Cantor vertiefte ihn um 1870.
Doch bereits 1901 stellte Bertrand Russell eine entscheidende Frage: Ist die
Menge aller Mengen wieder eine Menge? Diese Frage war gewissermaßen der
Anfang der logischen Antinomien und ist innerhalb der Mengentheorie logisch
nicht entscheidbar. Im Sommer 1930 legte dann Gödel als 24-jähriger Doktor
eine äußerst weitreichende Erkenntnis vor. Der von ihm bewiesene Unvoll-
ständigkeitssatz ist eine metamathematische Aussage. Danach kann es keine
Theorie geben, welche die elementare Arithmetik umfaßt und für die folgende
Eigenschaften beweisbar sind:

- endlich beschreibbar,
- widerspruchsfrei,
- vollständig.

Auch wenn (z. Z.) in einem System keine logischen Widersprüche bekannt
sind, so ist doch zumindest mit endlichen Methoden nicht beweisbar, daß es
sie nicht geben kann. Vielmehr gibt es eine obere Grenze, welche die Komplexität der beweisbaren Wahrheiten beschränkt. Daher gibt es in einem hinreichend großen widerspruchfreien System immer Aussagen, von denen man
nicht beweisen kann, ob sie wahr oder falsch sind. Bedeutsam ist, daß es hierbei nicht um einzelne Probleme, sondern um ganze Problemklassen geht.
Keine hinreichend umfangreiche (im Vergleich mit der elementaren Zahlen-
theorie) mathematische Theorie kann folglich ihre eigene Widerspruchsfreiheit
beweisen. Es ist naheliegend, Sokrates Ausspruch 'ich weiß, daß ich nichts

weiß' in diesem Sinne zu interpretieren, und Hans Magnus Enzensberger schrieb hierzu das Gedicht:

Hommage a Gödel

Münchhausens Theorem, Pferd, Sumpf und Schopf,
ist bezaubernd, aber vergiß nicht:
Münchhausen war ein Lügner.

Gödels Theorem wirkt auf den ersten Blick
etwas unscheinbar, doch bedenk:
Gödel hat recht.

"In jedem genügend reichhaltigen System
lassen sich Sätze formulieren,
die innerhalb des Systems
weder beweis- noch widerlegbar sind,
es sei denn das System
wäre selber inkonsistent."

Du kannst deine eigene Sprache
in deiner eigenen Sprache beschreiben:
aber nicht ganz.
Du kannst dein eigenes Gehirn
mit deinem eigenen Gehirn erforschen:
aber nicht ganz.
Usw.

5.9 Künstliche Intelligenz

Intelligenz und gar künstliche ist heute ein sehr strittiger Punkt. Dabei ist zu beachten, daß es zumindest fünf Bedeutungen für Intelligenz gibt:

- als typisch menschliche Eigenschaft,
- als spezielles Maß im Sinne des IQ [6],
- als Forschungsgebiet 'Künstliche Intelligenz',
- als (meßbare) Eigenschaft von technischen Geräten,
- als spezielle Berufsgruppen: technische und künstlerische Intelligenz.

Da jede natürliche Sprache lebt, lassen sich eingeführte Begriffe, selbst wenn sie sehr unsinnig sind, kaum mehr unterbinden. Daher müssen wir mit diesen Varianten leben. Doch versuchen wir aus dem lateinischen Ursprüngen zu einer brauchbaren Definition zu kommen:

inteligens	einsichtsvoll, sachverständig
intellectus	Verstehen, Erkenntnisvermögen
intellegere, intellectum	innewerden, verstehen, erkennen

Intelligenz sollte hiernach bedeuten, etwas schnell und sachlich richtig zu verstehen und zu erfassen. Dies steht im Einklang mit Auffassungen der Psychologie. Sie bezieht zusätzlich das zweckentsprechende Verhalten ein. Intelligenz liegt hiernach insbesondere dann vor, wenn jemand besonders gut Analogieschlüsse zu ziehen vermag. Wenn er sein Wissen und seine Erfahrung schnell und sinnvoll auf Unbekanntes, Neues oder im neuen Kontext anzuwenden vermag. So war Faraday sehr genau bekannt, wie Wasser in Röhren fließt. Diese Kenntnis aber mit allen Konsequenzen einschließlich der bekannten Formeln auf die noch wenig erforschte Elektrizität zu übertragen, war ein großartiger Analogieschluß. Als Archimedes in die Badewanne stieg und dabei das Wasser überlief, kam ihm die geniale Idee, mit überfließendem Wasser festzustellen, ob die Krone wirklich aus purem Gold ist [7].

---

[6] Mit den IQ-Tests (Intelligenz-Quotient) sollte ursprünglich die menschliche Intelligenz gemessen werden. Das geschieht mit betont formal-logischen Fragestellungen, und das Ergebnis wird dann in Prozentzahlen ausgedrückt. Nur allmählich wurde klar, daß solche Tests fast nichts über typisch menschliche Eigenschaften, wie seine vielfältige Intelligenz, Persönlichkeit und Lebenstüchtigkeit aussagen. So trug auch dieses Verfahren zum Mißkredit der Intelligenzforschung bei.

[7] Das Archimedische Prinzip dient zur Bestimmung der Dichte von unregelmäßigen Körpern. Der Legende nach besaß König Hieron einen goldenen Kranz (Krone). Ihm war es wichtig zu wissen, ob er mit Silber gefälscht sei. Die für damalige Zeiten sehr schwierige Aufgabe übertrug er Archimedes. Dieser fand die Lösung, als er zum Baden in die Wanne stieg und dabei das Wasser überlief. So entstand das Gesetz: Man nimmt ein vollständig mit Wasser gefülltes Gefäß und legt

Der Fachbegriff Künstliche Intelligenz – oder kurz KI – hat zwei Aspekte. Er steht einmal für ein wissenschaftliches Fachgebiet, wie Mathematik, Chemie und Akustik. Hierauf wird weiter unten noch genauer eingegangen. Weiter wird er für Eigenschaften technischer Einrichtungen benutzt. So wird von intelligenten Chips, Schaltungen, Geräten usw. gesprochen. Diese Möglichkeit schließt der lateinische Ursprung keineswegs aus. Warum sollte daher ein Chip, der vielfältige Funktionen ermöglicht und durch die Eingangssignale seine Eigenschaften verändert, nicht intelligent genannt werden? Es gibt ja viele Begriffe, die Unterschiedliches bedeuten. Deshalb ist doch kein Vergleich mit menschlichen Eigenschaften notwendig. Hinzu kommt, daß bei den technischen Anwendungen der Begriff Intelligenz meist mit der Struktur-Komplexität verknüpft ist. Bewußt provozierend kann man daher fragen, ob menschliche und künstliche Intelligenz überhaupt eine gemeinsame Schnittmenge besitzen.

Das Hauptproblem der Künstlichen Intelligenz beginnt jedoch mit inhaltlichen Ansprüchen einiger ihrer Vertreter, deren Auffassung man durch die Bezeichnung *harte KI* kennzeichnet. Sie vertreten den Standpunkt, daß jegliche menschliche Leistung, also auch die menschliche Intelligenz, mindestens adäquat durch technische Lösungen erreichbar ist. Genau dies muß, wie insbesondere Weizenbaum und Dreyfus zeigten, sehr angezweifelt werden.

Weizenbaum [WEI] setzt sich beispielsweise mit der Meßbarkeit von Intelligenz auseinander. Er hatte einst geglaubt, daß es, ähnlich wie beim Shannonschen Informationsfluß, eine Obergrenze für Intelligenz gäbe. Schließlich ist er jedoch zur Einsicht gelangt, daß Intelligenz für jedes Lebewesen etwas ganz Spezielles und Unvergleichbares ist. Sie ist wesentlich durch die arttypischen Bedürfnisse bestimmt. Zur Erklärung blickt er weit in die Zukunft und läßt Roboter zu, die eigenständig sind und 'kollektiv' zusammenwirken. Sie wären dann so etwas wie eine Art bei den Lebewesen. Doch dazu müßte ihre roboterhafte Intelligenz völlig anderer Art als die menschliche Intelligenz sein.

Dreyfus [DR5] verweist einmal auf das Mißverhältnis zwischen den Versprechungen und den erreichten Ergebnissen der Forschungsrichtung Künstliche Intelligenz. Zum anderen begründet er, daß es ein 'graues' Wissen, auch Alltagswissen genannt, gibt. Es existiert im erheblichen Maße schon bei kleinen Kindern. Hierzu gehört alles, was wir nicht algorithmisch, sondern betont intuitiv tun. Die beiden schon mehrfach erwähnten Beispiele des Flugs einer Fliege und des Radfahrens auf einem Waldweg gehören dazu. Die

---

den zu untersuchenden Gegenstand hinein. Dann läuft genau soviel Wasser über, wie sein Volumen verdrängt. Das Verhältnis aus Gewicht und Volumen ergibt das spezifische Gewicht. So stellte Archimedes fest, daß der Kranz gefälscht war.

Menge derartiger Gegebenheiten ist jedoch enorm groß und daher gilt, daß
man eher das Fachwissen eines Professors als die Intelligenz eines zweijährigen Kindes algorithmisch erfassen kann.

Im Laufe der folgenden Jahre wurden viele weitere Pro- und Kontraargumente
bezüglich der harten KI eingebracht. Eine auch nur annähernd vollständige
Erfassung der einschlägigen Publikationen ist kaum möglich. Ferner fällt auf,
daß die Diskussion selten sachlich und klärend geführt wird. Der emotionale
Hintergrund ist insbesondere bei den Vertretern der harten KI so stark, daß
vielfach nur noch Glaubensbekenntnisse übrigbleiben. Eine der wenigen neueren und soliden Auseinandersetzungen stammt von Churchland [CHU] und
Searle [SEA]. Den Kernpunkt bildet hier das sogenannte Chinesische Zimmer.
In ihm sitzt völlig abgeschirmt jemand, der kein Chinesisch versteht, aber mit
formalen Tabellen chinesische Fragen chinesisch beantwortet. Von außen
betrachtet, wird so der Eindruck erweckt, als ob das 'Chinesische Zimmer'
chinesisch verstände. Die andere Problematik betrifft in diesem Zusammenhang den Umschlag von Quantität in Qualität. Dabei wird folgendes Argument
für die harte KI eingebracht: Jemand sitzt in einem dunklen Zimmer und
bewegt einen Magneten. Das dabei entstehende elektromagnetische Feld ruft
zunächst keine wesentliche Wirkung hervor. Wenn aber der Magnet – unabhängig von der technisch möglichen Realisierung – immer schneller bewegt
wird, dann tritt irgendwann der Fall ein, daß die elektromagnetischen Wellen
zu Licht werden und das Zimmer erhellen. Die gleichen Effekte, meinen die
Vertreter der harten KI, sind auch bei technischen Einrichtungen zu erwarten.
So ist es auch möglich, die menschliche Intelligenz zu übertreffen. Hiergegen
wird dann die Chinesische Turnhalle ins Spiel gebracht. In ihr bearbeiten sehr
viele Menschen nach vielfältigen Schemata die Anfragen. Doch auch dann
werden über diesen Prozeß weder der einzelne noch alle zusammen wirklich
Chinesisch verstehen.

Eine mögliche Einteilung für Probleme und Lösungen bei der KI folgt aus dem
Abschnitt 3.10 mittels der drei Fragetypen. Eine andere stammt von Johannes
Müller [MÜL] aus seinen umfangreichen Begleituntersuchungen zur technischen Konstruktion. Er versuchte herauszufinden, warum Konstrukteure so
schwer Zugang zur Rechentechnik finden. Die gründliche, systematische
Analyse ergab, daß die Konstrukteure drei unterschiedliche Prinzipien nutzen,
und daß es für sie ganz wesentlich ist, leicht zwischen diesen Prinzipien
'umschalten' zu können.

1. Es gibt Teilaufgaben, die sich *formal logisch* berechnen und ableiten lassen. Hier greifen Programme hervorragend und führen meist wesentlich schneller zum Ziel, als wenn der Konstrukteur die hergebrachten Wege anwendet.

2. Ein anderer Teil der Aufgaben ist *methodenbestimmt*. Hier können dem Ingenieur Handlungsanweisungen gegeben werden, welche die Richtung, aber nicht den Inhalt seiner Arbeit betreffen. Damit kann er dann feststellen, wo wahrscheinlich die Ursache dafür liegt, daß er keine geeignete Lösung findet. Hierzu gehören: Präzisiere die Aufgabe, baue einen morphologischen Kasten oder versuche ein Beispiel aus anderen Gebieten zu finden. Diese Methoden sind nicht detailliert algorithmisch bestimmt und heißen heuristisch. In den letzten Jahren sind sie klassifiziert und inhaltlich (jedoch nicht algorithmisch) beschrieben. So können sie interaktiv vom Rechner abgefordert werden. Methoden existieren also im Freiraum zwischen formalen Algorithmen und dem grauen Wissen.

3. Die dritte Variante benennt Müller *gefühlsmäßig entscheiden*. Sie entspricht in etwa dem grauen, Erfahrungs- oder Alltagswissen [8]. Anfangs war Müller bei seinen Untersuchungen darüber sehr verwundert, daß Konstrukteure selten korrekt-sachliche Gründe für eine Entscheidung aus mehreren Möglichkeiten angeben konnten. Die Antwort lautete fast immer: Es ist eben die schönste Lösung. Ihr lag dann ganzheitlich-intuitives Denken zu Grunde.

Auch Einstein muß so empfunden haben, als er sagte, sein kleiner Finger sage ihm, daß die Quantenmechanik unvollständig sei. Häufig wird in der Physik und Mathematik dann von *schönen* Theorien gesprochen, wenn sie besonders einfach, einheitlich und vollständig sind. Ob sie so mehr der Wirklichkeit entsprechen, ist eine nicht entschiedene Frage. Es hat aber den Anschein, daß bei solchen Feststellungen ganzheitlich-intuitive Entscheidungen getroffen werden. Der Versuch, sie im nachhinein rational zu begründen, ist daher wenig überzeugend und kaum zwingend.

In der folgenden Tabelle sind abschließend für diesen Abschnitt einige Aussagen zusammengestellt, die vor allem wesentliche Unterschiede von Mensch und Technik betonen. Bewußt wurde dabei das typisch Menschliche ausgelassen und der 'technisch-konstruktive' Aspekt betont.

---

[8] Diese Begriffe sind von H. L. Dreyfus in [DR9] eingeführt. Sie meinen jenes Wissen, mit dem wir täglich umgehen, ohne daß es uns bewußt wird, z. B. beim Radfahren oder beim Überqueren einer Straße. Von Dreyfus stammt auch die damit zusammenhängende Aussage, daß wir eher das Fachwissen eines Professors als das Wissen eines zweijährigen Kindes formalisieren können. Letzteres verfügt nämlich überwiegend nur über graues Wissen.

Kriterium	Mensch	Roboter-Computer
Entstehung	im Laufe der Evolution	vom Menschen geschaffen
Systembezug und Informationsträger	biologisch-soziologisch	technisch, physikalisch, elektronisch
Optimierung des Verhaltens	Überleben in der Umwelt, erfolgt adaptiv-passiv	Zum Nutzen des Menschen bewußt gestaltet
Entwicklung der Informationsverarbeitung	von der ganzheitlich-komplexen zur logisch-wissenschaftlichen Ursache-Wirkungs-Analyse	von den logischen Grundeinheiten zu komplexeren Beziehungen
Verhältnis von Struktur und Funktion	Funktion primär, sie bestimmt die Struktur	Struktur dient zur Realisierung von Funktionen

5.10 Komplexität

Komplexität leitet sich vom lateinischen *plectere* flechten, ineinanderfügen und damit von *complecti* umschlingen, umfassen ab. Daher wird komplex heute umgangssprachlich im Sinne von umfassend, zusammenhängend und vielschichtig verwendet. Eine relativ enge Beziehung besteht zu kompliziert, was meist als schwierig, verwickelt interpretiert wird. Es geht auf das lateinische *complicare* zusammenfalten, -legen, -wickeln zurück.

Im naturwissenschaftlich-technischen Bereich werden heute meist die folgenden Interpretationen bevorzugt: Kompliziertes ist zwar schwierig und verwickelt, aber logisch korrekt und konsequent (meist sogar linear) ableitbar. Komplex ist dagegen etwas, das in vielfältiger Weise und meist auch hierarchisch gestaltet ist. Komplexität möchte man vielfach im Gegensatz zu Kompliziertheit messen.

Für Systeme ist Komplexität meist eine Kenngröße, welche die Elemente und ihre Verknüpfungen zählt. Allerdings gibt es keine präzisen Festlegungen dafür, wie solche Zahlenwerte zusammenzufassen sind. Für hierarchisch aufgebaute Systeme fehlen generell brauchbare Berechnungsmethoden. Zuweilen wird daher ausweichend der Begriff Wechselwirkungsvielfalt verwendet. Eine erhebliche Erweiterung ist hier N. Luhmann [LUH] gelungen. Sie führt zu keinen Zahlenwerten, sondern klärt relativ tiefgründig vielfältige innere Zusammenhänge. Sie deckt sich teilweise mit dem hier geprägten Informationsbegriff. Es ist ein Verdienst von Dörner [DÖR], sich intensiv mit dem Problem auseinander gesetzt zu haben, warum es für alle Menschen so schwierig ist, mit komplexen Zusammenhängen umzugehen.

Vielfach ist es nützlich, verschiedene Komplexitätsmaße zu betrachten. Ein Vorschlag geht auf Moles [MOL] zurück. Er unterscheidet:

- instrumentelle (besser vielleicht funktionelle) Komplexität,
- konstruktive Komplexität.

Die erste berücksichtigt die Vielzahl der Anwendungsmöglichkeiten, die zweite erfaßt die beim Aufbau verwendeten Teile des Systems. Ein Bleistift besteht konstruktiv aus der Mine und dem Holz, funktionell ist er zum Schreiben und Zeichnen, aber auch als Lineal und seine Mine sogar als elektrischer Widerstand nutzbar. Moles trug in einem Diagramm nach oben die instrumentell-funktionelle und nach rechts die konstruktionelle Komplexität auf. Geteilt wird das Bild durch die Diagonale mit gleicher funktioneller und konstruktiver Komplexität. Auf ihr liegen die meisten Computer, oberhalb vor allem die Spiele und unterhalb spezialisierte Techniken für wenige oder gar eine Anwendung (Vgl. Schreibmaschine und automatisierte Kamera im Abschnitt 5.3). Eine andere Differenzierung sieht so aus:

- sensorisch für die Beeinflussungsmöglichkeiten,
- verarbeitend-speichernd für die Struktur und Funktionsvielfalt,
- effektorisch für Ausgabemöglichkeiten.

Für betont mathematische Systeme, Algorithmen usw. existiert die *Komplexitätstheorie*. Sie hängt eng mit den theoretischen Problemen der Berechenbarkeit zusammen, wie sie in den Abschnitten 5.5 bis 5.7 bereits gestreift wurde. Eine hier brauchbare Folgerung ist jedoch die Kolmogorff-Komplexität. Mittels verschiedener Algorithmen wird ein bestimmtes Muster (System oder ähnliches) erzeugt. Unter allen Algorithmen, die dies leisten, gibt es einen kürzesten. Seine Länge ist dann die Komplexität des Musters. Diese Festlegung ist deshalb erforderlich, weil sich im Gegensatz zur Informationstheorie keine theoretischen Grenzwerte berechnen lassen. Zur weiteren Erklärung zwei einfache Beispiele: Das unendliche Muster: 0101010101... kann durch folgende verbale Algorithmen erzeugt werden, die alle endlich und schon deshalb viel kürzer als die Folge sind:

- Erzeuge die Zeichenkette '01' und wiederhole diese ständig.
- Beginne mit der Zeichenkette $X:=$'01', erzeuge aus ihr ständig neue Zeichenketten gemäß: $X=X+X$.
- Wähle die Zeichen '0' und '1' und füge sie fortwährend abwechselnd aneinander.

Wählt man die Wörter für die Kolmogoroff-Komplexität, so wäre der erste Algorithmus mit 8 gegenüber 19 und 24 der kürzeste. Doch in Wirklichkeit wird man natürlich die Codemenge für einen bestimmten Automaten heranziehen. Folglich ist die Kolmogoroff-Komplexität auch vom jeweiligen Automaten abhängig. Doch hier kann man den Übergang zum universellen Turingautomaten vollziehen.

Auch der unendlichen Folge 01001000100001... liegt offensichtlich zumindest ein Algorithmus zu Grunde:

1. Erzeuge die Zeichenketten $A=$'01' und $B=A$.
2. Erzeuge $B=$'0'$+B$ und $A=A+B$.
3. Wiederhole 2) unendlich oft.

Auf diese Weise lassen sich viele Muster deutlich verkürzen und dann nach ihrer Komplexität ordnen. Doch praktische Anwendungen hierzu sind nicht bekannt.

Unabhängig voneinander haben Rucker [RUC] und [VI1] bei den Zahlen Effekte festgestellt, die durch ihre Größenordnungen bestimmt sind. Sie führen zu Zahlen-Bereichen, in denen die Zahlen unterschiedlich benutzt werden. Diese Effekte (Gesetzmäßigkeiten) stehen offensichtlich im Zusammenhang mit der Komplexität. Einen weiteren Hinweis gibt auch Schnappauf [SCA]. Hier kann nur eine kurze Zusammenstellung wichtiger Fakten gegeben werden.

Der *binäre* (zweiwertige) Zahlenbereich ist durch Ja/Nein-Entscheidungen, die Aussagenlogik, die Boolesche Algebra und die binäre Arithmetik gekennzeichnet. Hier treten vor allem die im vorigen Abschnitt behandelten Antinomien auf.

Der *psychologische* Zahlenbereich ist durch die magische Zahl 7 ± 2 bestimmt. Er hängt offensichtlich mit der Kapazität unseres Gegenwartsgedächtnisses zusammen. Sie liegt für kontextfreies Wahrnehmen bei 150 Bit. Gemäß ld(150)$=7,23...$ können entsprechend viele binäre Merkmale unterschieden werden. Wenn man nun eine unübersichtliche Menge von Objekten irgendwie ordnen soll, werden vermutlich genau deshalb die 7 ± 2 Klassen gebildet. Dies erfolgt häufig intuitiv, also unbewußt, kann aber meist hinterher an den erzeugten Klassen nachvollzogen werden.

Schon sehr früh war dem Menschen die besondere Bedeutung der mystischen Zahl 7 vertraut. Sie existiert seit jeher in fast allen Gebieten und heute in einer fast unvorstellbaren Vielfalt. Bei Schneider [SCE] belegen dies viele Seiten Text. Ein Auszug mit Ergänzungen ist in [VI3] enthalten. Hier sollen nur wenige Beispiele genannt werden. Die Chaldäer kannten vor 3000 Jahren bereits die sieben Wandelsterne: Sonne, Mond, Merkur, Venus, Mars, Jupiter, Saturn. Danach schufen sie die 7tägige Woche, welche durch alle Wirrnisse der Weltgeschichte bis heute erhalten blieb. Die alten Griechen sprachen u. a. von 7 Weltwundern und den 7 Weisen. Rom war auf 7 Hügeln erbaut. Auf die Juden geht zurück, daß Gott die Welt in 7 Tagen erschaffen hat. Das Haus der göttlichen Weisheit in Jerusalem hatte 7 Säulen, ein Hauptstück des Tempel-schmucks war der 7armige Leuchter. Jedes 7. Jahr galt bei den Hebräern als Sabbatjahr, jedes 7 mal 7. Jahr als Jubeljahr. Noch heute sagen wir, wenn etwas selten vorkommt, es geschehe alle Jubeljahre einmal. In der christlichen Kirche hat das Vaterunser 7 Bitten, die katholische Kirche kennt 7 Sakra-mente, 7 Todsünden und 7 Werke der Barmherzigkeit. In der Märchenwelt existieren Schneewittchen mit den 7 Zwergen, der Wolf mit den 7 Geißlein, die 7 Schwaben, die 7 Raben, die 7-Meilenstiefel und die 7 Freikugeln des Freischütz. Selbst der 7jährige Krieg (1756 bis 1763), das Siebengebirge bei Bonn, die Sieben Gründe im Riesengebirge, Sieben-Ahorn und Siebenstrom-land aus der Geographie sowie die 7 Farben: Rot, Orange, Gelb, Grün, Blau, Indigo und Violett gehören dazu. Erwähnt seien noch 7-Schläfer, der 7. Him-mel, 7 Jahre Pech, die 7 mageren und die 7 fetten Jahre, seine 7 Sachen neh-men, der Marienkäfer mit seinen 7 Punkten, die Blüte des Siebenstern und das Siebenstundenkraut.

Der *anschauliche* Zahlenbereich wird von etwa Tausend bis ein Tausendstel begrenzt. Von einem Meter ist eben gerade noch ein Millimeter mit bloßem Auge zu erkennen. Bis tausend zählt man in etwa einer Stunde [9]. Rucker führt hier den Zehnfinger-Flipflop mit $2^{10} = 1024$ ein. Auch die Staffelung großer Zahlen gemäß Million, Milliarde, Billion, Billiarde, Trillion usw. sowie die Vorsätze des SI wie p, μ, m, k, M, G, T usw. belegen dies. Sie ermöglichen nämlich, alle Zahlenwerte in den anschaulichen Zahlen zwischen 1 und 999 zu verlagern. Deshalb existieren Faktoren (SI-Vorsätze) größer und kleiner als 1. Bei Rucker enden hier seine mittleren Zahlen und er schreibt dazu: "Erfährt

---

[9] Auch der Stunde kommt eine besondere Bedeutung zu. Sie hängt sehr wahrscheinlich mit unse-rem Kurzzeitgedächtnis zusammen. Es existieren keine Überlieferungen zu ihrer Festlegung und auch aus der Tageseinteilung entstehen keine sonst üblichen Zahlen. Dennoch hat auch sie sich über die Jahrtausende erhalten. Die Schul- und Unterrichtsstunde scheinen optimal für das Lernen gewählt zu sein.

man mittlere Zahlen unmittelbar sinnlich, so sind sie etwas ganz anderes als die Zahlen in den Zeitungen". Diesbezüglich trennt er die offene und geschlossene Masse. Zur letzten gehört u. a. die religiöse Zeremonie: Man fühlt sich einer mittleren Gruppe angehörig. Die Inder haben dafür das Wort darshan. Die Macht über die Massen ist hierbei wichtig. Eine offene Masse existiert bei einer Straßendemonstration: Sie will und muß wachsen und kennt dafür kaum Grenzen. Wenn sie nicht mehr wächst, erreicht sie ihr Ende.

Die Physiker haben sich etwa seit der Jahrhundertwende daran gewöhnt, daß bestimmte Verhältniszahlen nie überschritten werden. Beispielsweise liegt das Verhältnis aus der Masse des Weltalls zur Masse des Elektrons bei 10^{85}. Alle anderen physikalischen Verhältnisse sind kleiner. Der *naturgegebene* Zahlenbereich liegt folglich zwischen 10^{-99} und 10^{99}. Auch die Gleitkomma-Arithmetik vieler Rechner ist hierauf abgestimmt. In diesem Bereich herrscht das Rechnen mit Exponenten vor. An die Stelle von Addition und Subtraktion tritt Multiplikation und Division. Dadurch sind positive und negative Exponenten gleichberechtigt. Der Nachfolger im Sinne des Peano-Axioms hat hier so gut wie keine Wirkung. Rucker führt die Zahl Googol mit 10^{100} ein [10]. Er nennt sie kaum vorstellbar, aber noch nicht unendlich. Auch die Sandzahl des Archimedes (215 v. u. Z.) mit ihren 10^{63} Sandkörnern, aus denen die Welt bestehen soll, gehört dazu. Sie war das letzte, was Archimedes schrieb.

Wesentlich größere und kleinere Werte existieren im *kombinatorischen* Zahlenbereich. Werden z. B. die rund 10^{80} Atome je zur Speicherung eines Bit herangezogen, so entstehen $2^{10^{80}}$, also rund $10^{3 \cdot 10^{79}}$ Zustände. Selbst der Exponent ist hier bereits eine unvorstellbare große Zahl mit $3 \cdot 10^{79}$ Ziffern. Ähnliche Zahlen errechnet man für die möglichen Proteine, Sätze in einer Sprache usw. Rucker führt daher den Googolplex als eine Zahl mit Googol Nullen ein. Die großen Zahlen der kombinatorischen Möglichkeiten führen dann automatisch zu extrem kleinen Zahlen, wenn die Wahrscheinlichkeit für die Auswahl einer Möglichkeit berechnet wird. Für Rechnungen in diesem Bereich sind die üblichen numerischen Methoden wenig geeignet. Es muß dann vielfach eine spezielle Arithmetik geschrieben werden.

Die Philosophie kennt noch das Unerschöpfliche. Wahrscheinlich ist es dem kombinatorischen Zahlenbereich zuzuordnen. Die Sprache ist z. B. deshalb unerschöpflich, weil keiner in seinem Leben alle möglichen Sätze auszusprechen vermag. Selbst bei nur 100 Wörtern und einer Satzlänge von 10 Wörtern existieren bereits $100^{10} = 10^{200}$ verschiedene Sätze. Ihr Verlesen würde bereits länger dauern, als die Welt besteht. Unerschöpflich ist auch die Kunst, hier

---

[10] Den Namen Googol erfand um 1930 der Neffe des Mathematikers Edward Kasner.

kommt die Einmaligkeit der Persönlichkeit des Künstlers noch vervielfachend hinzu.

Der *mathematische* Zahlenbereich ist gut bekannt und erforscht. Er läßt über die anderen Bereiche hinaus zumindest das abzählbar Unendliche, und damit eine beliebig dichte Belegung der Zahlengerade zu. Er ist vor allem von theoretisch-mathematischem Interesse.

Kurz zusammengefaßt gilt folglich:

Zahlenbereich	Zahlen	Bezug
binär	2	Logik, Wahrheit
psychologisch	5 ... 7	Gedächtnis, Klassenbildung
anschaulich	≈ 1000	Zählen in einer Stunde, vorstellbar
naturgegeben	$\approx 10^{99}$	Physik, exponentiell, Wirklichkeit
kombinatorisch	riesig	Möglichkeit, Evolution
mathematisch	∞	Theorie

Dieser Bereich ist für das Verhältnis von Möglichkeit zur Wirklichkeit (naturgegeben) notwendig. Er hat offensichtlich bei der Evolution eine wichtige Rolle eingenommen.

Einerseits existieren in einzelnen Zahlenbereichen unterschiedliche Gesetzmäßigkeiten, andererseits besitzen Zahlen so viele Gemeinsamkeiten, daß sie meist als einheitliche Objekte betrachtet werden. Daher muß es möglich sein, zwischen den Bereichen und Gesetzen zu vermitteln. Hierfür folgen zwei Beispiele, die in Bild 11 auch grafisch dargestellt sind.

Die Klassenbildung verbindet die drei ersten Zahlenbereiche. Die Anzahl der zu klassifizierenden Objekte liegt dabei meist im anschaulichen Bereich. Nehmen wir die Klassifizierung ohne technische Hilfsmittel vor, so entspricht die Anzahl der Klassen genau dem psychologischen Zahlenbereich. Die Kriterien für die Zuordnung zu einer Klasse sind mit Ja und Nein streng binärer Art. Offensichtlich sinkt beim Übergang zur nächsten Klasse jeweils die Informationsmenge. Das erfordert Unschärfen und Reduzierung der zahlenmäßigen Komplexität. Andererseits entstehen dabei in den niederen Zahlenbereichen neue Aussagen. Die Übergänge zwischen den Zahlenbereichen bedingen also Unschärfen und erzeugen zugleich neue Information.

Nach heutiger Ansicht läuft das *Weltgeschehen* (siehe nächstes Kapitel) sowohl chaotisch als auch nach strengen Gesetzen ab. Der jeweils aktuelle Zustand der Welt ermöglicht daher eine kombinatorische Vielfalt von Zukunftsvarianten.

Wirklich eintreten kann aber nur jeweils eine Variante. Sie gehört zum natur-
gegebenen Zahlenbereich. Die Evolution wird daher als 'Spiel' zwischen
Zufall und Notwendigkeit angesehen. Für die Modellierung von Abläufen in
der Welt, oder gar der Welt selbst, steht einmal nur die begrenzte Komplexität
der Rechner zu Verfügung, und zum anderen müssen wir die Modelle und
deren Ergebnisse verstehen. Daher gehört die Modellierung in anschauliche
Zahlenbereich. So bilden Möglichkeit, Wirklichkeit und Modell eine fast
gleichartige Dreistufung wie die Klassenbildung. Es ist anzunehmen, daß sich
noch weitere ähnliche Abstufungen finden lassen.

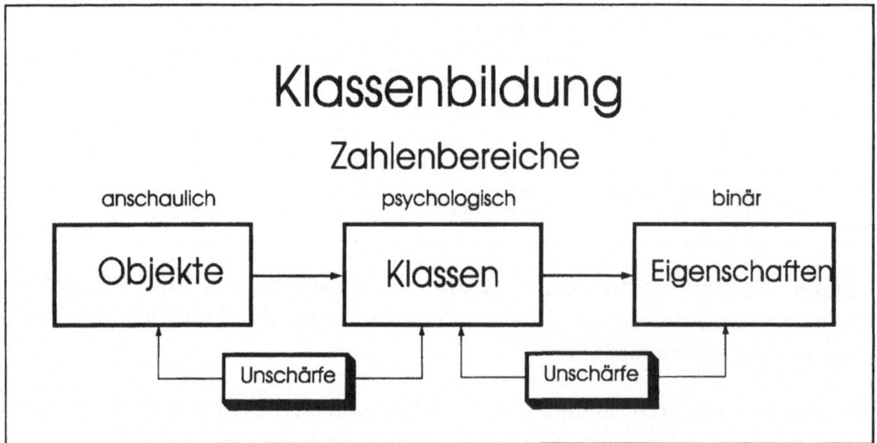

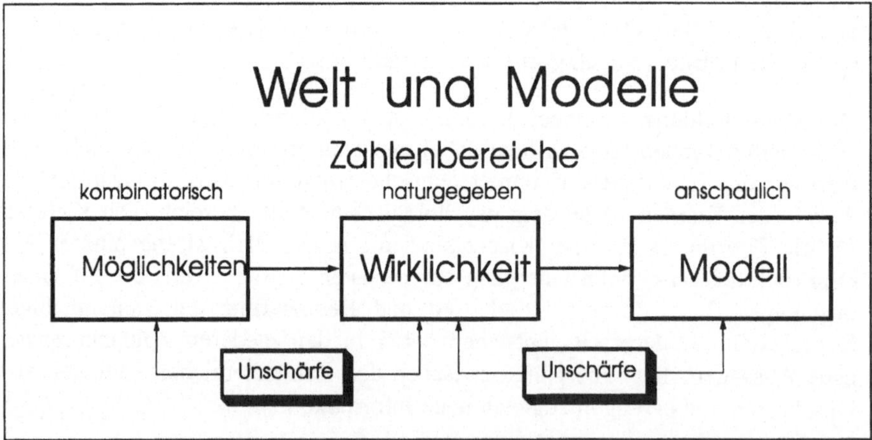

Bild 11. Übergänge zwischen Zahlenklassen infolge Unschärfe und Informationserzeugung
bei der Klassenbildung (oben) und bei der Beschreibung von Welt (unten).

6 Wir und die Welt

6.1 Entwicklung des Weltbildes

Bereits die einfachsten Lebewesen agieren recht erfolgreich in der Welt. Andernfalls hätten sie keine Chance zum Überleben. Dazu brauchen sie von der Welt nichts zu wissen oder gar ein Modell von ihr zu besitzen. In diesem Sinne vertreten auch Maturana und Varela mit ihrer Autopoiesis die Auffassung, daß die Sinnesorgane nicht die Welt widerspiegeln, sondern im Verlaufe der Evolution eine Anpassung an die Welt ermöglichten. Deshalb reagieren die Nerven auf eine beliebige, unspezifische Reizung gleichartig wie auf Sinneseindrücke. So besteht nach Maturana auch kein wesentlicher Unterschied zwischen Wahrnehmung und Halluzination. Doch der Mensch nimmt bewußt die Welt wahr und macht sich ein Bild von ihr. Dabei lernt er sehr früh, zwischen zwei Gegebenheiten zu unterscheiden:

- Beim *Erklärbaren* gelingt es, mittels Wissen (was das zunächst auch sei) sich richtig zu verhalten.
- Beim *Unerklärbaren* treffen Götter (oder anderes Übermenschliches) die Entscheidung, und der Mensch hat sich blind zu fügen.

Zunächst werden Erkenntnisse in 'Geschichten' gefaßt. Ein Musterbeispiel hierfür ist die Schöpfungslegende der Bibel. Solche Geschichten lassen vieles offen und können sich auch teilweise widersprechen. Die Griechen machen dann eine große Entdeckung. Sie führen wenige abstrakte und situationsunabhängige (objektive) Begriffe und Regeln ein. Mit ihrer Hilfe gelingt es quasi automatisch – wird würden heute algorithmisch sagen – 'Geschichten zu erzählen'. Ihr Ablauf folgt zwangsläufig aus den Begriffen und Gesetzen. Daraus folgt aber sogleich: Es gibt nur eine einzige akzeptable Geschichte. Sie muß in sich logisch geschlossen und konsistent sein. Diese Geschichte muß daher der Wahrheit/Wirklichkeit entsprechen [1]. Auf dieser Basis beginnt Archimedes vorrangig die Untersuchung des Erklärbaren. Die Sokratische Selbstaufhebungsfigur "Alles ist relativ" beweist jedoch, wie deutlich damals

---

[1] Die meisten heutigen Wissenschaftler empfinden bei dieser Methode kein Problem. Sie kennen nur dieses abstrakte Vorgehen, und daher ist es für sie auch der einzige akzeptable Standpunkt.

noch die Probleme dieses Vorgehens bewußt waren. Es entstand sogar die Frage, ob das auch für diese Aussage selbst gilt.

Etwa mit Augustinus (354 bis 430) beginnt die Festschreibung vieler Erkenntnisse aus der Sicht des christlichen Glaubens. Hieraus entwicklen sich wesentliche Tendenzen des 'finsteren' Mittelalters. Erst Occam (1300 bis 1350) führt die Erfahrung als Mittel der Erkenntnis ein und bereitet so den systematisch-rationalen Weg. Schrittweise wird mit ihm die Menge des Unerklärbaren immer kleiner. Die 'großen' Erfolge der technischen Anwendungen von Wissenschaft sind eine der Folgen [2]. Wie beschwerlich diese Entwicklung teilweise war, zeigt das Beispiel Gallilei. 1633 mußte er abschwören. Von den meisten nicht mehr wahrgenommen, blieben seine Erkenntnisse bis 1835 auf dem Index, und er selbst wurde erst 1979 von der Kirche rehabilitiert.

Im Laufe der Entwicklung verfestigt sich immer mehr die Auffassung von der vollständig erkennbaren Welt. Die Voraussetzung hierfür sind in vier Thesen zum Rationalismus zusammenzufassen:

- Jede Erscheinung oder Wirkung hat eine (einzige) Ursache.
- Geringe Änderungen der Ursache rufen auch nur geringe Änderungen der Wirkung hervor (Kontinuum).
- Schafft man gleiche Anfangsbedingungen, so finden exakt wiederholbare Abläufe statt.
- Die Mathematik entspricht exakt den wirklich existierenden Zusammenhängen. Teilweise wird sogar angenommen, daß die Mathematik dieser Zusammenhang ist.

Diese Entwicklung gipfelt schließlich im Gedankenbild des Laplaceschen Dämon (1776). Er benötigt nur zweierlei Wissen, um die gesamte Vergangenheit und Zukunft der Welt *berechnen* zu können:

- alle Gesetze der Mechanik,
- die Koordinaten und Geschwindigkeiten aller Atome zu einem einzigen Zeitpunkt.

Um die Jahrhundertwende glaubten die meisten Physiker, diesem Ziel sehr nahe zu sein. Daher bewirkten 1900 die Ergebnisse von Max Planck eine tiefe

---

[2] Doch was ist eigentlich Fortschritt?. Hierzu muß man sich bereits über seine Messung geeinigt haben. So unterscheidet man quantitativen und qualitativen Fortschritt. Der quantitative ist noch in erster Näherung mit absoluten Werten erfaßbar. Der qualitative ist dagegen nur relativ zu erfassen und so völlig vom Standpunkt des jeweiligen Betrachters abhängig. Daher sprachen die Nazis nach der Machtübernahme von Fortschritt, weil sie dadurch ihre 'Philosophie' besser durchsetzen konnten. Vgl. Feyerabend, P.: Wissenschaft und Kunst. Neue Folge Band 231. Suhrkamp Verlag, Frankfurt a/M, 1984.

Verunsicherung und schließlich ein Umdenken. Die detaillierte Auswertung seiner sehr genauen Strahlungsmessungen verlangte eine diskrete Größe, die Plancksche Konstante:

$$h = 6,626196 \cdot 10^{-34} \text{ W} \cdot \text{s}^2,$$

Sie bewirkt, daß elektromagnetische Energie der Frequenz n nur als ganzzahliges Vielfaches von

$$E = h \cdot v$$

auftreten kann. Diese Energiepakete werden zunächst Energie-Quanten und später Photonen genannt. Dies ist zugleich der Beginn der Quantentheorie. Nach und nach wurde so deutlich, daß es im atomaren Bereich kein Kontinuum im Sinne von kleine Ursache → kleine Wirkung gibt. Weiter folgte daraus die Heisenbergsche Unschärferelation: Es ist prinzipiell unmöglich, gleichzeitig Ort und Geschwindigkeit eines Teilchens exakt zu messen. Damit ist die entscheidende Voraussetzung für den Laplaceschen Dämon ungültig. Für den Fehler der Ortskoordinate Δx und dem des Impulses [3] Δp gilt nämlich

$$\Delta x \cdot \Delta p \geq h.$$

Eine der beiden Größen wird also immer auf Kosten der anderen ungenau. Dieser 'Mangel' gegenüber der klassischen Physik macht sich jedoch nur bei kleinsten Abmessungen bemerkbar. In unserer üblichen Erfahrungswelt sind derartige Effekte kaum zu beobachten, sie erfaßt weitaus gröbere Werte. So muß auch der Zufall in die Naturgesetze einbezogen werden: Schießt man einen Elektronenstrahl auf eine Kupferfolie, so kann man zwar feststellen, daß z. B. 30 % der Elektronen die Folie passieren, einige wenige absorbiert und die restlichen reflektiert werden. Doch für ein einzelnes Elektron ist prinzipiell nicht (weder theoretisch noch experimentell) zu entscheiden, ob es reflektiert oder absorbiert wird bzw. die Kupferfolie durchfliegt. Deshalb können nun Kenntnisse unserer Gegenwart und Vergangenheit, und seien sie noch so detailliert, zu keiner eindeutigen Voraussage führen. Wir müssen stets mehrere Möglichkeiten annehmen und darauf warten, welche Wirklichkeit zufällig eintritt. Selbst wenn das zunächst nur im mikroskopisch Kleinen gilt, so treten durch die ständige Summierung der Zufälle nach und nach auch deutliche Effekte im Makroskopischen auf. Dennoch wurde der Glaube an ein einfaches und in sich kohärentes physikalisches Weltbild meist noch nicht aufgegeben. Eine bedeutende Integration von vielen zuvor nicht erklärbaren Zusammenhängen gelang Einstein mit seiner speziellen Relativitätstheorie 1905 und dann

---

[3] Der Impuls p setzt sich aus der Masse m und der Geschwindigkeit v, wie folgt zusammen $p = m \cdot v$.

mit seiner allgemeinen Relativitätstheorie 1913. Da hier die Gleichzeitigkeit zumindest in den Weiten des Alls verloren geht, ist zuweilen nicht mehr zu entscheiden, was Ursache und was Wirkung ist. Dennoch widerstrebte Einstein zeitlebens die Quantentheorie. Er faßte das in der Aussage "Gott würfelt nicht" zusammen. So glaubten noch in den 60er Jahren viele Physiker, alle Ergebnisse der Physik schließlich in einer allgemeinen Feldtheorie vereinen zu können. Aber selbst heute gelingt es nicht, die Eigenschaften eines Helium-Atoms aus allgemeinen Grundannahmen zu berechnen. So setzte sich in der Physik immer mehr die Forderung nach 'unscharfen' und eventuell nicht zueinander konsistenten Theorien durch. Sie brauchen nur die jeweils wesentlichen Zusammenhänge ausreichend genau zu beschreiben. Ein schon recht alter Gedanke hierzu ist die Korrespondenztheorie von Max Born. Danach kann ein Photon sowohl als Korpuskel wie als Welle betrachtet werden. Heute gilt das Wellen- und Korpuskelbild gleichzeitig für jegliche Materie.

Doch nicht nur die Physik, sondern auch die Lebenserscheinungen waren von diesen Entwicklungen betroffen. Als 1828 Friedrich Wöhler (1800 bis 1882) im Labor die Harnstoff-Synthese gelang, begann der bisher große Unterschied zwischen organischen und anorganischen Stoffen zu verschwinden. Die zuvor angenommene besondere 'Lebenskraft' war überflüssig. Alsbald entstand in verschiedenen Gebieten die Regelungstechnik. Mit ihrer Hilfe beschrieb 1925 Wagner die biologische Regelung, 1930 R. W. Hess den Blutkreislauf, und 1940 faßte H. Schmidt in seiner Denkschrift zur Gründung eines Institutes für Regelungstechnik viele dieser Tendenzen zusammen. Sie erreichten schließlich bei Norbert Wiener 1948 mit seinem Buch "Kybernetik oder Steuerung und Informationsübertragung in Leben und Maschine" einen Höhepunkt. Er führte damit eine neue Wissenschaft, die Kybernetik ein. Hier sind folgende Grundthesen enthalten:

- Zwischen Ursache und Wirkung besteht oft ein hoch verzweigter und kompliziert verkoppelter Zusammenhang, das komplexe Ursache-Wirkungs-Gefüge. Nicht eine, sondern viele Ursachen bestimmen das Geschehen.
- Das Geschehen, also die Wirkung kann wieder zur Ursache werden. Diese Rückkopplung (Abschnitt 4.7) schafft neue Erscheinungen. Heute wissen wir, sie hängt eng mit Rekursion, fraktaler Geometrie, Dissipation usw. zusammen.
- Es gibt Auslöse-Mechanismen, die bei kleinster Energie größte Wirkungen hervorrufen (gegen kleine Ursache → kleine Wirkung).
- Im Zusammenhang mit den Arbeiten von Shannon wird die Information als dritte Eigenschaft der Welt neben Stoff und Energie eingeführt.

Damit sind deutlich viele Widersprüche zum klassisch-physikalischen Weltbild aufgezeigt. Dennoch hinterläßt heute Wieners Anliegen mehr den Eindruck, daß er eventuell auf diesem Wege das klassisch-deterministische Weltbild glaubte retten zu können. Hierfür sprechen seine überzogenen Analogien zwischen Maschinen und Lebewesen.

Eine andersartige Etappe des Rationalismus begann 1956, als McCarthy auf der Darmouth-Conferenz die Künstliche Intelligenz begründete. Auf ihre Möglichkeiten und Probleme ist bereits im Abschnitt 5.9 hinreichend eingegangen worden. Deshalb kann hier darauf verzichtet werden. Doch am 21. September 1987 begann eventuell eine neuerliche Version des konsequenten Rationalismus. Zu diesem Zeitpunkt rief Langton die 1. Konferenz über Künstliches Leben in Los Alamos ein und gab hier folgende Zielstellungen bekannt [LEV]:

"Das Forschungsgebiet Künstliches Leben beschäftigt sich mit der Untersuchung künstlicher Systeme, die charakteristische Verhaltensmerkmale natürlicher Systeme widerspiegeln. Es handelt sich darum, Leben und seine möglichen Erscheinungsformen zu erklären, und zwar ohne Beschränkung auf bestimmte Beispiele, die sich auf der Erde entwickelt haben. Dazu gehören biologische und chemische Experimente, Computersimulationen und rein theoretische Ansätze, wie auch Prozesse von molekularem, sozialem und evolutionärem Umfang. Das Endziel ist es, die logische Basis lebender Systeme herauszuarbeiten. "

Zu diesem hohen Anspruch dürften auch die beachtlichen deterministischen Erfolge der Physiker in der Molekularbiologie ermuntert haben, mündeten sie doch in der Klärung des Genetischen Codes.

Die Gegenbewegung zu diesen Denkhaltungen begann etwa in den 60er Jahren. Hier erkannten einige Wissenschaftler, allen voran Weizenbaum und Dreyfus (siehe Abschnitt 5.9), später Jürgen Habermas [HAB] u. a., daß viele typisch menschliche Eigenschaften und Verhaltensweisen mit den bekannten 'wissenschaftlichen' Methoden nicht erfaßbar und beschreibbar sind. Probleme mit der Umwelt und den Grenzen der Ressourcen, z. B. durch die Studie des Club of Rome "Grenzen des Wachstums", förderten diese Tendenz. So wuchs immer mehr die Kritik und der Zweifel an dem universalen Geltungsanspruch der Wissenschaft. Im Sinne von Th. Kuhn [KUH] ist gemäß dieser Situation das Paradigma der 'gültigen' Wissenschaft in Zweifel geraten. So stehen sich jetzt zwei Lager gegenüber:

- Die Wissenschaft hat unseren hohen technologischen Stand bewirkt, und noch immer vermag ihr Prinzip weiteren Fortschritt zu bringen. Ohne sie würde unsere heutige Zivilisation sehr schnell zusammenbrechen. So wie Kapital sich ständig vermehren muß, so muß die Wissenschaft weitergeführt werden. Eine extreme philosophische Konsequenz hiervon ist letztlich die (heute sehr umstrittene) Gleichsetzung von Mensch und Maschine [4].

- Die Wissenschaft ist immer nur auf isolierten Teilgebieten erfolgreich, versagt aber bei den großen und komplexen Zusammenhängen. Dadurch entstehen vielfältige Fehlentwicklungen. Es kann und darf nicht mehr sein, daß erst dann, wenn Probleme hinreichend groß geworden sind, die Wissenschaft genau hierfür und nur hierfür Lösungen bereitstellt. Denn dadurch werden, zumindest langfristig gesehen, nur wieder neue und wahrscheinlich noch größere Probleme hervorgerufen. Dieser Kreislauf muß durchbrochen werden. Keiner weiß jedoch wie!

Faßt man die genannten Etappen sehr knapp zusammen, so führen sie zur folgenden Übersicht:

- Erfolgreich reagieren und handeln genügt für das Überleben.

- Beim Erklärbaren ist aktiv zu handeln, beim Unerklärbaren überläßt man sich den Göttern, Mythen usw.

- Die Welt ist total erkennbar und streng determiniert. Wir werden sie eines Tages total verstehen und beherrschen (Laplacescher Dämon).

- Über die Quantentheorie werden die Zufallsgesetze sichtbar und wirksam. Es müssen Möglichkeit und Wirklichkeit unterschieden werden.

- Kybernetik, komplexes Ursache-Wirkungs-Gefüge, Information, Fraktale Geometrie, Dissipation usw. bewirken ein geändertes Verhältnis zur Wirklichkeit.

- Wachsende Fehlentwicklungen erzeugen ständig wachsende Unsicherheit gegenüber allen Erkenntnissen und schließlich auch 'der' (klassischen) Wissenschaft.

---

[4] Einen hervorragenden Überblick zu dieser Problematik mit einer gründlichen geschichtlichen Analyse enthält u. a. Budde und Züllighoven [BUD].

6.2 Chaos-Probleme

Chaos stammt von griechischen *chaino* klaffen, sich auftun, gähnen. Chaos hängt auch mit dem englischen *gap* zusammen: Lücke, Schlucht, Kluft. Das zugehörige altgermanische Wort ist *ginnungagap*.

Die Mythen aller Völker setzen einen chaotischen Urzustand an den Beginn der Welt. Aus ihm entwickelt sich die Welt mit all ihren Eigenschaften. Wesentlich für das Chaos ist daher nicht die Unordnung, sondern die Strukturlosigkeit. Der Anfangszustand muß dazu zwei Eigenschaften erfüllen:

- er muß reich genug sein, um weitere Strukturen schaffen zu können,
- er muß so arm sein, daß ein Hinterfragen nicht mehr sinnvoll erscheint.

Ohne die zweite Einschränkung kann es leicht zu einem unendlichen Regreß kommen. Die dem Chaos folgende Strukturbildung sollte nämlich auch rückwärts zu verfolgen sein. So entsteht irgendwann die Frage: Woher kommt dieses Ergebnis oder wer ist sein Schöpfer. Ein besonders einfaches Beispiel für den Anfang scheint das Vakuum zu sein. Es ist niemals ganz leer. Wenn es auch keine Teilchen mehr enthält, so sind in ihm doch Felder wirksam. In der Wissenschaft wird dann meist von Chaos gesprochen, wenn ein Geschehen nicht den landläufigen Gesetzmäßigkeiten folgt. Als Bezug gilt dafür natürlich das jeweils allgemein akzeptierte Weltbild, dessen Entwicklung im vorigen Abschnitt aufgezeigt wurde. Trotz der Ergebnisse der Quantentheorie und der damit verbundenen Heisenbergschen Unschärferelation dienen zur Abgrenzung meist die beiden folgenden Thesen:

- Determiniertheit in der Zeit: Jetzige Ursachen können sich erst in der Zukunft auswirken.
- Angemessenheit der Wirkung: Kleine Ursachen können auch nur kleine Wirkungen hervorrufen.

Eine erste entscheidende Abweichung zum zweiten Punkt entdeckte 1903 Henri Poincare (1854 bis 1912), als er Planetenbahnen genauer berechnete. Sie zeigten bei einigen Parametern selbst bei kleinsten Änderungen der Anfangsbedingungen unerwartete große Abweichungen. Da man dies lange nicht richtig erklären konnte, blieben seine Ergebnisse zunächst unbeachtet. In der Kybernetik entdeckte man später die Multistabiltät im Zusammenhang mit der Rückkopplung. Schließlich entstanden neue Gebiete, wie die Synergetik von Haken und die dissipativen Strukturen. Schrittweise begriffen die Physiker, warum eine langfristige Wettervorhersage prinzipiell nicht möglich ist, und der Meteorologe E. Lorentz definierte seinen Butterfly-Effekt: Der heutige Flügelschlag eines Schmetterlings in China kann morgen einen Orkan in den USA bewirken.

Deutlich früher wurden in der Mathematik die sogenannte Monster-Kurven entdeckt. 1890 fand Peano die nach ihm benannte Kurve, welche eigentlich eine Linie ist, die aber dennoch eine Fläche vollständig ausfüllt, also jeden ihrer Punkte exakt erreicht. 1906 fand Helge Koch die nach ihm benannte Kurve. Sie ist auch als Schneeflockenkurve bekannt. Ihre Länge ist unendlich und sie ist nirgends differenzierbar. Ab etwa 1930 werden immer mehr Kurven, Flächen und Körper mit derartigen ungewöhnlichen Eigenschaften bekannt. Alsbald treten auch Differentialgleichungen auf, deren Lösungen unvermittelte Verzweigungen (Bistabilitäten) besitzen. Sie sind der Anfang der mathematischen Katastrophen-Forschung, dennoch werden lange Zeit alle 'ungewöhnlichen' Gebilde der Mathematik als Sonderfälle betrachtet. Niemand vermutet Entsprechungen in der Welt. Auch als 1971 Bertalanffy Hinweise auf die Ausbildung von rekursiven Zweigen usw. bei Organismen fand, blieb zunächst noch alles beim Alten. Den entscheidenden Umbruch im Denken bewirkte 1977 Mandelbrot [MAN]. Ab etwa 1982 werden dadurch die Computersimulationen des 'Apfelmännchens' so etwas wie Allgemeingut, ja Hobby. Aus den ersten Ansätzen von Mandelbrot entwickelt sich dann relativ schnell die Fraktale Geometrie [5] mit vielen Entsprechungen in der Natur. Es werden sogar ähnliche Betrachtungen von Gaston Julia (1893 bis 1978) wiederentdeckt. Viele schon bekannte Effekte der Physik erscheinen nun plötzlich in anderem Licht: Quasikristalle, Fernordnung, Wirbeltheorie von Prandtl, Umschlag von laminarer in turbulente Strömung (Reinold-Zahl), Stabilität von Brücken, Eulersches Knickmoment und natürlich die oben erwähnte Mehrkörperproblematik von Poincare. Sogar die wenigen, ausgezeichneten stabilen Gebiete des Astroiden-Gürtels und die vielfältige Feinstruktur der Jupiterringe erfahren eine einsichtige Erklärung. Heute ist es mittels dieser Methoden kein Problem mehr, Wolken und Landschaften naturähnlich aus einfachen Formeln zu generieren. Für Pflanzen entstanden recht früh die Lindenmayer-Systeme als eine spezielle formale Sprache. Beispielsweise wurde so gefunden, daß Ulmen bevorzugt zweifache und Eichen dreifache Gabelungen aufweisen und daß diese Gabelungen sich etwa bis zur siebenfachen Selbstähnlichkeit fortsetzen. Fachbegriffe dieses Gebietes wie Phasenraum, Tajektorie, Attraktor, Grenz-Attraktor und seltsamer Attraktor, drohen auf anderen Gebieten bereits zu leeren Schlagwörtern zu werden.

---

[5] Was ein Fraktal ist, wird im übernächsten Abschnitt behandelt.

Die Inhalte Fraktaler Geometrie, Chaos-Forschung, dissipativer Strukturen, Rekursivität und einiges mehr machen deutlich, daß jetzt eine neue, zusätzliche Sicht in der Wissenschaft gefunden ist. Sie erkennt zwar noch das Ursache-Wirkungs-Prinzip an, versteht es aber doch erheblich verändert. Zumindest ist der Grundsatz: kleine Ursachen → kleine Wirkungen weitgehend zurückgenommen. Zusammengefaßt gelten nun für die Welt etwa die folgenden drei Fakten [6]:

- Nahezu alles hängt mit allem zusammen (Ursache-Wirkungs-Gefüge der Kybernetik).
- Auch der Zufall hat seine Berechtigung (Quantentheorie).
- Wirkung ist nicht eindeutig auf Ursachen zurückzuführen (kleine Ursache → große Wirkung).

Ob damit aber bereits die am Ende des vorigen Abschnittes geforderten Erweiterungen auf globales und ganzheitliches Denken und Handeln erreicht werden, bleibt offen.

6.3 Sprachen

Sprache ist heute ein vieles umfassender Begriff. Er enthält viele Aspekte des im Abschnitt 2.1 eingeführten Objekt-Codes. Ein weitgehend übergeordneter Begriff ist die Kommunikation. Er geht auf das Lateinische zurück. Hier existieren *communico* vereinigen, jemanden teilnehmen lassen, sich besprechen; *commune* Gemeinde, zum allgemeinen besten, Gemeingut und *communicatio* Mitteilung. Kommunikation wird heute sehr allgemein verwendet. Sie kann als jeglicher, wechselseitiger, bewußter, aber auch unbeabsichtigter und intuitiver Austausch von Information interpretiert werden. Es können etwa folgende Sprachen unterschieden werden:

- natürliche (verbale) Sprachen,
- averbale Sprachen,
- 'Sprache' bei Tieren,
- künstliche Sprachen,
- formale Sprachen,
- Programmiersprachen.

---

[6] In diesem Zusammenhang ist es aufschlußreich, einmal die künstlerischen Aussagen bei Stefan Zweig in "Sternstunden der Menschheit" (1928) und von Hermann Hesse "Das Glasperlenspiel" (1943) zu betrachten.

Die *natürliche* Sprache ist unser wichtigstes Mittel zur Verständigung. Sie dient vor allem der zwischenmenschlichen Kommunikation. Daher ist kommunizieren nicht nur Sprechen, sondern auch Sprechen lassen. Man nimmt an, daß sie sich vor etwa 750 000 Jahren herauszubilden begann. Jedoch erst vor 70 000 Jahren entstand eine entwickelte Sprache. Damit ist unsere Sprache eigentlich nur 2000 Generationen alt. Die ältesten, heute noch lebenden Sprachen sind nur 5000 Jahre alt. Zu ihnen zählt das von über einer Milliarde Menschen gesprochene Chinesisch. Vor etwa 3000 Jahren wurde es möglich, Sprache schriftlich festzuhalten. Heute sollen rund 5000 unterschiedliche Sprachen existieren. Davon sind kaum tausend einigermaßen grammatisch erfaßt und nur etwa 50 semantisch untersucht. Noch weniger werden von der Mehrheit der Menschheit gesprochen. Es wird angenommen, daß nicht eine bestimmte Sprache, sondern nur die grundsätzliche Fähigkeit, Sprache zu gebrauchen, genetisch determiniert ist. Die jeweilige Sprache wird von Generation zu Generation weitergegeben. Deshalb lebt jede Sprache und verändert sich ständig. Der Inhalt menschlicher Sprache ist groß. Sie ermöglicht es anderen, nicht nur Wissen, Erkenntnisse, Ziele und Aufgaben, sondern auch eigene Gedanken, Gefühle, Empfindungen, Wünsche und Hoffnungen mitzuteilen. Jede unmittelbare menschliche Kommunikation mittels Sprache ist also weitaus mehr als rein sachlicher Informationsaustausch, wie ihn etwa die Medien leisten. Sie greift nämlich oft auf tief archaische Wurzeln zurück. So ist direkte Kommunikation auch eine Form menschlicher Lebensverwirklichung. Sie macht selbst dann Spaß, wenn nichts dabei herauskommt. Schmölders [SCÖ] weist in diesem Sinne nach, daß das zwanglose, zufällige und zweckfreie Gespräch ein typisch menschliches Gut ist. Es ist durch Fröhlichkeit und rücksichtsvollen gegenseitigen Respekt gekennzeichnet; es erfreut und versöhnt; balancierende Haltung, symposionale Heiterkeit, Freundlichkeit, Aufrichtigkeit, Kunst der Andeutung, urbaner Witz und zwangloses Assoziieren treffen hier zusammen mit einer Rhythmik von Scherz und Ernst, von nachdenklicher und fröhlich erholsamer Rede. Es besteht ein absolutes Verbot der Rechthaberei. Noch 1170 zählte das Gespräch zu den schönen Künsten. Es ist vor allem ein Tun, wie Tanzen und Singen.

Die übliche, akustisch-klangliche Sprache wird auf den Begriff verbale Sprache eingeschränkt, und alle anderen menschlichen Äußerungen werden dann unter *averbale* Sprache zusammengefaßt. Dazu gehören Gesten, Gebärden, emotionaler Ausdruck, Gesang und Blindensprache. Wenn hiermit mehr das Alphabet oder die Ausdrucksfähigkeit gemeint ist, sprechen wir auch von einer Bildersprache und der Sprache der Musik. Verbale Sprache war und ist stets sequentiell. Wie auch immer die mit ihr beschriebenen Fakten und Inhalte strukturiert sind, stets müssen sie zeitlich nacheinander erzählt werden. Unser betont sequentielles Denken hat also sehr alte Wurzeln. Es steht im deutlichen

Gegensatz zu den zumindest 50 000 Jahre alten Bildern. Sie sind hochgradig parallel. Da mit ihnen jedoch keine formal logische Ableitung möglich ist, gelten sie vielfach in der Wissenschaft als unzuverlässig und wenig nützlich. Eine Zeitlang waren die Mathematiker sogar stolz darauf, wenn sie Bücher ganz ohne Bilder verfaßten. Auf vielen anderen Gebieten (z. B. Künste und Werbung) kommt dem Bild höchste Bedeutung zu. Eine umfassende Analyse hierzu zeigt P. Schuck-Wersig [SCU]. Auch bei der averbalen Kommunikation zeigen sie deutliche Vorteile. So analysiert der Experte beim Schachspiel die Situation mehr mit einem Blick als sequentiell. Ähnlich dürfte es bei Bildergeschichten, z. B. von Bidstrup sein. Ebenso nehmen wir unsere Begleitgesten, wie Blickaustausch, Körperhaltung und Motorik bevorzugt bildhaftparallel wahr.

Bei den *Tieren* erfolgt die Kommunikation instinktiv und dient vor allem der Selbst- und Arterhaltung. Jede Art hat hierfür ihr eigenes Repertoire entwickelt. So kennen wir Begriffe wie Sprache der Bienen und der Delphine. In diesem Bereich wird die Vielfalt der verwendeten Informationsträger sehr groß, z. B. der Duft bei Schmetterlingen. Mittels der Gebärdensprache und Plastiksymbolen ist es Gardner und Premack gelungen, Schimpansen Teile der menschlichen Sprache zu lehren. Die bisher höchste Leistung zeigte dabei eine Schimpansin. Sie verband *Hund* und *hören*, als sie auf der Straße das *Bellen* eines Hundes vernahm. Ein Mensch vollbringt gleichwertige Leistungen bereits am Ende seines zweiten Lebensjahres: *Mama eß* bedeutet Mutter ißt.

Im wissenschaftlich-technischen Bereich existieren vor allem *künstliche* Sprachen, wie die Sprache der Chemie und Mathematik. Extrem erscheint die Auffassung von Vester [VE2], daß auch der Krebs als Kommunikation betrachtet werden kann. Wir alle produzieren nämlich ständig Krebszellen, aber nur in Sonderfällen entziehen sie sich der Kommunikation mit den anderen Zellen, und erst dann tritt Krebs als Krankheit auf. Er ist nach seiner Auffassung die Folge mißlungener Kommunikation.

Eine konsequent-formale Fortsetzung der Sequentialität und zugleich starke Vereinfachung unserer natürlichen Sprache sind die *Programmiersprachen*. Den mit ihnen geschriebenen Programmen liegen immer Algorithmen zu Grunde. Deshalb muß definitionsgemäß zu jedem Zeitpunkt exakt feststehen, was als nächstes zu tun ist (Vgl. Abschnitt 5.5, bezüglich Parallelität siehe weiter unten). Es existiert eine riesige Fülle von Programmiersprachen. Sie kann in zwei große Klassen eingeteilt werden:

- imperativ, auch prozedural oder ablauforientiert genannt. Sie sind befehlsorientiert, und dem Rechner wird durch sie genau die Reihenfolge der Abarbeitung vorgeschrieben. Beispiele sind FORTRAN, PASCAL, C, BASIC und COBOL.
- applikativ, auch deskriptiv oder beschreibend genannt. Unterklassen sind funktional und logisch. Das Programm schreibt hier dem Rechner nicht den Weg zum Ziel vor. Da jede normale CPU jedoch nur sequentiell arbeiten kann, bleibt auch der Ablauf im Rechner letztlich doch sequentiell. Beispiele dieser Sprachen sind LISP und PROLOG.

Bezüglich der Anzahl von Sprachen besteht eine beachtliche Ähnlichkeit zwischen natürlichen und Programmiersprachen. Beide besitzen über tausend 'Varianten', bei beiden haben nur etwa ein Dutzend große Verbreitung erreichen können. Den großen Weltsprachen entsprechen COBOL, C, BASIC und PASCAL, und jede hat auch ihre 'Dialekte'. Bei den natürlichen Sprachen werden für die Vielfalt kulturelle Isolierung und spezifische Lebensgewohnheiten verantwortlich gemacht. Bei den Programmiersprachen nimmt man neben subjektiven Entscheidungen des Programmierers vor allem zwei sachliche Gründe an:

- Programmieren ist eine vergleichsweise junge Tätigkeit. Deshalb entstehen leicht neue Ideen, die eventuell zu neuen Sprachen führen.
- Mit Rechnern werden sehr vielfältige Aufgaben gelöst. Es ist vorteilhaft, wenn auf das jeweilige spezifische Problemen die Programmiersprache möglichst gut angepaßt ist.

Im Gegensatz zu den natürlichen Sprachen hat man immer wieder versucht, die Sequentiellität durch Parallelität zu ergänzen. Der Hauptgrund hierfür war der mögliche Geschwindigkeitsgewinn s. Leider fällt er in der Praxis meist deutlich geringer als zunächst erwartet aus. Dies versucht Amdahls Gesetz, das mehr eine Hypothese ist, zu erklären. Darin werden verwendet:

p Anzahl der parallel arbeitenden Prozessoren.

f Anteil von Operationen, die sich in einem Programm nur sequentiell abarbeiten lassen, weil sie z. B. auf Ergebnisse anderer Prozessoren warten müssen mit $0 < f < 1$.

$$s < \frac{1}{f + (1 - f) / p}$$

Die beiden Parameter sind sowohl von dem Aufgabentyp als auch der Problemgröße abhängig. Vielfach ist bis zu einigen hundert Prozessoren ein deutlicher Gewinn zu erreichen. Der stets erforderliche organisatorische Anteil, der betont sequentiell ist, wächst nämlich sehr schnell mit der Parallelität. Im Gegensatz zu den sequentiellen Rechnern gibt es für Parallelrechner weniger universelle Algorithmen. Fast alle Algorithmen müssen zudem weitaus stärker dem jeweiligen Rechnertyp und seiner Struktur angepaßt werden. So werden die Parallel-Rechner kaum jemals die typisch sequentiellen Methoden oder gar Denkweisen völlig ablösen.

Formale Sprachen sind mathematische Regeln [7]. Sie besitzen sowohl Bezüge zu den natürlichen Sprachen als auch zu den Programmiersprachen. Zu jeder formalen Sprache gehören gültige Wörter (Wortschatz). Zu ihnen gelangt man auf unterschiedlichen Wegen:

- Bei endlichen Sprachen können die Wörter einfach aufgelistet werden.
- Alle Wörter können aus Anfangssymbolen und Regeln generiert werden.
- Es werden nur die Konstruktionsvorschriften für die Grammatik mitgeteilt.
- Es gibt Prüfregeln, die es gestatten, Wörter auf ihre Zugehörigkeit zur Sprache zu testen [8].

Mit der zweiten Methode kann der rein sequentielle Ablauf teilweise umgangen werden. Auf jedes bereits vorhandene Wort können gleichzeitig (parallel) alle Regeln (die jeweils zulässig sind) angewendet werden. Ein Beispiel hierzu geht auf Hofstädter [HOF] zurück. Es verwendet

Alphabet: $A = \{ \textbf{M}, \textbf{I}, \textbf{U} \}$,
Startwort: $s = \textbf{MI}$
Regeln: R1   endet ein Wort auf **I**, kann **U** hinten angefügt werden,
           R2   enthält ein Wort **M**x, kann dafür **M**xx eingesetzt werden,
           R3   enthält ein Wort **III**, kann dafür **U** gesetzt werden,
           R4   enthält ein Wort **UU**, kann dies entfallen.

Beispiele für die Wortbildungen sind:

MI: R2 → **MII**: R2 → **MIIII**: R3 → **MIU** …
                      MIIII: R3 → **MUI** …
MI: R1 → **MIU**: R2 → **MIUIU** …

Bereits nach wenigen Schritten wird also auf unterschiedlichen Wegen das Wort **MIU** erzeugt. So entstehen kompliziert verwobene Strukturen, die kaum

---

[7] Hier kann und soll nicht einmal andeutungsweise die Theorie der formalen Sprachen eingeführt werden. Es werden nur wenige, spezielle Aspekte ausgewählt, die einen besonderen Bezug zum Inhalt dieses Buches haben.
[8] Hierbei können bereits nichtentscheidbare Probleme auftreten.

streng sequentiell zu untersuchen sind. Sie rufen auch schwer beantwortbare Fragen hervor, z. B.:

- Kann die Regel R4 überhaupt zur Anwendung kommen?
- gibt es die Zeichenfolge **MU**?

Drei Schlußfolgerungen sind für die weiteren Betrachtungen wichtig:

- Die verbale Umgangssprache und die Algorithmen sind streng sequentiell.
- Averbale und formale Sprachen enthalten eine beachtliche Parallelität.
- Nur mit der verbalen Sprache ist es uns möglich, über alles Aussagen zu machen.

6.4 Mathematik und Computer

Mit der Entwicklung der Rechentechnik ist es üblich geworden, fast alle Probleme mittels Computer lösen und/oder modellieren zu wollen und anschaulich darzustellen. Die beiden folgenden Beispiele demonstrieren die so erreichte rasante Entwicklung:

1847 begann der französische Astronom Charles Delaunay, die Bahn des Mondes unter Berücksichtigung aller Nebeneinflüsse zu berechnen. Einschließlich der Kontrollrechnungen benötigte er zwanzig Jahre. Ende der 50er Jahre schätzte man den Programmieraufwand zur Überprüfung der vieltausend Formeln auf zweihundert Mannjahre. Mit den Methoden der Formelmanipulation schaffte es in den 80er Jahren ein Großrechner in zwanzig Stunden. Dabei wurden Delaunay lediglich drei belanglose Fehler nachgewiesen.

Das 4-Farbenproblem lautet: kann jede politische Landkarte mit vier Farben so eingefärbt werden, daß sich gleiche Farben nicht berühren. 1852 soll es der Londoner Mathematikstudent Francis Gruthrie erstmalig formuliert haben. Die folgende Geschichte dieses Problems ist höchst kompliziert. Unter anderem werden mehrfach fehlerhafte Beweise publiziert. Mit üblichen mathematischen Methoden wurde lediglich schrittweise die Anzahl der gültigen Fälle erhöht. Noch 1971 zweifelten daher ernsthafte Mathematiker an der Gültigkeit der Vermutung. Am 22.7.1976 konnten K. Appel und W. Haaken nach mehr als tausend Stunden Rechenzeit auf einem Großrechner ein abschließendes Ergebnis vorlegen. Der Beweis erschien am 4.9.1976 im Bulletin der Amerikanischen Mathematischen Gesellschaft. Er besteht aus 56 Seiten Text, 114 Seiten Abbildungen (je Seite etwa 30). Er gilt als erster mit einem Computer geführter Beweis.

Es gibt Mathematiker, die Computerbeweise nicht anerkennen. Doch weiß man heute, daß menschliche Methoden und Computeranwendungen recht unterschiedliche Vor- und Nachteile besitzen. Für die Anwendung des *Computers* spricht:

- Was ein Mensch in seinem Leben numerisch berechnen könnte, schafft ein Rechner in Minuten.
- Genauigkeit, Zuverlässigkeit und Reproduzierbarkeit sind deutlich besser, sofern stabile Algorithmen verwendet werden.
- Wegen der großen Speicherkapazität ist der Zugriff auf vielfältige und umfangreiche Daten wesentlich schneller und effektiver.
- Komplizierte und damit oft auch sehr leistungsfähige Algorithmen sind für den Rechner nicht aufwendiger als einfache.
- Das Ausdrucken von Resultaten erfolgt problemlos.
- Grafische Darstellungen bieten neue Möglichkeiten.

Die Überlegenheit des *Menschen* zeigt sich:

- Die Maschine tut konsequent das, was der Mensch ihr mit dem Programm [9] vorschreibt. Neue Ideen, Lösungen und Algorithmen, auch während des Rechnens, kann nur der Mensch auf Grund seiner Erfahrung und Intuition einbringen.
- Der Mensch verfügt über heuristische und andere nicht formal-logische Methoden.
- Der Mensch kennt während der gesamten Rechnung den Zusammenhang und Kontext. Er erkennt daher ungewöhnliche Fälle, Ausnahmen und Grenzfälle und kann darauf angemessen reagieren.
- Der Mensch benötigt keinen vollständig definierten Algorithmus.

Vielfach ist es folglich vorteilhaft, menschliches Rechnen mit Computerlösungen zu kombinieren oder mittels interaktiver Verfahren zu koppeln. Sicherheit für Ergebnisse besteht nur dann, wenn wir Computermethoden 'durchschauen'. Es ist geradezu gefährlich, unverstandene Software oder Programme, deren Verhalten und Eigenschaften man nicht ausreichend kennt, sorglos zu verwenden. Eigentlich ist es auch nicht sinnvoll, eine Aufgabe numerisch lösen zu wollen, bevor überhaupt feststeht, daß eine Lösung existiert. Das Rechnen auf dem Computer kann dann leicht zum bloßen Probieren entarten. Andererseits müssen oft dringende Probleme gelöst werden, ohne daß zuvor eine theoretische Absicherung geschaffen werden kann. Numerische

---

[9] Genau genommen, braucht der Mensch das Programm nicht verstanden zu haben. Dies ist auch bei Programmierfehlern der Fall. Dennoch macht die Maschine etwas, eben das, was das Programm 'vorschreibt'.

Ergebnisse sollten dann aber zunächst nur als Hinweise für mögliche gültige Aussagen betrachtet werden.

Es gibt mathematische Probleme, die ein Rechner prinzipiell nicht zu lösen vermag. Beispiele sind alle Aussagen, die mit (abzählbar) unendlich zusammenhängen. Für das Peano-Axiom betrifft dies z. B. den Nachfolger. Im Rechner gibt es immer eine größte Zahl. Die Syrakus-Folgen (Hydra-Problem und viele andere Namen) machen dies deutlich. Es wird mit einer beliebigen natürlichen Zahl x begonnen, und dann gilt der folgende Algorithmus:

1. Beginne mit einer beliebigen natürlichen Zahl x
2. Ist x gerade, dann bilde
    $$x := x/2$$
    andernfalls
    $$x := 3 \cdot x + 1.$$
3. Solange $x <> 1$ setze bei 2. fort

Die Zahlenfolgen verlaufen oft recht unregelmäßig. Sobald dabei 2^n (n ist eine natürliche Zahl) erreicht wird, gehen sie in den folgenden Ablauf über 32; 16; 8; 4; 2; 1 und der Algorithmus endet. Bis heute ist es nicht entschieden, ob dies für jede Startzahl gilt. Für alle in Rechner darstellbaren Zahlen ist es bestätigt. Doch ein genereller Beweis ist nicht mittels Computers möglich. Ähnliche Probleme bestehen bei Grenzwerten. Ein Pendeln um einen sehr kleinen Wert kann infolge der immer begrenzten Genauigkeit des Rechners nicht erkannt werden. Bei reellen Zahlen gibt es sogar grundsätzliche Schwierigkeiten. Im Gegensatz zu den Möglichkeiten des Rechners existieren hier in der Mathematik zwischen zwei beliebig dichten Zahlenwerten immer noch Zwischenwerte. Die folgende Liste nennt Beispiele, wo ein Rechner praktisch nutzlos gewesen wäre und auch heute noch ist. Sie sind bewußt aus verschiedenen Abstraktionsebenen zusammengestellt, um das große Spektrum anzudeuten, indem vor allem die menschliche Intuition gefragt ist.

- Herleitung des Fundamentalsatzes der Algebra (Wurzeln der Polynomen),
- Entwicklung der Differential- und Integralrechnung,
- Existenzbeweise,
- Aufstellung von Axiomensystemen,
- Definition der berechenbaren Funktion,
- Unentscheidbarkeit nach Gödel.

6.5 Modellierung und Simulation

Um die Jahrhundertwende waren die meisten Physiker überzeugt, alles Geschehen mit Differentialgleichungen beschreiben zu können. An die Stelle dieser Hoffnung tritt jetzt vielfach die Überzeugung, jeder Prozeß ließe sich mittels Algorithmen beschreiben. So wird nicht selten eine komplexe Verkoppelung von Zellularautomaten als (getreue) Nachbildung der Wirklichkeit angesehen. Natürlich ähnelt die Ausführung eines Computerprogramms einem Experiment. Es betrifft jedoch nicht reale Objekte, sondern folgt dem Algorithmus. Computerexperimente betreffen daher eine hypothetische (virtuelle) Welt, die Bezüge zur wirklichen Welt zeigen kann. Dann spricht man von Simulation der Wirklichkeit. Dabei können nur (wenige) ausgewählte Eigenschaften der Wirklichkeit berücksichtigt werden. Jedes Modell ist folglich zumindest teilweise fehlerhaft. Solche Modellfehler gehen voll in die Rechnung ein, werden jedoch zuweilen bei der Interpretation der Ergebnisse nicht berücksichtigt. Voraussetzung für Computerexperimente ist die Aufstellung von mathematischen Modellen, wie sie insbesondere in Naturwissenschaft, Technik und Ökonomie üblich sind. Dabei sind Struktur- und Verhaltensmodelle zu unterscheiden. Typische Beispiele sind Ohmsches Gesetz, Maxwellgleichungen, Leitungsgleichungen, Ökologieberechnungen und Entwicklungstrends. Generell ersetzt eine Computersimulation die Urteilsfähigkeit genauso wenig, wie ein Schreibstift die Fähigkeit zu schreiben ersetzt. Andererseits führen Modelle manchmal zu Vermutungen, die sich später bestätigen. Modelle und Situationen sind nicht grundsätzlich nützlich. Doch in drei Fällen bieten sie große Vorteile [10]:

- Der Mensch kann nicht sehr langsame (z. B. Evolution des Lebens und Weltalls) oder sehr schnelle (z. B. der Kernphysik) Vorgänge begreifen. Sie liegen außerhalb seines Erfahrungsbereichs. Durch Modellierung mit geänderten Zeitmaßstäben werden sie für ihn anschaulich.
- Hohe Komplexität bereitet dem Menschen große Probleme. Die Modellierung ermöglicht es, die Zusammenhänge als weitaus weniger komplexe Ergebnisse anschaulich darzustellen.
- Das Originalgeschehen ist zuweilen für eine Beobachtung kaum oder nicht zugänglich. Dies gilt u. a. bei gefährlichen oder weit entfernten Abläufen.

---

[10] Doch auch hier handelt es sich nur um Bezüge zur Wirklichkeit. Das Geschehen bei Supernova-Ausbrüchen, schwarzen Löchern oder Elementarteilchen erfüllen die aufgezählten Punkte, insbesondere bezüglich der Vielzahl der Differentialgleichungen, der Geschwindigkeit der Prozesse und der Zugänglichkeit für den Menschen.

Praktikable Vorteile betreffen die folgenden Punkte:

- Die Parameter eines Modells lassen sich schnell und unabhängig von der Wirklichkeit ändern, was zusätzliche Einsichten ermöglicht.
- Bereits bevor ein bestimmtes technisches Objekt realisiert ist, lassen sich mittels eines Modells wichtige Zusammenhänge erkennen.
- Die Modellkosten sind meist relativ gering.
- Alle Versuchsergebnisse sind gut reproduzierbar.
- Der Computer ist ein Instrument, auf dem man hervorragend Bewegung spielen kann. Dies ist weitaus mehr als nur Bilder zu zeigen.

6.6 Was ist ein Fraktal?

Den Begriff Fraktal hat B. Mandelbrot nach 1970 eingeführt. Ursprünglich verwendete er Fracta. Heute gibt es zusätzlich das Gebiet Fraktale Geometrie. Die Wortbildung geht auf das lateinische Adjektiv *fractus* und das Verb *frangere* zurück. Dies bedeutet zerbrechen, unregelmäßige Bruchstücke erzeugen, irregulär. In der Medizin, Chemie und Politik sind ähnliche Begriffe bekannt, beispielsweise Fraktion und Refraktion. Bis heute gibt es keine genaue Definition. Ursprünglich waren Fraktale ausschließlich bildhaft. Jetzt sind fraktale Eigenschaften für Linien, Kurven, flächige und räumliche Gebilde, in der Natur, in der Akustik, bei der Organisation usw. bekannt. Fraktale Bilder und Gebilde sind durch einige Besonderheiten gekennzeichnet:

- Selbstähnlichkeit, d. h. rekursiv-iterativ-hierarchisches sich Wiederholen von Strukturen und Abläufen mit beachtlicher Ähnlichkeit.
- Eigenschaften, die nicht mit klassischen Auffassungen, wie der Euklidischen Geometrie oder dem maschinenhaft-deterministischen Verhalten in Einklang zu bringen sind.
- Eigentümlich-typische Verquickung von Zufälligkeit und Gesetzmäßigkeit.
- Ästhetische Wirkung der Fraktalen Bilder.

Speziellerer Art sind:

- Einige Gleichungen (Systeme) zeigen bei der Iteration ein Verhalten, das nicht mehr dem Prinzip kleine Ursache → kleine Wirkung gehorcht.
- Die Länge einer fraktalen Kurve (z. B. Küste oder Grenze) ist erheblich vom Maßstab der Darstellung oder Messung abhängig.
- Ergebnisse aus der 'unstetigen' Mathematik, wie die Peano-Kurven.

Eine konsequente Selbstähnlichkeit existiert bei vielen Fraktalen. Hier wiederholt sich das global sichtbare Bild ganz oder teilweise an verschiedenen (oft unendlich vielen) Stellen mit unterschiedlichem Maßstab und in gedrehter Lage. Bei einem Baum wiederholen sich so die Verzweigungen mehrfach: Der Stamm besitzt Zweige, die Zweige wiederum Verzweigungen usw. Häufig sind dabei in der Natur Tiefen bis zur 7-Ebene vorhanden. Ein sehr typisches Beispiel ist ein Farnblatt. Jeder 'Zweig' und 'Teilzweig' des Farnblattes wiederholt fast exakt das Aussehen des ganzen Farnblatts.

Die nächsten vier Seiten enthalten die folgenden Bilder

Bild 12. Leicht modifizierte Darstellung des klassischen Apfelmännchens. Sie entsteht mittels Iteration aus den Formeln $a := a^2 - b^2 - x$ und $b := 2 \cdot a \cdot b - y$ (Siehe weiter unten). Üblich ist es, den inneren Bereich der typischen Randkurve schwarz zu färben und als 'See' zu bezeichnen. Im Bild ist auch hier die Konvergenztiefe verwendet. Um eine besondere bildliche Wirkung zu erreichen, wurde außerdem ein leicht modifiziertes Kriterium zur Entscheidung verwendet, ob schon Konvergenz oder Divergenz vorliegt. Punkte (Linien) sind dort eingetragen, wo sich die notwendige Zahl der Iterationen für diese Entscheidung gerade ändert.

Bild 13. Beispiel eines Feigenbaumdiagrammes mit der Iteration von $a := a \cdot (a - 1) \cdot x$ für $a_0 = 0,5$ im Bereich $0,9 < x < 2,1$ als x-Achse und $-0,6 < a < 1,6$ als y-Achse. Die ersten 20 Iterationen sind ausgeblendet. Die Gesamtzahl der Iterationen beträgt 620. Infolge dieser Festlegungen sind an den Verzweigungen noch deutlich Reste der Einschwingvorgänge zu erkennen.

Bild 14. Darstellung der Koch-Kurve mit unterschiedlicher Iterationstiefe. Die oberste gerade Linie wird in drei gleichlange Abschnitte geteilt, der mittlere herausgetrennt und durch zwei entsprechend lange Linien zu dem eingefügten spitzen Winkel ergänzt. Dieser Prozeß wird bei den weiteren Kurven immer für jedes schon vorhandene Linienteil erneut durchgeführt.

Bild 15. Ausgangsbild (a) ist die Botschaft, welche am 16.11.1974 vom 300 m-Teleskop in Arecibo für Außerirdische zum Sternhaufen M13 gesandt wurde. Dieses Bild ist in b) je einmal links und rechts darunter angeordnet, und gleichzeitig wurde die Summe wieder auf die Ausgangsgröße verkleinert. Dieser Algorithmus ist c) erneut mit b) und in d) wiederum mit c) durchgeführt. Wird der Prozeß sehr häufig (unendlich oft) wiederholt, so entsteht das Sierpinski-Dreieck (e). Mit dem geschilderten Algorithmus entsteht immer, d. h. völlig unabhängig vom Ausgangsbild dieses Dreieck. In diesem Fall bestimmt also ausschließlich der Algorithmus das Ergebnis.

Bild 16. Einfaches Modell für die Länge einer Grenze. Die stark ausgezogene Kurve wird durch Geraden unterschiedlicher Länge genähert. Hierzu werden Kreise mit dem Radius r verwendet. In der oberen Konstruktion sei er auf 1 normiert. Dann beträgt die Näherung der Kurve durch Geraden (gestrichelt) 3,2 Einheiten. In der mittleren Konstruktion beträgt der Radius 1/2 und es sind 7,2 Geraden, also eine Länge von 3,6 Einheiten erforderlich. Beim unteren Teilbild ist $r = 1/4$. Die 17,8 Geraden führen nun zu einer Länge von 4,45.

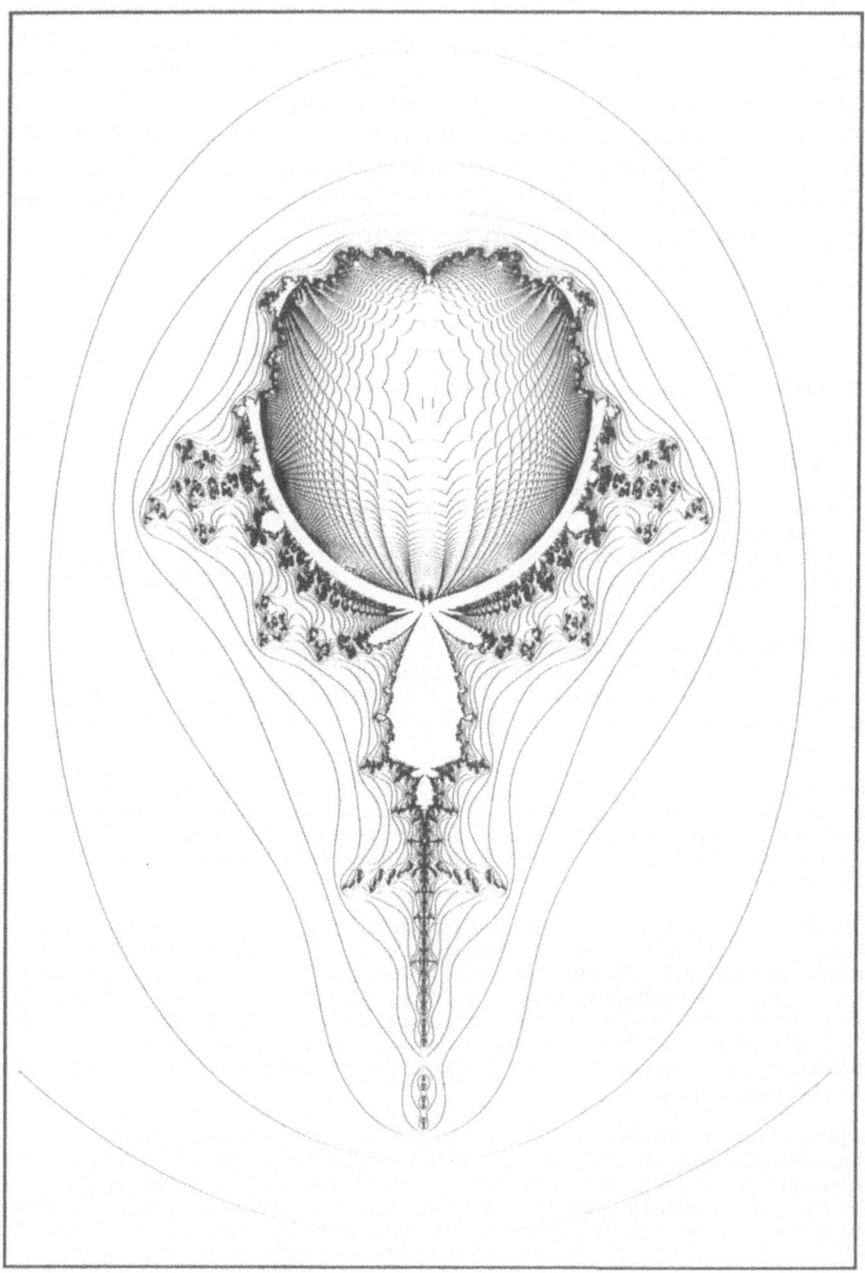

Bild 12

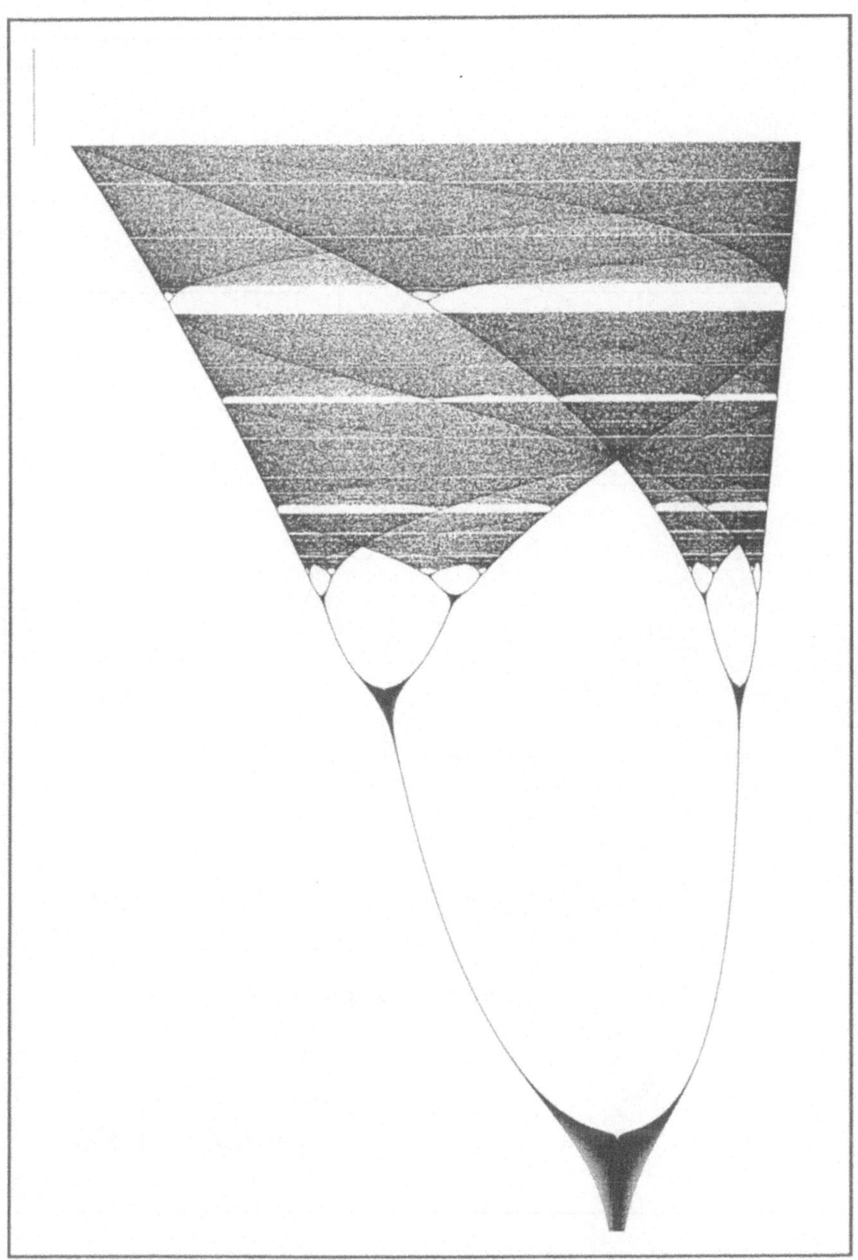

**Bild 13

Bild 14

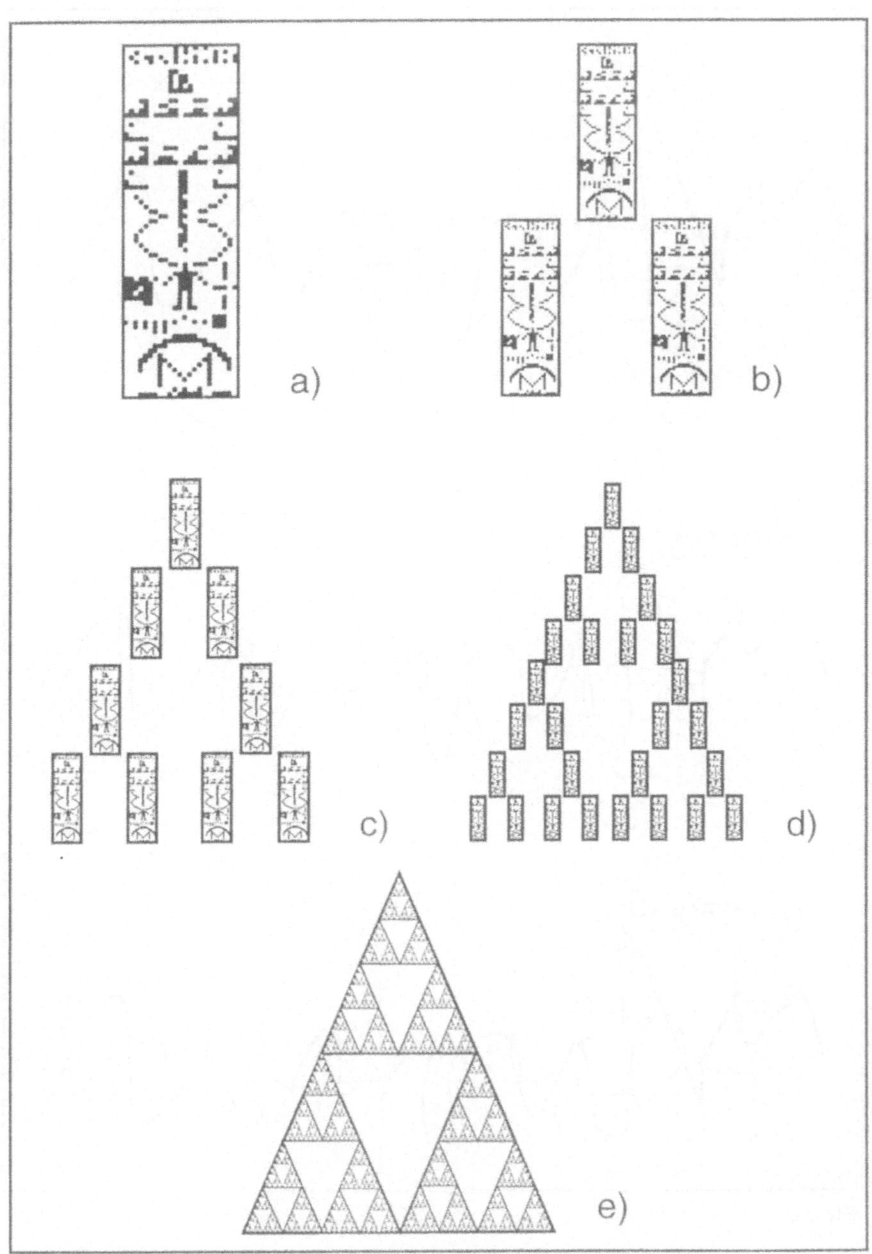

Bild 15

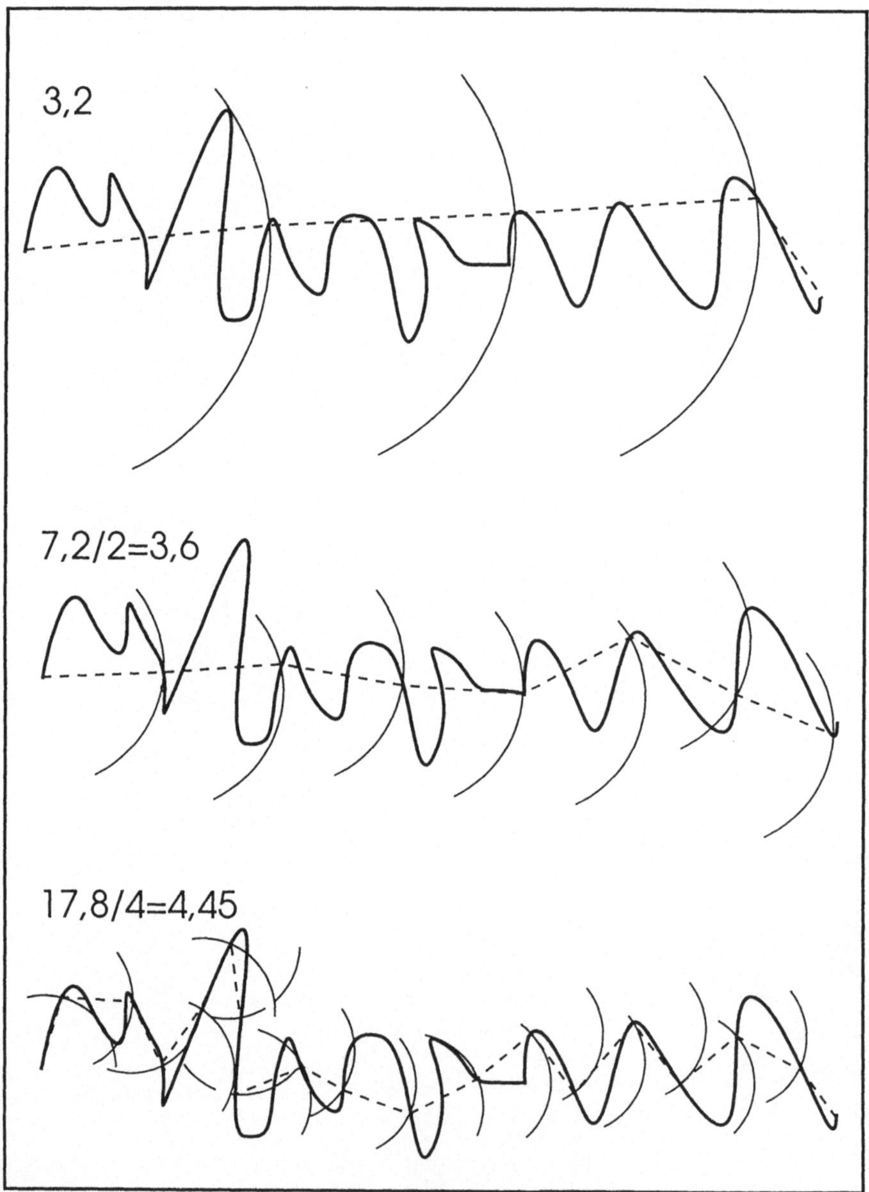

Bild 16

Der ästhetische Reiz vieler Fraktale ist wahrscheinlich der Grund, weshalb das 'Apfelmännchen' (Abb 12) so schnell die breite Öffentlichkeit erreichte. Diesbezüglich besitzen Fraktale deutliche Ähnlichkeiten zu vielen Bildern des holländischen Malers M. C. Escher. Das betrifft die 'unendliche' Wiederholung, die Selbstähnlichkeit und die 'unmöglichen' Perspektiven.

Doch Fraktale betreffen nicht nur unterschiedliche Fachgebiete, sie lassen sich auch nach mehreren Prinzipien erzeugen. Hierbei ist ein informationeller Aspekt recht ungewöhnlich: Eine einfache mathematische Formel oder ein einfacher (geometrischer) Algorithmus erzeugen über Iteration oder Rekursion sehr komplexe Bilder. Folgende Methoden, die wahrscheinlich gleichermaßen alle möglichen Fraktale erzeugen lassen, haben bisher größere Bedeutung erlangt. Einige werden weiter unten und in den Bildlegenden noch genauer erklärt:

- Die Iteration von Formeln. Beispiel sind das Feigenbaum-Diagramm (Bild 13), die Mandelbrotdarstellung (Bild 12) und die Julia-Menge.
- Geometrisch betonte Generatorprinzipien. Hierzu gehören die Koch-Kurve (Bild 14) und das Sierpinski-Dreieck.
- Kontraktive Transformationen, z. B. Drehmultiplikationen (Bild 15).
- Spezielle formale Sprachen. Hier sind besonders die Lindenmayer-Systeme zu nennen, mit denen recht naturgetreu vielfältige 'Pflanzen' generiert werden [11].
- Zufallserzeugung, sogenanntes Hüpfer-Prinzip.

Küsten und Grenzen zwischen Ländern, Randkurven von Blättern, die Oberflächen vieler biologischer Objekte usw. sind fraktaler Natur bezüglich zumindest einer ungewöhnlichen Eigenschaft: ihre Länge ist nicht exakt meßbar. Mißt man die Küste der USA auf einem Globus, so erhält man etwa 3000 km, auf einer großen Karte werden es bereits 7000 km, während Seekarten rund 17000 km ausweisen. Würde man sie zu Fuß ablaufen, so ergäben sich etwa 24000 km. Offiziell wird dieser Effekt bei Grenzen zwischen zwei Ländern dokumentiert. Die Grenze zwischen Spanien und Portugal wird von Spanien mit 987 und von Portugal zu 1214 km angegeben, die zwischen den Niederlanden und Belgien mit jeweils 380 und 449 km. Diese Fakten erklären sich wie folgt: je nach dem Maßstab der Messung werden unterschiedliche Längen als Gerade genähert (Vgl. Bild 16). Krümmungen unterhalb der zugehörigen Meßlänge gehen dann einfach verloren. Je gröber man mißt, desto kürzer ist die Kurve. Wissenschaftlich hat das Lewis Richardson [RIC] 1961 untersucht. Das Verdienst Mandelbrots ist es dann gewesen, Richardsons Ergebnisse im

---

[11] Nach dem Biologen Aristid Lindenmayer, der bereits erstmals 1968 solche Beschreibungen realisiert hat.

doppelt logarithmischen Maßstab dargestellt zu haben. Hierbei erhielt eine Näherungsgerade zwischen der Meßlänge R und der damit ermittelten Kurvenlänge L für die fraktale Linie:

$$L = L_0 \cdot R^{1-D}$$

Hierin ist L_0 eine Bezugslänge. Das D ist die Hausdorff-Dimension [HAU]. Je größer ihr Wert ist, desto mehr ist die fraktale Kurve 'verkrumpelt'. Bei den obigen Beispielen ist $D \approx 1,5$. Bei den üblichen glatten Kurven gilt $D = 1$ und damit $L = L_0$. Informationstheoretisch bedeutet dies: Betrachtet man eine fraktale Kurve doppelt so genau, so liefert sie mehr als doppelt so viele Details.

Konstruktiv sind ähnliche Zusammenhänge schon seit längerem in der Mathematik bekannt. Sie betreffen entartete oder Monsterkurven. Sie können leicht mittels eines rekursiven Generator-Prinzips erzeugt werden Die Kochkurve gemäß Bild 14 ist seit 1904 bekannt. Aus der einen langen Geraden werden dabei vier kurze Geraden. Auf jeder dieser Geraden wird das Prinzip erneut angewendet usw. In der Ausgangsstufe sei die Länge 1, dann folgen 4 Strecken zu je 1/3, also die neue Länge 4/3. Jede dieser 4 Teilstrecken wird erneut durch 4 Strecken, jetzt aber der Länge 1/9 ersetzt. Nach n Wiederholungen beträgt also die Länge der Kurve $(4/3)^n$. Die Kurve strebt also gegen eine unendliche Länge. Die dazu erforderlichen 'Meßradien' sinken auf jeweils $(1/3)^n$. Daher läßt sich die Hausdorff-Dimension für die Kochkurve zu $D = \log(4)/\log(3) \approx 1,2618$ berechnen [LAU]. Das Generator-Prinzip läßt eine Vielzahl von Konstruktionsprinzipien zu. So entsteht eine Vielzahl von Monsterkurven (Drachenkurve, C-Kurve):

- Die Strecke kann in einen beliebigen Maßstab in unterschiedlich viele Strecken geteilt werden.
- An die Stelle des gleichseitigen Dreiecks können beliebig gestaltete Streckenzüge, wie Mäander, Vierecke und n-Ecke für eine herausgenommene Strecke eingefügt werden.
- Zu Beginn braucht keine einfache Linie vorhanden zu sein. Es können auch beliebige Kurven verwendet werden.

Das in Bild 15 e gezeigte Sierpinski-Dreieck [JÜR] läßt sich sowohl linienhaft generieren als auch flächig erzeugen. Die zweite Variante ist in der Legende erklärt.

Iterationen von Gleichungen gibt es in vielfältiger Form. Besonders übersichtlich sind die Verhältnisse, wenn nur eine Variable x und ein Parameter a verwendet werden. Standardmodell ist hier die logistische Kurve, Verhulst-Gleichung

$$a ::= a \cdot (a - 1) \cdot x$$

Die Gleichung wird mit einem bestimmten a_0 z. B. 0,5 gestartet, und je nach der Größe von x tritt ein unterschiedliches Verhalten auf. Nach einem 'Einschwingvorgang' von etwa hundert Iterationen sind folgende Varianten möglich:

- a konvergiert gegen einen stabilen Wert,
- a divergiert gegen unendlich,
- a pendelt periodisch zwischen 2, 4, 8 usw. Werten,
- a verhält sich weitgehend stochastisch.

Für eine grafische Darstellung wird x als Abzisse und a als Ordinate gewählt. Mit der obigen Formel entsteht das Feigenbaum-Diagramm. Die Einschwingvorgänge werden dabei unterdrückt. Die Einzelwerte aller nachfolgenden Iterationen erzeugen so das Bild (Bild 13). Mit Ausnahme der divergenten Gebiete sind deutlich alle genannten Eigenschaften erkennbar. Im konvergenten Gebiet existiert nur eine Linie. Die Übergänge zum periodischen Pendeln führen zu den 2-, 4-, 8-fachen 'Verzweigungen'. In den statistischen Gebieten ist eine beachtliche Fläche unregelmäßig mit Punkten gefüllt. Auffällig ist weiter, daß es dort immer wieder selbstähnliche Stellen gibt. Das stochastische Verhalten setzt dort plötzlich aus, und erneut tritt Konvergenz und Pendeln auf. Vergrößert man diese Gebiete, so zeigen sie wieder die globale Kurve. Dieses Herausvergößern kann, sofern die Rechengenauigkeit ausreicht, beliebig oft wiederholt werden.

An Stelle der obigen Iterationsgleichung kann nahezu jede andere Gleichung gemäß

$$a ::= f(a, x)$$

gesetzt werden. Fast immer erhält man für einen x-Bereich die obigen vier Verhaltensarten von a und kann somit auch entsprechende Feigenbaumdiagramme erzeugen. Eine andere Qualität der grafischen Darstellung ist bei Funktionen mit zwei Variablen x, y erforderlich:

$$a ::= f(a, b, x)$$
$$b ::= g(a, b, y)$$

Bei einer wiederholten Iteration können auch hierbei die o. g. vier Fälle des
Verhaltens beobachtet werden. Zur anschaulichen Darstellung sind die Werte a
und b bzw. x und y als xy-Koordinaten des Bildschirmes heranzuziehen. Doch
dann ist es nicht möglich, wie beim Feigenbaum-Diagramm zu verfahren.
Zunächst müssen Startwerte a_0 und b_0 festgelegt werden. Da sie das Ergebnis
jedoch meist sehr wenig beeinflussen, sind (0;0) oder (0,5;0) übliche Werte.
Ferner muß eine andersartige Darstellung erfolgen. Dies sei an der speziellen
Funktion für das Apfelmännchen erklärt. Obwohl sich mit dieser Gleichung
bereits Gaston Julia und Pierre Fatou während des ersten Weltkrieges beschäftigt hatten, ist es erstmals Mandelbrot um 1980 gelungen, das entsprechende
Bild zu erzeugen und auf einem Computer darzustellen.

$$a ::= a^2-b^2 - x$$
$$b ::= 2{\cdot}a{\cdot}b - y$$

Jene Werte x, y, für die Divergenz auftritt, liegen außerhalb einer Randkurve.
Für die übliche Darstellung wird über die jeweils erreichte Größe von a und b
getestet, wann die Divergenz gesichert ist. Die dafür erforderliche Anzahl von
Iterationen ist ein Maßstab für die Divergenzgeschwindigkeit. Sie wird in den
meisten Bildern im Sinne eines Höhenbildes farblich dargestellt. In Bild 12
wurde das Prinzip der Höhenlinien verwendet. Genau dort, wo sich die Anzahl
der notwendigen Iterationen ändert, erscheint eine Linie. Ähnlich kann auch
die Konvergenz getestet werden. So entstehen die Linien im Innern des
'Apfelmännchens'. Im Gegensatz zum Bild ist es üblich, diesen inneren Teil
schwarz oder tiefblau einzufärben und ihn dann Mandelbrotmenge oder Man-
delbrotsee zu nennen. Besonders interessant für eine Darstellung sind jene
Gebiete, die zwischen der Konvergenz und der Divergenz liegen. Hier tritt bei
diesen Bildern wieder eine hohe Selbstähnlichkeit auf. Die Grundstruktur des
'Apfelmännchen' ist daher sehr (theoretisch unendlich) oft in diesen Grenzge-
bieten zu finden.

Eine andere Betrachtung der Fraktale führt zu den Attraktoren. Sie sind u. a.
eine bestimmte, meist linienhafte Struktur im Grenzgebiet zwischen Konvergenz und Divergenz. Man nennt sie auch Julia-Menge. Wählt man einen zu
dieser Menge gehörenden Punkt und führt mit ihm die Iteration durch, so können ständig nur Punkte dieser Menge erreicht werden. Die Menge ist also
abgeschlossen. Hinzu kommt, daß viele Punkte außerhalb dieser Menge die
Tendenz zeigen, zu dieser Menge hinzustreben. Daher nennt man solche
Punkte, Linien oder Gebiete Attraktor. Er ist ebenfalls typisch für Fraktale.
Gerade die Attraktoren scheinen generell große Bedeutung zu besitzen. So hat
z. B. Wersig [WE9] auf Ähnlichkeiten zwischen den Attraktoren und dem
Geschehen im Management hingewiesen. Menschen zeigen stark chaotisches

Verhalten, und die Richtlinien und Anweisungen wirken dabei wie Attraktoren. Sie schaffen eine gewisse Ordnung.

6.7 Beschreibungen und Dualismen

Die Welt ist sehr viel komplizierter als ein Mensch. Dennoch haben wir ständig das Bedürfnis, die Welt möglichst vollständig zu verstehen. Hierbei kann eine 'gute' Theorie sehr hilfreich sein. Mittels abstrakter Begriffe kondensiert sie viele Fakten zu Gesetzen, aus denen dann jederzeit die Fakten wieder generiert werden können. Hierbei besteht eine beachtliche Analogie zum minimalen Algorithmus, vgl. Kolmogoroff-Komplexität im Abschnitt 5.10. Die lange Zeit in der Physik gehegte Hoffnung, daß sich einmal alles aus einer einzigen universellen Theorie herleiten ließe, hat sich inzwischen jedoch zerschlagen. Jede heutige Theorie beschreibt einen mehr oder weniger kleinen Ausschnitt der Welt. Deshalb benötigen wir mehrere oder gar viele Theorien, die nicht einmal zueinander konsistent sind. In diesem Sinne verglich Steinbuch [NN1] unser Wissen mit einem Flickenteppich. Viele Teile, die keineswegs zueinander passen, werden zwar zu einem Ganzen zusammengefügt. Dabei treten vielfache Widersprüche und Löcher auf. Dennoch ist dieses seltsame Ganze mehr als die Summe der Teile, der einzelnen Theorien. Aus einem völlig anderen Blickwinkel vertritt diese Auffassung auch Bateson [BAT]. Er behauptet, daß zwei Sprachen (Beschreibungen) eben mehr vermögen als nur eine. Er nennt dazu u. a. drei Beispiele:

- Durch die überlappende Addition von Bildern entsteht binokulares, räumliches Sehen.
- Durch die zwei Geschlechter schafft sich die Natur völlig neue Möglichkeiten für die Weiterentwicklung.
- Seit den Griechen standen die Algebra und Geometrie unverbunden nebeneinander. 1637 schrieb Descartes das Buch "la géometrie". Dadurch konnten geometrische Zusammenhänge berechnet und Formeln geometrisch interpretiert werden. Beide Gebiete waren so zwei Sprachen für gleiche Inhalte. Leider geriet aber im Laufe der Zeit die Sprache der Geometrie ins Abseits. Dies hat – wie insbesondere Zemanek [ZEM] nachwies – sehr schädliche Folgen, die heute sogar die Informatik betreffen, obwohl sie scheinbar nicht die Geometrie benötigt. Die große amerikanische Computerspezialistin Grace Murray Hopper meint sogar, daß ihre Dissertation schon deshalb ohne Resonanz blieb, weil sie eine geometrische Beweisführung für ein algebraisches Problem nutzte.

Eigenartigerweise weist Bateson nicht auf die Physik hin. Mit den Dualismen und dem Korrespondenzprinzip macht sie genau von seiner Beschreibungsvielfalt regen Gebrauch. Licht kann sowohl als Korpuskel als auch als Welle interpretiert werden. Je nach den Umständen ist jeweils eine Betrachtung günstiger. Die Energie der Lichtstrahlung, z. B. wird der Stahlungsdruck besser im Korpuskelmodell beschrieben, während Beugung und Interferenz weitaus besser im Wellenbild zu verstehen sind. Offensichtlich ist also Bateson so zu interpretieren, daß wir möglichst alle vorhandenen und sinnfälligen Beschreibungsmethoden parallel benutzen sollten. So gelangt man zu einem besseren, weil richtigeren Bild der Welt. Bei Widersprüchen gilt dann nicht das Entweder-Oder, sondern das Sowohl-Als-Auch. In diesem Sinne wurde hier die Beschreibung der Welt mit den drei Aspekten Stoff, Energie und Information eingeführt, wobei der Schwerpunkt entsprechend dem Thema des Buches natürlich bei der Information liegt. Doch die Fülle von mehrfachen Beschreibungen ist unwahrscheinlich groß. Dem Informatiker fällt hier sofort die Churchsche These ein, die letztlich genau die Gleichsetzung der unterschiedlichen Methoden der Berechenbarkeit postuliert. Gewisse Ähnlichkeit besitzen hierzu – wenn auch auf ganz anderem Abstraktionsniveau – die im vorigen Abschnitt gegebenen unterschiedlichen Definitionen der Fraktale. Die Analogie ist geradezu eine Methode, mit der man Erkenntnisse zwischen verschiedenen Beschreibungen bewußt überträgt. Bei den technischen Analogmodellen geschieht das sogar zur einfacheren Berechnung und Simulierung. Insbesondere werden so Gesetze und Geschehnisse der Mechanik, Akustik, Wärmelehre usw. in ein elektrisches Modell übertragen und dort behandelt. Dies war das eigentliche Prinzip der Analogrechner. Die Logik hat fast gleichartige Gesetze als formale (Aristoteles) Logik, binäre Logik, Ja-Nein-Fragen, Schalter, Venn-Diagramm, Boolsche Algebra, Schaltalgebra und Binärarithmetik. Vester [VE5] weist auf ähnliche Probleme in bezug auf unsere oft viel zu abstrakten Beschreibungen hin. Statt zu definieren: 'Ein Stuhl ist ein Möbelstück, er hat Beine, Sitz und Lehne', ist es wohl günstiger zu sagen: 'ein Stuhl ist etwas, wo man sich drauf setzen kann'. Statt weiterer Beispiele sollen einige dualistische Paare weitere Möglichkeiten dieses Prinzips aufzeigen:

Quantität	↔	Qualität
analog	↔	digital
Stoff	↔	Energie ($E = m \cdot c^2$)
Zeitfunktion	↔	Spektrum
verbal	↔	nonverbal

Ein anders geartetes Licht wirft zu dieser Problematik eine Aussage von Kuhn [KUH] auf: Nach einem Paradigmenwechsel hat sich nicht die Welt geändert. Dennoch arbeitet der Wissenschaftler in einer anderen Welt. Beispiele sind hier die Mechanik vor und nach Newton, Keppler und Gallilei, die Physik vor und nach Planck oder Einstein. Hier wird deutlich: das Kennzeichen der mathematischen Physik ist nicht die Anwendung der Mathematik, sondern der spezifisch mathematische Entwurf der Natur. Er muß jedoch immer durch zusätzliche Beschreibungen unterschiedlicher Art ergänzt werden.

6.8 Was ist der Mensch?

In diesem Abschnitt geht es um Teilmodelle des 'Menschen'. Wie die Welt, so ist auch er (mit seiner individuellen Persönlichkeit) wohl nie vollständig zu beschreiben. Selbst die Summe aller vorhandenen Teilmodelle dürfte hierzu nicht ausreichen, und davon können hier nur wenige ausschnittsweise behandelt werden. Selbst einzelne Aspekte (Eigenschaften) wie etwa die Weisheit dürften weder zu simulieren noch ausreichend zu beschreiben sein. Selbst wenn man dann Weisheit auf die Summe von Wissen und Ethik stark verkürzt, so gilt, daß auch Ethik allein nicht formalisierbar sein dürfte. Für die weiteren Betrachtungen müssen diese Einschränkungen ständig beachtet werden. Nur so ist der Gefahr vorzubeugen, die folgenden Teilmodelle über menschliche Aspekte und Eigenschaften absolut aufzufassen. Jedes Modell gilt nur in einem engen Kontext und stellt damit auch nur eine Teilwahrheit dar, die im anderen Kontext durchaus zu falschen Folgerungen führen kann.

6.8.1 Als Maschine

Erstaunlich früh wurde der Mensch zumindest teilweise mechanistisch betrachtet. Einige Ansätze existierten bereits bei den alten Griechen im Zusammenhang mit ihren ersten 'Automaten'. Die Erfolge von Wissenschaft und Technik gaben dieser Auffassung dann immer mehr Gewicht. Auf dem Höhepunkt der Feinwerktechnik angelangt, glaubten nicht wenige, daß es möglich sein müßte, den Menschen rein mechanisch nachzugestalten. Er wurde als Maschine verstanden, die der Inbegriff für die Erkennbarkeit der Welt war. Sie stand im Einklang mit der streng deterministischen Weltauffassung im Sinne von Descartes. Selbst Leibniz neigte zu einer derartigen Konzeption, und schließlich wurden Aussagen der folgenden Art gebräuchlich: Der Mensch ist wie eine Maschine, Maschinen sind Abbilder unser Körperorgane, Maschinen funktionieren wie unsere Körperorgane, Maschinen ergänzen unseren defiziten Körper. Selbst im sozialen Bereich wurden diese Ansichten übernommen: Maschinen bringen Arbeitsteilung, Maschinen bilden soziale Pro-

zesse ab, technische Geräte sind Abbilder von Natürlichem, Maschinen sind
Nachahmungen der Natur, Maschinen verkörpern Naturgesetze, in der Konstruktion der Maschine ist die wiederholbare Bewegung eingefangen. Teilweise werden diese Aussagen auch heute noch akzeptiert. Doch nicht immer
und nicht alle wissen, daß damit jeweils nur ein Teilaspekt, der dazu aus dem
Zusammenhang gelöst ist, erfaßt wird. Zuweilen steht hinter derartigen Aussagen ein Fehlschluß. Dies demonstrierte z. B. Coy [COY] folgendermaßen: Es
gelten die Aussagen:

- Nur das Aussprechbare kann allgemein interessant sein.
- Nur das Beschreibbare gilt als kulturell interessant und bleibend.
- Nur das Konstruierbare gilt als technisch interessant.
- Alles Konstruierbare ist programmierbar.

Sie werden (logistisch und falsch) verkürzt zu:

- Nur das Aussprechbare ist interessant.
- Nur das Beschreibbare ist interessant.
- Nur das Konstruierbare ist interessant.
- Alles Interessante ist programmierbar.

Daraus folgt dann die völlig unsinnige Aussage:

- Es gibt nichts Interessantes, was nicht konstruierbar und damit programmierbar ist.

Unabhängig von der fehlerhaften Folgerung sei darauf hingewiesen, daß es
vielfältige Aspekte über die ersten vier Aussagen hinaus gibt. So existieren
auch Unaussprechliches, z. B. Mystisches und Nichtbenennbares, z. B. Tabus.

6.8.2 Unser Gedächtnis

Unser Gedächtnis war schon immer von großem wissenschaftlichem Interesse.
Doch erst in den 60er Jahren wurden meßbare Werte über die Informationsaufnahme und -speicherung gewonnen. Die systematische Fortführung derartiger Untersuchungen führte zu einer Dreistufigkeit. Lernen und Vergessen
verläuft nacheinander über drei Teilgedächtnisse mit stark unterschiedlichen
Eigenschaften. Die Benennung ist leider immer noch einheitlich. Hier werden
Gegenwarts-, Kurzzeit- und Langzeitgedächtnis benutzt. Typische Daten enthält die folgende Tabelle:

Gedächtnis	Gegenwarts-	Kurzzeit-	Langzeit-
Kapazität in Bit	150	1500	$10^6 \ldots 10^{10}$
Zuflußrate in (bit/s)	15	0,5	0,05
Auffüllzeit	ca. 10 s	ca. 1 h	lebenslang
Halbwertszeit	ms … s	ca. 20 min	entfällt
Störungen werden ausgelöst durch	Elektroschock	Anästhetika, Narkotika	Puromycin
Für die Speicherung ist wesentlich	Aktionspotential	Stoffwechsel	Struktur und Verschaltung
Technisches Denkmodell	Umlaufspeicher	exponentielles Vergessen	assoziativer Massenspeicher

Die typischen Werte des Gegenwarts- und Kurzzeitgedächtnisses sind nur für kontextfreie Information gültig. Sie wurden mit sinnlosen Silben oder zufälligen Zahlenfolgen bestimmt. Dabei wurde ermittelt, wie schnell gelernt und vergessen wird. Es ist aber zu bedenken, daß wir auch unbewußt, d.h. unbemerkt unterschiedliche, insbesondere grafische Information aufnehmen. Die zugehörige Menge ist bisher nicht einmal abschätzbar gewesen.

Für das Langzeitgedächtnis sind dagegen vielfältige Methoden benutzt worden. Hier seien nur einige wenige kurz erwähnt. J. v. Neumann [NEU] ging von Strukturdaten unseres Gehirns aus, also der Zahl der Neuronen, Synapsen und Nervenimpulse. Derartige Methoden führen immer zu Werten, die heute als viel zu groß gelten. Das Gehirn ist eben nicht nur Gedächtnis [12]. Zemanek nahm einen Informationszufluß von etwa 50 Bit/s über 16 Stunden je Tag und ein Alter von 50 Jahren an. So erhielt er $5 \cdot 10^9$ Bit. Küpfmüller geht von etwa 50 000 Wörtern der deutschen Sprache aus. Sie benötigen ca. $1{,}5 \cdot 10^6$ Bit. Für den Satzbau schätzt er $4 \cdot 10^5$ Bit. Berücksichtigt er die Rechtschreibung, das Sprechen usw., so entstehen etwa $5 \cdot 10^6$ Bit. Da ein Spezialist ca. 10 Sprachen beherrscht, dürfte die Kapazität auf $5 \cdot 10^7$ Bit ansteigen. Aus einer Vielzahl unterschiedlicher Betrachtungen folgt der heute allgemein akzeptierte Bereich zwischen 10^6 und 10^8 Bit.

Sowohl anatomisch wie funktionell sind die drei Gedächtnisse an keiner bestimmbaren Stelle im Gehirn nachweisbar. Keine Hirnschädigung hat nämlich jemals zu einem betont selektiven Gedächtnisverlust geführt. Das Wissen scheint sehr gleichmäßig im Gehirn verteilt zu sein. Zuweilen wurde deshalb

---

[12] Sheldrake [SHE] vertritt sogar den Standpunkt, daß es überhaupt kein Gedächtnis ist bzw. besitzt.

ein Vergleich mit der Holographie vermutet. Auch bei ihr bleibt das ursprüngliche Bild auf jedem Bruchstück erhalten. Es wird nur global um so viel
unschärfer, wie das jeweilige Bruchstück kleiner ist. Statt der lokalen
Gedächtnisverluste sind aber spezifische zeitliche bekannt. Erleidet jemand
einen Unfall oder Elektroschock mit Bewußtlosigkeit, so kann er sich der letzten zehn Minuten zuvor nicht erinnern. Offensichtlich ist hiervon vor allem das
Gegenwartsgedächtnis betroffen. Wird dagegen der molekulare Stoffwechsel
(im Tierversuch oder durch Krankheit) unterbunden, so ist das Kurzzeitgedächtnis gestört. Aus einer großen Vielzahl derartiger Ergebnisse nimmt man
heute folgendes Schema an:

- Jede Information wird über eine sehr große Anzahl von Neuronen gespeichert.

- Beim Gegenwartsgedächtnis existiert eine Erregungskette über die zugehörigen Neuronen.

- Hält die Erregung hinreichend lange (einige Sekunden) an, so muß die
  Energieversorgung der Neuronen zusätzlich aktiviert werden. Der entsprechende Stoffwechsel besitzt eine Halbwertszeit von etwa 20 Minuten und
  kann auch erst nach dieser Zeit wieder abklingen. Die aktivierten Neuronen bleiben mindestens so lange leicht erregbar. Dieser Zustand kennzeichnet das Kurzzeitgedächtnis.

- Wird der Stoffwechsel länger oder wiederholt angeregt, so treten
  (Effektivierung der zugehörigen Informationsprozesse) strukturelle Veränderungen auf. Die betroffenen Synapsen vergrößern sich. Außerdem werden zusätzliche Synapsen gebildet. Das Langzeitgedächtnis liegt daher als
  strukturelle 'Verschaltung' der Neuronen vor. Ein Teil dieser Verschaltun-
  gen ist genetisch festgelegt, doch die Mehrzahl erfolgen durch Erfahrung
  und Lernen. Das Gehirn besitzt also keine feste, sondern eine sich ständig
  ändernde Verschaltung [13].

Die drei Gedächtnisse bewirken auch typische Effekte. Das Gegenwartsgedächtnis faßt die zehn Sekunden zur subjektiv einheitlichen und bewußten
Gegenwart zusammen. Dadurch begreifen wir den Inhalt eines Satzes, sofern
er nicht zu lang ist. Ein kleiner Teil ($\approx 1/30$) der Information des Gegenwartsgedächtnisses wird in das Kurzzeitgedächtnis weitergeleitet. Die Auswahl
wird vor allem durch unsere Aufmerksamkeit bestimmt. Neues muß daher
etwa 30mal (in Variationen) wiederholt werden, um es länger zu behalten.
Auffällig ist dabei die Stunde. Sie entspricht recht gut jener Zeit, in der die
zugehörige Speicherkapazität mittels des Informationsflusses 'gefüllt' werden

---

[13] Sehr drastisch demonstriert dies der Witz: Was nutzt dem Bräutigam das Schaltbild des Gehirns
seiner Braut? Nichts! Es ist einmal viel zu komplex, als daß er es interpretieren könnte. Außerdem ist es so schnellen Veränderungen unterworfen, daß er mit dem 'Änderungsdienst' nie hin-
terherkäme.

kann. Da die Metrologie keine sinnfällige geschichtliche Begründung für die Stunde geben kann, könnte sie intuitiv von unseren Vorfahren auf dieser Basis festgelegt worden sein. Eine Anwendung der Gedächtnismodelle ist ein Lesbarkeitsindex für Texte. Hierzu werden als statistische Mittelwerte W Wörter je Satz und S Silben je Wort gezählt. Je größer diese Werte sind, desto höhere Anforderungen treten beim Lesen an unser Gegenwartsgedächtnis auf. Mit experimentellen Untersuchungen konnte gut die folgende Formel für einen Lesbarkeitsindex L bestätigt werden. Er liegt meist bei 30 bis 80 %, und je größer sein Wert ist, desto leichter ist der Text zu lesen:

$$L = 230 - 0.96 \cdot W - 78 \cdot S$$

Kennt man die Grundlagen des Gedächtnismodells, so ist es erstaunlich, daß nicht nur formale Fakten mit ihm erklärt werden können. Dies zeigt eine umfangreiche Analyse von überlieferter Musik, die von den Anfängen bis zur Gegenwart ausgewählt wurde. Hierbei zeigte sich, daß die mittlere Motivlänge nicht 10 sondern 5 Sekunden lang ist. Dieses unerwartete Ergebnis führte schließlich zu einem Dreistufenprozeß der Rezeption und sehr wahrscheinlich auch für alles Lernen.

Die erste Phase (Verwirrung) liegt dann vor, wenn Sie erstmals Musik aus einem unbekannten Kulturkreis hören. Zumeist können Sie dabei nichts rezipieren. Sie sind verwirrt, weil Sie keine bekannten Strukturen, Themen, Motive oder Rhythmen finden. Vielleicht beginnt jedes Kind so überhaupt Musik zu hören. Wenn Sie immer wieder derartige Musik aufmerksam anhören, dann tritt irgendwann der Zeitpunkt ein, wo sie Wesentliches dieser Musik erkennen und danach wiedererkennen können. Dies bereitet Freude und Genuß. Sie haben die zweite Phase der Rezeption (Erkennen und Wiedererkennen) erreicht. Durch weiteres Fortsetzen können Sie schließlich zu einem Spezialisten für diese Musik werden. Sie erkennen dann nicht nur Teile, sondern können auch die Qualität des einzelnen Werkes und der jeweiligen Interpretation einschätzen. Das sind typische Eigenschaften der dritten Phase. Sie forderte z. B. Adorno für den Musikkenner.

Die zweite Phase erklärt den Unterschied zwischen den 10 und 5 Sekunden. In Ihrem Langzeitgedächtnis muß das jeweilige Thema existieren. Zum Vergleich muß es ins Gegenwartsgedächtnis geholt werden und benötigt dort die Hälfte der Speicherkapazität. Für die aktuell ablaufende Musik stehen daher beim typischen Informationsfluß nur noch 5 Sekunden zur Verfügung. Als Beispiel sei Mozarts Lied "Die Forelle" gewählt. Die Melodie können wir, da sie im Langzeitgedächtnis existiert, jederzeit singen. Daher ist es ohne Schwierigkeit möglich, den Variationssatz des Forellenquartetts zu verfolgen.

6.8.3 Geistige Tätigkeiten, Kreativität

Bei unseren geistigen Tätigkeiten nutzen wir viele unterschiedliche Prinzipien (Methoden). Je nach der Art des Problems sind zu unterscheiden [MÜL] und persönliche Mitteilung:

- Gut bekannte Aufgaben werden voll *routinegemäß* behandelt. Dabei läuft alles fast automatisiert ab.
- Bei komplizierteren Aufgaben, Problemen, die dazu weniger gut bekannt sind, erweisen sich streng *logisch-rationale* Regeln oft als vorteilhaft.
- Für hoch komplexe Probleme sind vielfach *heuristische*, also unscharfe Methoden nützlich. Sie müssen jedoch nicht immer zum Erfolg führen.
- Insbesondere bei wenig definierten Problemen können fast nur *intuitiv-spontan* gefundene Lösungen genutzt werden.

Mengentheoretisch dürften sich diese Methoden wie folgt darstellen lassen:

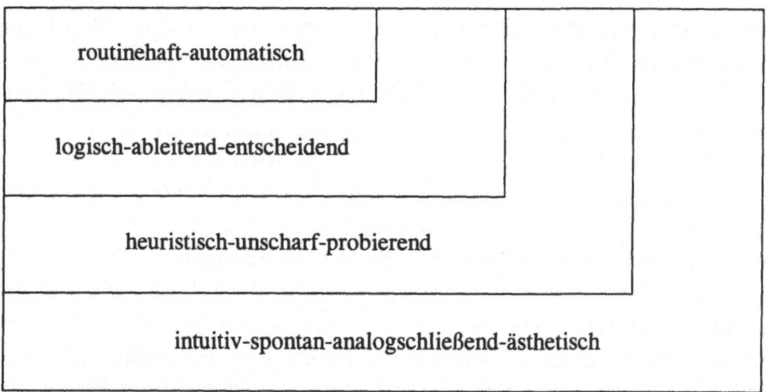

Konstrukteure müssen oft aus einer Vielzahl von Lösungsmöglichkeiten eine auswählen. Sie wurden daher gefragt, warum sie gerade diese und keine andere gewählt hätten. Die Antwort war stets ganzheitlich, etwa in dem Sinne: Es sei die schönste. Die Auswahl ist also meist so hoch komplex, daß eigentlich nur kreativ-ästhetische Entscheidungen in Betracht kommen.

Zumindest bei den letzten beiden Stufen sind auch neue Ideen wesentlich. Allerdings ist es recht schwer zu definieren, was eigentlich 'Neues' ist. Dennoch hat jeder eine intuitive Vorstellung. Besonders klar sind entsprechende

Forderungen für die Anmeldung eines Patentes festgelegt. Dabei werden geprüft:

- formale Neuheit im Sinne des noch nie Dagewesenen,
- Größe des technischen Fortschritts,
- Originalität im Sinne einer Erfindungshöhe.

Erfahrungsgemäß möchte jeder gern kreativ sein. Hierfür sprechen vor allem zwei Gründe:

- Kreativität bietet Erfolgserlebnisse, u. a. das Aha-Moment.
- Kreative Menschen werden überwiegend hoch geschätzt. Sie sind meist geachtet und begehrt.

Mit der Kreativität sind aber auch drei Probleme verbunden:

- Kreativität setzt viel Wissen, Können und Erfahrung voraus. Erst wenn man etwas oft genug getan hat und dabei unzufrieden war, sucht man nach einer neuen, d. h. kreativen Lösung.
- Kreativität verlangt Phantasie. Sie ist aber vielen Menschen nach der Kindheit weitgehend verloren gegangen oder gar aberzogen worden.
- Das Neue – als Ergebnis der Kreativität – erzwingt veränderte Denkgewohnheiten und/oder Arbeitsmethoden. Es bringt dadurch Unruhe und Unsicherheit bezüglich des Gewohnten. Daher erscheinen kreative Menschen zuweilen recht unbequem.

Vielfach wird angenommen, daß nur Künstler und Wissenschaftler kreativ sind. Von ihnen fordert dies ja bereits das Berufsbild. Prinzipiell ist aber jeder Mensch von Natur aus kreativ. Dies wird ganz deutlich, wenn drei Arten der Kreativität unterschieden werden. Sie betreffen in etwa die Breite der Anerkennung des Neuheitswertes:

- *subjektive* Kreativität: Ich empfinde, spüre, daß ich etwas Neues gefunden habe, z. B. Aha-Moment.
- *objektivierte* Kreativität: Ein größeres Kollektiv erkennt meine Idee an.
- *absolute* Kreativität: Die Idee wird international akzeptiert, z. B. über eine Publikation oder ein Patent.

Jeder freut sich immer mal wieder darüber, eine Idee zu haben, selbst wenn sie nur den Haushalt oder das Basteln betrifft. Hier erlebt er die subjektive Kreativität. Viel seltener ist es da schon, die Stufe der objektivierten Kreativität zu erreichen. Im Kollektiv werden nämlich die meisten Ideen durch vielfältige Killerphrasen der folgenden Art zu Fall gebracht: Das haben wir alles schon erprobt! Warum machen es die anderen nicht? So etwas wirkt natürlich frustrierend, und wer wird danach schon mit einer weiteren Idee aufwarten. So wird systematisch die Kreativität gemindert. Außerdem sind Menschen sehr unterschiedlich kreativ. Es ist nicht bekannt, wodurch dies bedingt sein könnte. Zum Abschätzen der möglichen Kreativität muß man demgemäß zwei Fälle unterscheiden:

- *gemittelte* Kreativität: Hierbei wird angenommen, daß alle Menschen gleich kreativ seien. Dann kann z. B. aus dem heutigen Weltwissen und der Anzahl aller Menschen, die je gelebt haben, der Mittelwert eines Menschen bestimmt werden.
- *maximale* Kreativität: Hierbei werden die Leistungen anerkannter, besonders kreativer Menschen, wie Einstein oder Edison zur Abschätzung benutzt.

Diese vielfältigen Beispiele und Berechnungsvarianten führten schließlich zu der folgenden Tabelle [VI1] S.326ff. Alle Zahlenwerte sind dennoch mit einer sehr großen Unsicherheit behaftet. Sie können durchaus bis zu einem Faktor 100 falsch sein. Dennoch ist das Ergebnis sehr aufschlußreich:

alles in bit/s	subjektiv	objektiviert	absolut
maximal Richtwert	$10^{-6}...10^{-2}$ 1 Bit/Stunde	$10^{-7}...10^{-3}$ 1 Bit/Tag	$10^{-8}...10^{-7}$ 1 Bit/Jahr
gemittelt Richtwert	$10^{-4}...10^{-3}$ 1 Bit/Tag	$10^{-6}...10^{-5}$ 1 Bit/Woche	$10^{-9}...10^{-8}$ 1 Bit/Leben

Die jeweils oben dargestellten Kreativitätsraten sind die ursprünglich abgeschätzten Werte. Da sie recht unanschaulich sind, wurden die weiter vergröberten Werte darunter hinzugefügt. Gerade die absoluten Kreativitätswerte machen deutlich, wie dringend bei den heutigen, vielfältigen Problemen jegliche Kreativität vonnöten ist. Killerphrasen sind folglich extrem schädlich. Erstaunlich ist, daß alle Werte der Kreativität sehr gut mit den Erfahrungswerten beim Programmieren übereinstimmen. Unabhängig von der verwendeten Sprache werden bei größeren Programmen im Mittel immer nur 3 gültige Zeilen je Stunde erreicht. Das galt zu Beginn der Informatik und gilt auch heute. Spitzenprogrammierer erreichen andererseits zeitweilig 200 Zeilen je Stunde. Es gibt aber auch professionelle Programmierer, die manchmal am Tag keine gültige Zeile schaffen. Weiter ist ein Vergleich mit der biologischen Evolution interessant. Der historische Zuwachs an Nukleotidsequenzen ist über die Jahrmillionen recht präzise abgeschätzt. Er ergibt eine Zuwachsrate von um 10^{-10} bis 10^{-8} Bit/s. Er liegt deutlich unter dem gemittelten Wert für die

Menschheit und das, obwohl die Anzahl der an der Evolution beteiligten Individuen um viele Zehnerpotenzen größer war und ist.

6.8.4 Gefühle und Emotionen

Ein weitgehendes Synonym zu Emotion ist Gefühl. Hierbei schwingt aber im Gegensatz zu Emotion meist etwas positiv Bewertendes mit. In der Literatur wird zuweilen von emotioneller Information gesprochen. Dieser Begriff ist nicht sinnvoll, da etwa gilt:

> *Emotionen sind keine Information, sondern eine biologische Reaktion auf Information. Sie können uns bewußt werden. Das ist dann eine Information über die Emotionen. Es ist nämlich zweierlei, ob man Emotionen erlebt, das sind die eigenen, oder Emotionen beschreibt, das sind allgemeine, abstrakte.*

Die Klassifikation der Emotionen ist nicht weit fortgeschritten. Dies hat vielfältige Gründe, denn u. a. müssen sie die große Vielfalt der Bedürfnisse widerspiegeln und auch der gewaltigen Vielfalt der Individuen Rechnung tragen. Doch drei Teilkomponenten sind bedeutsam:

- *Gerichtetheit* der Emotionen in bezug auf Objekte, z. B. Freude, Lust, Wut und Zorn über etwas. Eine Weiterklassifikation könnte so aussehen:
  - Lust an der Bewegung, z. B. beim Sport.
  - Lust und Freude des Wiedererkennens (Musik und Lernen).
  - intellektuelle Gefühle (Aha-Moment bei neuer Einsicht).
  - ethisch-moralische Gefühle, wie Schuld, Liebe, Achtung und Haß zu jemandem, Güte, Mitgefühl, Charme, Hingabe und Takt.
  - ästhetische Gefühle, z. B. das Erhabene oder Tragische.
  - religiöse Gefühle. Sie sind umstritten.
  - Es gibt auch völlig ungerichtete Gefühle, z. B. die Stimmungen. Sie sind meist weder für den Betroffenen noch der Umwelt verständlich. Ihre Ursachen dringen nicht ins Bewußtsein vor.
- *Intensität.* Sie ist u. a. mittels Pupillenreflex, Hautwiderstand, Herzschlagfrequenz, Blutdruck und EEG explizit meßbar.
  - Die negativen Emotionen entstehen, wenn subjektiv wichtige Bedürfnisse nicht befriedigt werden und auch momentan nicht befriedigbar erscheinen.
  - Auch die positiven Emotionen haben ihren biologischen Sinn. Sie bewirken u. a. aktives Suchen nach unbefriedigten Bedürfnissen und tragen so zur weiteren Evolution des Verhaltens bei.
- *zeitlicher Ablauf.* Er reicht von kurzfristig aufwallend (Affekt) bis zu lang anhaltend (Leidenschaft, Stimmung).

Diese Vielfalt kann noch durch weitere Unterscheidung wie adäquate und inadäquate Emotionen ergänzt werden. Für den Betroffenen ist aber zunächst jede Emotion der Situation entsprechend adäquat, selbst dann, wenn er später unter Berücksichtigung aller Umstände erkennt, daß sie eigentlich inadäquat war. Daher gilt diese Unterscheidung nur für einen Außenstehenden oder zu einem Zeitpunkt, an dem die Emotionen bereits vorbei sind. Weiter besitzen Emotionen eine große Auswirkung auf unser Handeln. Dies steht dann im Zusammenhang mit der Befriedigung und dem Finden von Bedürfnissen. Hierauf wird noch weiter unten eingegangen. Eine Zusammenfassung der wichtigsten Aspekte von Emotionen gibt die folgende Tabelle.

	1. Extrem	2. Extrem
Wirkung	positiv: Lust, Behagen	negativ: Unlust
Intensität	stark	schwach
zeitlich	anhaltend: Leidenschaft, Stimmung	vergänglich: Affekt
Objektbezug	gerichtet: moralische usw.	neutral: Stimmung
Relation	adäquat, angemessen	inadäquat
Handeln	aktiv: fördernd, hemmend	passiv: ohne Einfluß, Erleben

Häufig wird der Wissenschaft Vernunft und Rationalität, der Kunst aber Gefühl zugeordnet. Dies ist falsch, denn die Wissenschaft braucht ebenso Gefühl wie die Kunst Vernunft. Dennoch dürfte in dieser Zuordnung ein Grund dafür zu suchen sein, daß einige Menschen trotz der potentiell extrem großen Vielfalt menschlicher Gefühle nur erstaunlich schablonenhafter Gefühle fähig sind. Prinzipiell kann aber jeder durch Übung und Erfahrung sein Gefühlsleben bereichern. Besonders anschaulich läßt sich das Wirken der Gefühle durch ein Drei-Ebenen-Modell beschreiben.

Die Ebene I entspricht der objektiv zugänglichen Umwelt, auf die sich viele Emotionen beziehen. Die Ebene II betrifft die am Menschen von außen beobachtbaren Erscheinungen der Emotionen, wie Tränen und Freude, Erröten und Erblassen sowie Ausdrucksbewegungen und die o. g. meßbaren Größen, wie Herzschlag und EKG. Zu dieser Ebene gehören auch die durch die Emotionen stimulierten bzw. gebremsten Handlungen. Die Ebene III zeigt ein mögliches inneres Modell und ist bestenfalls durch Selbstbeobachtung oder Generalisierung zu ergründen.

Als Ursprung alles Handelns und Verhaltens werden im Modell Bedürfnisse, Tendenzen, Motive, Bestrebungen usw. angenommen. Aus ihnen leiten sich ein oder mehrere Ziele ab. Sie beeinflussen einerseits das Wollen und bewirken andererseits einen Vergleich mit Gegebenheiten und Möglichkeiten der Umwelt bezüglich dieser Ziele. Der Vergleich ist jedoch keine einfache Differenzbildung, sondern erfolgt in komplex-ganzheitlicher Weise. Das Ergebnis sind die Emotionen. Sie beeinflussen zusammen mit dem Wollen das Handeln. Dabei ist zu beachten, daß ein Ziel auch die Folge von vielen Motiven sein, und ebenso ein Motiv viele Ziele befriedigen kann. Das Ziel ist lediglich ein Entwurf für eine Handlung. Alle Größen ändern sich natürlich in der Zeit. Das hier gezeigte einfache Modell läßt sich weiter detaillieren [VI2] S. 370ff. Dabei ist u. a. ein internes Modell der Welt wichtig. An ihm können gedankliche Handlungen auf ihre Erfolgsaussichten hin erprobt werden. Für die Ursachen der Emotionen seien einige Beispiele aufgeführt:

- Differenz zwischen subjektivem Ziel und objektiven Gegebenheiten.
- Unterschied zwischen den Forderungen aus der Umwelt/Gesellschaft und den eigenen, internen Zielvorstellungen.
- Abweichungen des Verhaltens des inneren Modells gegenüber dem Umweltverhalten. Hier lassen sich vorzüglich die Freudschen Ansätze zum Witz und zur Tragik einordnen [FRE].
- Zieldifferenzen beim gedanklichen Handeln, also auch beim Denken. Solche Emotionen treten verstärkt beim Planen auf (positive bei einer neuen Einsicht; Aha-Moment).
- Bei der subjektiven Identifizierung mit einer handelnden Person sind zwei Fälle zu unterscheiden:
  - Durch Identifizierung oder Hineindenken in Personen können wir 'mitfühlen'.
  - Durch Vergleich zwischen der handelnden Person und unserem wahrscheinlichen Handeln entsteht eine Bewertung der Person.
- Zur Übertragung von Emotionen gibt es verschiedene Auffassungen. Es wird auch in Frage gestellt, ob so etwas überhaupt möglich ist. Bei der Kunst besitzt diese Frage eine besondere Brisanz, z. B. übermittelt oder erzeugt Musik Emotionen?

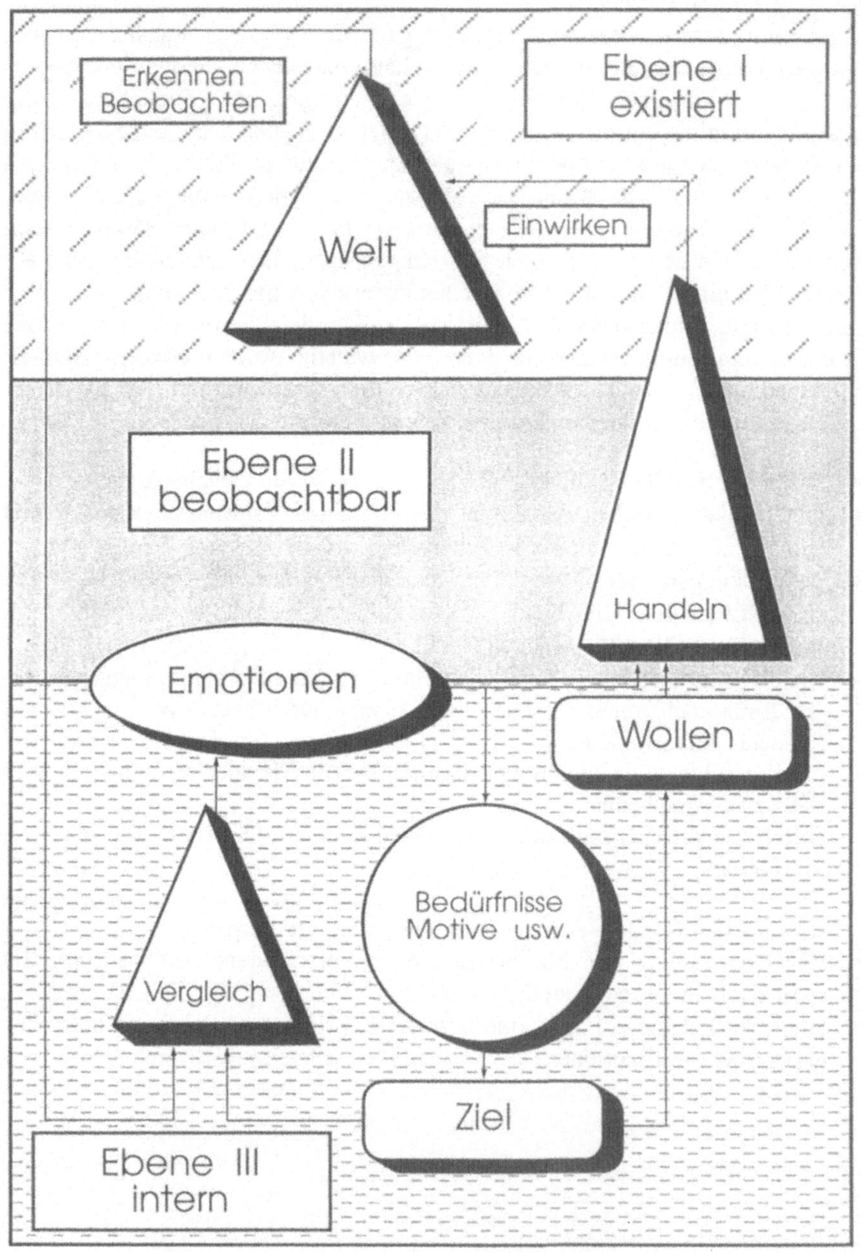
Erkennen
Beobachten
Ebene I
existiert
Welt
Einwirken
Ebene II
beobachtbar
Handeln
Emotionen
Wollen
Vergleich
Bedürfnisse
Motive usw.
Ziel
Ebene III
intern

6.9 Informationsflut, -krise und -schwelle

Bei Untersuchungen zum typischen Verhalten von Wissenschaftlern fand M. Bonitz [BON] zwei Prinzipien:

1. *Holografie-Prinzip:* Wissenschaftler verhalten sich so, daß sie ihre neu gewonnen Erkenntnisse möglichst überallhin verbreiten. Sie wollen etwa zeigen: seht, dies habe *ich* gefunden! Hierzu benutzen sie alle verfügbaren Methoden, wie Publikationen, Vorträge und Preprints. Reziprok dazu bemühen sich alle Wissenschaftler, die relevanten neue Erkenntnisse von überall her zu bekommen.
2. *Geschwindigkeits-Prinzip:* Alle unter 1. genannten Prozesse werden so gestaltet, daß sie mit der maximal möglichen Geschwindigkeit vonstatten gehen.

Beide Prinzipien wurden im Laufe der Geschichte durch die technische Entwicklung immer leistungsfähiger. Die Methoden der Informationsübertragung wurden immer schneller und weitreichender. Die Methoden der Vervielfältigung wurden ständig leistungsfähiger und preiswerter. Ich vermute, daß noch ein drittes Prinzip wirkt:

3. *Hierarchie-Prinzip*: Wissenschaftler bemühen sich, Erkenntnisse möglichst einfach darzustellen. Dies betrifft nicht unbedingt die sprachliche Einfachheit im Sinne von Verständlichkeit oder Lesbarkeit, sondern die Reduzierung des Aufwandes in den Zusammenhängen, also etwa gemäß der Kolmogoroff-Komplexität. Ein extremes Beispiel ist die lange gesuchte und schon erwähnte Weltformel. Aus knappen Anfangs-Aussagen soll sich möglichst viel oder gar alles herleiten lassen. Dies fordert Hierarchie und Rekursion.

Sehr wahrscheinlich sind die drei Prinzipien generell für Information gültig. Das letzte Prinzip ermöglicht dann die Ressourcenfreiheit der Information. Sie wurde bereits im ersten Kapitel behandelt. Die anderen beiden Prinzipien kennzeichnen ganz wesentlich die Tendenz aller neuen Medien, schnellstens über alles zu berichten. Natürlich gibt es auch störende Gegentendenzen. Hier seien nur die wichtigsten aufgezählt:

Bild 17. (links) Schema für das Modell der Emotionen.

- Geheimhaltung,
- Vernichtung von Information (Bücherverbrennungen, Viren),
- Verbote (Index), Tabus,
- Bestrafungen (bis zur Tötung) bei Verwendung von 'unerlaubter' Information,
- bewußt mißverständliche Darstellung,
- gezielte Auslassungen von Fakten,
- Fakten ohne Zusammenhang zitieren,
- Überangebot von Information.

Zuweilen werden diese Methoden auch bewußt zur Erreichung von Zielen mißbraucht. Die Geschichte zeigt aber, daß dadurch nur die Ausbreitung der Information verzögert, aber nicht grundsätzlich verhindert wird. Teilweise steigern sie sogar das Interesse und beschleunigen so indirekt die Verbreitung.

Deutlich andere Gesetze gelten bei der Erzeugung neuer Information. Einige Probleme wurden schon im vorigen Abschnitt im Zusammenhang mit der Kreativität aufgezeigt. Daher existieren zwei widersprüchliche Tendenzen:

- Information ist *äußerst schwierig zu erzeugen*. Hierzu muß nämlich Neues entstehen. Außerdem muß dabei das zugehörige Getragene, also sein Inhalt auf den rein stofflich-energetischen Informationsträger sinnfällig reduziert werden. Daher ist wirklich neue Information so selten.
- Nachdem neue Information entstanden und auf den Träger reduziert ist, kann sie *extrem leicht und beliebig oft vervielfältigt* werden. Die zugehörigen Strukturen des Informationsträgers sind dabei sogar ohne spezielle Kenntnisse durch bloßes (vollautomatisches) technisches Kopieren zu vervielfachen. Daher gilt in der Tendenz:
  Existierende Information kann nicht mehr vernichtet werden.

Die letzte Aussage erweckt leicht Widerspruch. Deshalb sind zusätzliche Erklärungen erforderlich [14]. Im Sinne dieser Tendenz wird die ungeheure Verschwendung bei der Vervielfältigung des Erbmaterials verständlich. Ein Lebewesen trägt in jeder einzelnen der zuweilen Milliarden Zellen die vollständigen Nukleotidsequenzen. Ebenso sind viele Prozesse unserer Gesellschaft so organisiert. Die Vervielfältigung der Medienprodukte und der Bürokratie sind heute geradezu für sie kennzeichnend. Wenn die Vervielfältigung einen solchen Stand erreicht hat, dann gibt es nur zwei Methoden, entstandene Information wieder zu vernichten:

---

[14] Landauer zeigte um 1960, daß aus der Sicht der Thermodynamik nicht das Gewinnen von Information, z. B. durch Messen, sondern gerade das Löschen vorhandener Information Energie kostet. Viele weitere Zusammenhänge hierzu sind enthalten in [BET].

- Unmittelbar nach ihrem Entstehen, noch bevor die Vervielfältigung begonnen hat, muß die neue Information zerstört werden [15].

- Alle Empfangssysteme für die neue Information müssen zerstört werden. Dann gibt es zunächst keine Möglichkeit, die nur vervielfältigten Informationsträger wiederzugeben, d. h. zu interpretieren.

Bei einem hohem Stand der Vervielfältigungstechnik ist die erste Methode praktisch nicht durchführbar. Die zweite Methode ist sowohl sehr brutal als auch wenig zuverlässig. So wurde z. B. noch nie eine politische, religiöse oder wissenschaftliche Idee bzw. Erkenntnis dadurch unwirksam, daß man die entsprechenden Menschen physisch vernichtete. Genau genommen müßte man dann nämlich schon die gesamte Menschheit (und sich selbst) umbringen. Aber selbst dann bestände immer noch die Möglichkeit, daß diese Information später von anderen (vielleicht Außerirdischen) dechiffriert wird. Das setzt natürlich einige Kenntnisse über die im Kontext der Information verwendeten Sende- und Empfangssysteme voraus. Aber auch dann, wenn man über die Systeme so gut wie nichts mehr weiß, kann durch systematische Forschung meist ermittelt werden, in welchem Kontext die gespeicherte Information einen Sinn ergibt. Die Archäologie, Geschichtsforschung und Kriminalistik liefert hierfür vielfältige Beispiele. Auch die Entzifferung von nicht mehr bekannten Schriften wäre zu nennen [16].

Natürlich gibt es Beispiele, welche die These der nicht mehr zu vernichtenden Information in Frage stellen. Zu ihnen zählt die neuronale Information. Jede individuell erworbene Information geht scheinbar mit dem Tod verloren. Andererseits wird aber bereits vieles davon auf traditionelle Weise im Kulturkreis weitergegeben (vgl. kollektive Information und morphische Felder). Offensichtlich verfolgt das Leben hiermit einen bestimmten Zweck. Jedes neue Gehirn ist zunächst so gut wie leer und kann lernen. So wird nicht jede, sondern nur 'nützliche' Information weitergegeben. Die Natur schützt sich so vor zuviel und vor schädlicher Information. Verallgemeinert wird hierauf noch weiter unten eingegangen. Doch hier geht es um den Erhalt der Information. Auf die Konsequenzen eines großen Informationsverlustes weist Arntz [ARN] hin:

---

[15] Hier ein interessantes Beispiel: 1963 erscheint in der Zeitung "National Enquirer" ein Photo des zusammengenähten Lee Oswald. Er gilt als der mutmaßliche Mörder von J. F. Kennedy. Die gesamte Auflage wird verbrannt, jedoch ein Exemplar wird zuvor gestohlen. Es ist im Besitz des belgischen Sammlers George Blommaert.

[16] Ein typisches Beispiel ist der Stein von Rosette. Rosette ist ein Ort am unteren Nil. Dieser Stein wurde 1799 von Boussard gefunden und befindet sich jetzt im Britischen Museum zu London. Er enthält gleiche Teile in Hieroglyphen, demotisch und griechisch. J. F. Champollion konnte dadurch die Hieroglyphen entziffern. Die erste Veröffentlichung dazu erfolgte 1822 und gilt als Beginn der Ägyptologie.

"Information war immer eine Kostbarkeit, spärlich rieselndes und schwer zu beschaffendes Material ... Sie war es umsomehr, weil der geistige Besitz, in Manuskripten festgehalten, immer wieder zerstört wurde. Der Brand der Alexandrinischen Bibliothek im Jahr 47 v. Chr. vernichtete nicht 700 000 Buchrollen, sondern er ließ den Sternstunden des griechischen Geistes das Mittelalter folgen, das darum so dunkel war, weil es auf vielen Gebieten des Erkennens mühsamen Neubeginn setzen mußte."

Diese Aussage ist gewiß bewußt etwas überzogen und es kommt hinzu, daß damals eben noch nicht die Möglichkeiten der Vervielfältigung von Dokumenten vorhanden waren. Umgekehrt wird seit vielen Jahren von der nicht mehr zu bewältigenden Informationsflut [17] gesprochen. Ein 'Übermaß' an neuen Ergebnissen wird u. a. als eine der wesentlichen Ursachen genannt. Experimentelle Untersuchungen beweisen, daß viele Wissenschaftler nicht mehr die für ihr Gebiet wichtigen neuen Informationen ausreichend gut kennen. Da Ergebnisse vielfach in mehreren Zeitschriften parallel publiziert werden, ist es schwierig, die Spreu vom Weizen zu trennen. Selbst eine Literaturrecherche kann so heute schon teurer und aufwendiger werden, als die erneute Erforschung der gewünschten Ergebnisse. Es bestehen berechtigte Zweifel, daß die neuen elektronischen Möglichkeiten die Informationsflut bewältigen werden. Gewiß existieren solche Probleme. Dennoch ist es wichtig zu wissen, daß sich Wissenschaftler – und vielleicht nicht nur sie – schon weitaus früher durch die Informationsmenge überfordert fühlten. Hierauf geht u. a. Kieslich [KIE] genauer ein. Die erste bekannte Informationskrise trat bereits im 17. Jahrhundert ein. Damals funktionierten nicht mehr die Methoden der Gelehrtenrepublik im Sinne des persönlich-privaten Austausches von Gedanken. Als Lösung entstand die Fachzeitschrift.

Diese und weitere Argumente machen es notwendig, die obige prägnante Aussage etwas zu relativieren: *Vorhandene Information kann nicht verloren gehen*,

- gilt nur in der Tendenz,
- hängt von der Zeit bzw. vom Stand der Vervielfältigungs- und Übertragungstechnik für Information ab,
- kann in seltenen Fällen bewußt, aber nur mit hohem Aufwand unterlaufen werden.

---

[17] Auffällig ist eine gewisse Ähnlichkeit der seit 1968 offiziell vorhandenen Software-Krise, siehe dazu u.a. [BAU]. Typische Fakten sind u. a.:

- Software ist nicht ausreichend zuverlässig. Die dadurch bedingten schädlichen Wirkungen werden ständig größer und können schließlich selbst für die Menschheit gefährlich werden.
- Für Software gibt es keine Garantie.
- Die Herstellung von Software erfolgt fast nie planmäßig.
- Bezüglich des (kriminellen) Mißbrauchs von Software existiert so gut wie kein Rechtsbewußtsein.

Natürlich ist – wie schon oben erwähnt – nicht jede neue Information für den Fortschritt der Menschheit geeignet. Leider gibt es auch viel negativ verwendbare Information, z. B. unmoralische und zerstörerische. Ihr sollte eigentlich Einhalt geboten werden. Zunächst ist es aber schwer zu entscheiden, was progressiv und was destruktiv ist. Dies erfordert immer ein übergeordnetes Bewertungssystem. Darüber hinaus zeigt die Geschichte, daß es nahezu unmöglich ist, negative Entwicklungen völlig zu unterbinden. Offensichtlich bleibt daher nur der Weg der Ächtung durch einen öffentlichen Dialog und durch breite Aufklärung. Die Mehrzahl der Menschen sollte 'negatives' Verhalten öffentlich und mit Engagement mißbilligen. Der Weg hierhin ist offensichtlich sehr schwierig.   Führt man aber die obigen Gedanken konsequent weiter, so läßt sich eine *Informationsschwelle* definieren:

- Sie existiert getrennt für jeden mehr oder weniger abgschlossenen, abgegrenzten Kultur-, Religions- oder sonstigen Bereich, z. T. auch für einen Staat.
- Sie wird zu jenem Zeitpunkt erreicht, wo jeder interessierte Bürger die Möglichkeit besitzt, auf alle für ihn wesentlichen Informationen zuzugreifen. Hierbei ist es unwesentlich, ob das offiziell oder illegal erfolgt.
- Sie hängt ganz wesentlich von den technischen Möglichkeiten der Übertragung, Speicherung und Vervielfältigung von Informationen ab.

Mit dem Erreichen der Informationsschwelle entsteht eine deutliche Tendenz (zunächst jedoch ohne zwingende Notwendigkeit) zur Demokratisierung und Liberalisierung. Diktaturen jeglicher Art verlieren dadurch deutlich an Macht [18]. Meist empfinden ja Künstler solche Entwicklungen viel deutlicher als Wissenschaftler. Wie schreibt z. B. A. Kim [KIM]: "Auf der Erde, wo die Gewalt noch volle Macht hat, lebt der Mörder nach wie vor länger als der Ermordete – und doch wird eine andere Welt kommen, in der niemand mehr imstande sein wird zu töten."

---

[18] Einige typische Beispiele können diese Entwicklung belegen. So wurden die verbotenen Chomenie-Reden illegal über Tonbandkassetten verbreitet. Der Kennedy-Mord von 1963 führt noch in der damaligen Warren-Kommission zum Ergebnis: Kein Komplott. Dennoch bleiben die Akten auch nach dem Film "JFK" und erneuter Überprüfung 1977 weiterhin geheim. Aber bereits am 9. August 1974 muß der USA-Präsident Nixon wegen der Watergate-Affäre zurücktreten. Chruschtschow gelingt es nicht, eine hinreichende Öffentlichkeit für humanere Ziele zu erreichen. Auch die Ideen von Gorbatschow setzen sich in Rußland nur sehr zögerlich durch. Aber beginnend in der DDR bricht 1989 das sozialistische Lager zusammen.

7 Im Reiche des Noitam Rofni [1]

7.1 Ganz zu Anfang
Beschreibungen der Welt

Unruhig liegt im schummrigen Zimmer der kleine Reiguen in seinem Bettchen. Nein, schlafen mag er heute noch nicht. Der Tag war viel zu kunterbunt und aufregend. Vieles geht ihm durch den Kopf.

Haben sich doch heute wieder seine etwas älteren Freunde Ebualg und Nessiw heftig gestritten. Nur mit Mühe konnte er verhindern, daß sie aufeinander einschlugen. Trotzdem ist immer sehr spannend zu hören, wie verschieden ihre Meinungen sein können. Wahrscheinlich liebt Reiguen beide gerade deshalb so sehr. Und wie schön ist es dann, darüber nachzudenken. Aber warum müssen sie so verbissen und dickköpfig miteinander streiten oder gar mit einer Schlägerei ihr Recht erkämpfen wollen - nein, das versteht er nun wirklich nicht.

Doch auch bei den Erwachsenen erlebt er ab und zu ähnliches, und hier begreift er es noch weniger. Warum die sich manchmal anschreien, beschimpfen, belügen oder bedrohen, das ist doch merkwürdig.

Bei seinen Eltern geht es doch anders! Zwar haben manchmal auch sie verschiedene Ansichten, aber Streit - nein, den hat er bisher bei ihnen nicht erlebt. Oder - verbergen sie ihn etwa? Beide sind ja klug und lieb - vielleicht streiten sie aber, wenn er schläft?! Genau wissen möcht er's schon. Wie oft reden sie über Ungerechtigkeit, Machtkampf und, und, und ... sonderbare Worte gibt es da! Meist sagen sie zuletzt, daß der Krieg das Schlimmste von allem sei.

Heute ist dann auch noch seine Uroma Noitome zu Besuch gekommen. Was waren das nur für amüsante Geschichten, die sie da am Abendtisch erzählte. Ja, als sie noch ein Kind war... Eigenartig muß da die Welt gewesen sein und noch sonderbarer die Menschen. Vieles klang so, wie im Märchenbuch: wunderschön und unwirklich. Ob sie wohl ein wenig schwindelt? Doch ihr zuzuhören war spannend und aufregend!

---

[1] Dieses kleine Märchen versucht den Inhalt des sachlichen Teils ins Märchenhafte zu übertragen. Die Numerierung der Abschnitte entspricht dabei den Kapiteln des Sachteils. Lediglich der letzte Abschnitt ist hier als Abschluß angefügt. Die seltsamen Namen sind rückwärts zu lesen und geben dann einen Sinnbezug. Ursprünglich waren die einzelnen Abschnitte des Märchens den fachlichen Kapiteln vorangestellt, und der letzte Abschnitt bildete das Ende.

Nun scheint der Mond ins Zimmer. Wie lustig seine Nase aussieht! Ob der kleine Häwelmann wirklich mit seinem Bett dort hinauf gefahren ist? Überaus aufregend muß das gewesen sein. Doch davon wird er seinen Freunden nichts erzählen. Die glauben doch nicht mehr an Märchen! Nessiw will dahin nur in einer Rakete fliegen. Ebualg sehnt sich mehr nach einer heilen Welt und meint, diese modernen Techniken zerstören nur unsere schöne Erde. Ist denn nicht beides möglich?

Da kommt ihm eine Idee: An den fliegenden Teppich müßte er eine Rakete montieren.

Da war doch auch der Lügenbaron ... wie kam der denn bloß auf den Mond? Verwunderlich waren - und nun gähnt unser Reiguen - seine Erlebnisse gewiß. Warum muß überhaupt alles so wie auf der Erde sein? Ihm fallen die Augen zu.

In diesem Moment schleicht Noitome ins Zimmer. Sie möchte ihren Urenkel doch zu gerne schlafend sehen. Leise tritt sie an sein Bett und schaut ihn liebevoll lange und andächtig an. Dann beugt sie sich nieder, um ihn näher zu sehen. Dabei verdunkelt sie den Mond. Darüber erwacht Reiguen und erschaut mit seinen schlaftrunkenen Augen etwas Unerwartetes: Die Uroma und der Mond sind eins. "Noisulli!" mühsam hebt er seine Arme zu ihr ... "ach, wie bist du denn nur zum Mond gekommen?" "Aber Liebling, das hast du doch nur geträumt" und zärtlich umarmt sie ihn. "Erzähl' mir doch bitte ein schönes Märchen". Sie holt einen Stuhl ans Bett und beginnt:

Einst lebten im Reiche des Noitam Rofni die Neginie glücklich und ohne jeglichen Streit. Es gab ihrer fünf Gruppen. Wir würden sie wohl Beamte, Pastoren, Wissenschaftler, Künstler und Arbeiter nennen. Jede Gruppe hatte ihre Aufgaben und auch ihren eigenen Stolz. Dennoch hatten sie nur eine einzige und ganz einheitliche Sprache. Doch in jedem Lager hatte jedes Wort seinen eigenen Sinn. Das mußt du dir etwa so vorstellen: Unser Wort "Macht" oder "mächtig sein" bedeutete bei den Beamten, daß jemand besonders gut die Fähigkeit besaß, richtige Anweisungen zu schaffen. Bei einem Pastor war es entscheidend, wie gut er anderen half, mit Schwierigkeiten umzugehen. Die Wissenschaftler und Künstler wurden dazu bewertet, wie brauchbar ihre Schöpfungen für alle Neginie waren. Und Du wirst es Dir schon denken, was Macht für die Arbeiter hieß: sie mußten redlich und ordentlich tätig sein.

In der Sprache der Neginie würden sich also meine beiden Freunde, Ebualg und Nessiw nie mehr streiten?

Leider ist diese Sprache nicht mehr bekannt. Sie ging verloren. Aber ich glaube auch nicht, daß deine Freunde dadurch ihren Streit begraben hätten, denn die Sprache allein machte nicht das Glück der Neginie. Die Arbeiter, die Pfarrer und auch die anderen hatten verschiedene Ohren. Nein, die sahen nicht anders aus, aber sie funktionierten nur verschiedenartig. Was der Künstler als Musik hörte, vernahm der Pfarrer als Botschaft Gottes und der Wissenschaftler als Formel.

Und bei Bildern war das auch so?

Ja, ganz gewiß. Was für den Arbeiter Konstruktionszeichnungen zum richtigen Arbeiten waren, sahen die Künstler als schöne Bilder und die Wissenschaftler vielleicht als chemische Formeln.

Also funktionierten auch die Augen verschieden?

Aber gewiß!

Und mit den Mündern und Händen war es auch so?

Nein, das war nicht nötig. Denn was jemand sagte, schrieb oder zeichnete, das verstand ja jeder auf seine, ihm eigene Weise, eben durch seine Augen und Ohren.

Dann gab es also für den Wissenschaftler oder Beamten gar keine Kunstwerke?

Ja, so muß es wohl gewesen sein. Kunst kannte nur der Künstler. Die anderen sahen und hörten dabei anderes, nämlich das, was für sie wichtig war. Ein Theaterstück war für den Wissenschaftler eben ein Fachvortrag und für den Pfarrer eine heilige Handlung, vielleicht eine Prozession oder ein Krippenspiel. Aber dies sind ja eigentlich nur unsere Worte dafür. Für die Neginie war es wirklich so. Dadurch hatten sie niemals Streit und waren immer glücklich! Doch du gähnst ja schon - mußt bestimmt sehr müde sein ... und schau, der Mond lächelt Dir zu, damit Du genauso friedlich wie ein Neginie schläfst. Also, Gute Nacht und träum was Schönes.

Und wirklich, da war der kleine Reiguen schon fest eingeschlafen.

7.2 Der Traum vom Redoc

Zur Bedeutung der Codes

Stockfinster ist es. Nichts kann man sehen. Pfeifen und Surren liegt in der Luft. Klingt nicht angenehm, eher beunruhigend und bedrückend. Auch unbestimmt modrig riecht es. Nein, behaglich ist es hier nicht.

Ganz leise und von fern hört man ein Geräusch. Es klingt krächzend wie eine Roboterstimme, aber völlig unverständlich. Dann kommt etwas Schattenhaftes näher und deutlich ruft es: "Nelhaz! Nelhaz! wo seid ihr?" Die Stimme bewegt sich - immer noch nicht ist etwas zu erkennen - im Raum hin und her. Wie suchend und flehend klingt es: "Ohne Euch komme ich nicht weiter! Bitte beeilt euch".

Leise beginnt nun rechts hinten ein Bimmeln, fast wie Singen. Dann tauchen dort kleine leuchtende Punkte, etwa Sternen gleich, auf. Sie kommen näher und näher und werden heller und heller. Es werden immer mehr. Das Bimmeln geht in einen schönen melodischen Klang über. Die Sterne besitzen ja unterschiedliche Farben! Es werden immer mehr prächtig leuchtende Punkte.

Mit der Lichterfülle wird langsam ein riesengroßer Raum erkennbar. Links, dort wo zuletzt der Roboter schnarrte, steht etwas Rötliches, Unregelmäßiges. Sieht aus wie eine riesengroße Kartoffel. Ja - jetzt sieht man es deutlich - es ist eine pinkfarbene Riesenkartoffel mit einem grünen und darunter einem roten Fleck. Vielleicht ist das ein Auge und ein Mund?!

Auch die farbig leuchtenden Punkte nehmen bedächtig Gestalt an. Sehen fast wie Leuchtkäferchen aus, kriechen aber eher wie Raupen, haben wie Tausendfüßler viele Beine, unten an ihrem kugeligen, metallisch blitzenden Körper. Ihr großer Kopf gleicht fast einem Würfel. Er sitzt schräg auf und hat weder Augen noch Ohren oder Nase. Dazu ist er ganz durchsichtig und von innen her leuchtet es. Aber es sind ja nicht Punkte, es sind Zahlen, die das farbige Licht ausstrahlen. Ja ganz deutlich: dort eine gelbe 129, hier eine rote 13, links eine blaue 245 und, und ... und.

Sie kriechen gemächlich zur Kartoffel. Mitten um ihrem Körper liegt eine Schärpe und darauf ist zu lesen: "Redoc". Was das wohl bedeutet? Nun legt sich die Kartoffel auf die Seite und schon kriechen die ersten Käferchen in das grüne Loch. Eins nach dem anderem verschwindet. Aber da kommt etwas Angenehmes aus dem roten Loch heraus. Es ist eine wunderschöne Rose. Ihr folgt ein farbenprächtiger Luftballon. Dann ein herrlicher Baum. Der Raum wird so zu einer hinreißenden Landschaft. Immer mehr Käfer kriechen in die Kartoffel, und immer wieder entläßt sie die erfreulichen Gebilde. Schon tummeln sich schöne Schmetterlinge auf hübschen Blüten. Daneben rieselt ein heller Bach durch die duftende Wiese. Zauberhafte Wölkchen stehen am Himmel. Hier möchte man immerzu träumend liegen.

Zärtlich mit einem Küßchen weckt Noitome unseren Reiguen: "Das Frühstück wartet schon auf dich, mein kleiner Langschläfer". Langsam kehrt er in die Wirklichkeit zurück und noch ganz aufgeregt plappert er zur Uroma von seinem Traum. "Noisulli, können die Schmetterlinge, die Blumen, der Bach und die Wolken auch wieder Zahlenkäfer werden? Und verstecken die sich dann wieder im Dunkeln?" "Nein, mein kleiner Spatz, es soll immer so schön bleiben!"

7.3 Der Turmbau zu Babel

Messen

Vor etwa einer Stunde kann es gewesen sein, als sie lärmend ins Kinderzimmer polterten. Spielen wollten sie, doch jeder etwas anderes. Nach vielen Erklärungen und Anschuldigungen einigten sie sich schließlich auf den Baukasten. Doch bald brach erneut Streit aus. Einer wollte ein Auto, der andere ein Haus und der dritte eine Rakete bauen. Gemeinsam war da nichts mehr möglich. So teilten sie ganz pingelig die Klötzchen. Jeder bekam gleich viele und auch von gleichem Aussehen. Sie wurden sich sogar einig, daß jeder seinen Lieblingsturm bauen sollte. Es mußte ein Wettstreit werden und jeder wollte natürlich Sieger sein. Doch wie sollte der Sieger bestimmt werden? Wer zuerst mit seinem Turm fertig war, wessen Turm die größte Höhe erreichte oder wer alle Klötzchen verwendet hatte? Schließlich kamen sie darin überein: Wir bauen einfach drauf los und Uroma Noitome soll dann entscheiden.

Reiguen probiert seitdem, die Klötzchen einfach hochkant übereinander zu stellen. Immer wieder fällt sein Turm um. Doch geduldig macht er weiter. Er hat sein eigentliches Ziel schon vergessen. Er will nur noch wissen, wieviel Klötzchen stabil übereinander stehen.

Nessiw geht da systematischer vor. Er hat unten vier Klötzchen flach angeordnet. Darüber sind wieder vier, aber leicht verdreht und ein wenig dichter. Sein Turm verengt sich nach oben und ist ganz stabil. Nur noch wenige Klötzchen besitzt er zum Fortsetzen. Er merkt, sein Turm bleibt recht niedrig. Daher überlegt er, was zu ändern ist.

Ebualg wollte von Anfang an einen schönen Turm bauen, mit runden Bögen, vielen Nebentürmchen und bizarren Verzierungen. Aber mit den eckigen Klötzchen hat er ständig Mühe, seinen Vorstellungen auch nur nahe zu kommen. Immer wieder ändert er etwas. Dennoch, sein Turm ist jetzt am höchsten.

Verwundert über die unheimliche Stille betritt leise Noitome das Zimmer und sieht erstaunt, wie alle drei intensiv mit dem Bauen beschäftigt sind. Keiner merkt es daher. Ein wenig überrascht betrachtet sie das Geschehen. Natürlich gefällt ihr der geschmückte Turm von Ebualg gleich am besten. Aber das wird sie nicht sagen.

Sieben Klötzchen hat Reiguen gerade übereinander stehen. Ziemlich wackelig ist dieser Turm. Ganz vorsichtig versucht er, ein achtes Klötzchen obenauf zu stellen. Ob das wohl gut geht? Gespannt schaut sie zu. Ein schwankender Strohhalm im Winde, denkt sie, und schon poltert alles zusammen. Sie meint, ihn trösten zu müssen: "Dein Fernsehturm war ja ganz mächtig hoch und wie wunderschön er im Winde geschaukelt hat. Aber vielleicht baust du ihn unten einmal etwas kräftiger". Schon beginnt sie mit drei Klötzchen ein Dreieck zu legen. "Aber nein, liebe Noisulli, ich probiere doch, wieviele Klötzchen übereinander stehen können. Eben waren es doch nur sieben, vorhin hatte ich schon acht und ich möchte so gern zehn schaffen. Dann ist das ein richtig hoher Turm mit ganz wenigen Klötzchen". "Ja, dann wirst du eben noch fleißig weiter probieren müssen! Das scheint mir eine recht schwierige Aufgabe zu sein."

Dann geht sie zu Nessiw: "Dein Turm übersteht ja alle Erdbeben und Kriege. Der ist ja gewaltig fest gebaut!" "Nein, er soll noch viel höher sein und doch nicht umkippen, aber meine Klötzchen reichen nicht weiter. ... Oh! ja! jetzt weiß ich, wie's besser geht. Ich fang gleich noch einmal von vorne an", und schon reißt er seine Schöpfung ein.

"Ihr seid mir ja tüchtige Helden!" sagte sie leise, fast nur zu sich selbst und wendet sich an Ebualg: "Aber du bist doch mit deinem Turm zufrieden!? Er ist so großartig verziert.". Doch er läßt den Kopf hängen: "Na, ja ... aber es sollte so aussehen, wie in den Märchen und Gespenstergeschichten. Doch die Klötzchen sind ja alle eckig!"

Schließlich fragt sie alle drei: "Vielleicht versucht ihr es einmal gemeinsam?" Ganz aufgeregt antwortet Reiguen: "Das wollten wir ja zuerst auch. Doch jeder hatte dann einen anderen Wunsch. Nur deshalb haben wir die Bausteine geteilt und um die Wette gebaut. Du solltest entscheiden, wer den ersten Preis bekommt". "Aber wie soll das gehen, wo noch keiner von euch fertig ist und jeder einen anderen interessanten Turm bauen wollte? Ich glaube, jeder hat sich doch redlich bemüht und daher auch einen Preis verdient. Doch nun gibt es Mittagessen. Na kommt schon. Nachher erzähle ich euch die Geschichte vom Turmbau zu Babel."

7.4 Wie man aus einer Mücke einen Elefanten macht

(Angewandte Strukturen)

Heute ist Geburtstag. Reiguen wird wieder ein Jahr älter. Auf dem festlich geschmückten Tisch befinden sich Blumen, brennende Kerzen, Naschereien und viele Geschenke. Alle stehen erwartungsvoll herum und erwarten ihn. Sie wollen miterleben, wie er staunt und sich freut, und sind gespannt, worüber er sich wohl am meisten freuen wird.

Jetzt kommt er herein, blickt neugierig in die Runde und danach hinüber zum Tisch, bemüht sich, alles zu überblicken. Deutlich spürt man, er ist äußerst neugierig, ein wenig aufgeregt, aber noch zurückhaltend. Er hat es sich vorgenommen, niemand zu enttäuschen, und über alles will er seine Freude zeigen. Doch noch zögert er. Schließlich beginnt er mit den vorn liegenden Geschenken. Eins nach dem anderem nimmt er bedächtig vom Tisch und betrachtet es eingehend. Dann drückt er überlegt seine Freude aus und sagt, was er damit machen wird. Mit etwas unbeholfenen Worten bedankt er sich dann beim Spender.

Deutlich spürbar umgeht er ein Geschenk in der Mitte des Tisches. Offensichtlich will er es sich bis zuletzt aufheben. Nun ist nur noch diese eine große Schachtel vorhanden. Er zögert erneut. Weiß er etwa, was darin verpackt wurde? Er wußte es von Anfang an, dies kann nur von seiner Uroma Noitome sein! Und sie hat schon immer für ihn die schönsten Geschenke gefunden. Außerdem liebt er sie besonders. Daher sagt sie ermunternd: "Du hast wohl kein Verlangen, das Päckchen zu öffnen?" Nun kann er seine zurückgehaltene Neugier nicht mehr zügeln. Erregt nimmt er das Paket und hat Mühe, es ordentlich auszupacken. So groß ist sein Eifer. Doch was kommt da zu Tage?! Ein schlichter, schwarzer, viereckiger Kasten. Vorn hat er zwei sonderbare Öffnungen, etwa Augen gleich und oben ist er dazu noch offen. Deutlich sieht es jeder, er ist völlig leer. Doch an der einen Seite befinden sich noch ein paar Tasten. Ist das wirklich alles!? Reiguen's Gesicht verrät Enttäuschung und Unsicherheit. Die Uroma aber lächelt nachsichtig und überlegen. Genau das hatte sie erwartet. Wohlüberlegt hatte sie niemand verraten, was sie da gekauft - nein eigentlich organisiert - hatte. So teilen auch die anderen Reiguen's Betroffenheit.

Eine ganze Weile untersucht Reiguen noch gründlich den Kasten, ohne etwas Besonderes zu finden. Er bedankt sich schließlich mehr höflich als erfreut bei seiner Uroma. Es fällt ihm nicht ganz leicht, weiß er doch überhaupt nicht zu sagen, was er mit dem Kasten machen soll. Verschmitzt sagt daher Noitome: "Na, und das Poksodielak nimmst Du nun immer ganz brav mit ins Bett!?" Jetzt kann er seine Unsicherheit nicht mehr verbergen: "Ja, ganz bestimmt, aber was mache ich dort damit? - Oder - bin ich etwa unartig gewesen?" "Ach Du mein Süßer, probieren wir es doch gleich einmal aus. Hier sind zwei Bogen Papier und ein Bleistift. Auf ein Blatt malst Du eine Mücke und auf das andere einen Elefanten." Trotz aller Aufregung bemüht er sich sehr, sein Bestes zu geben. Auch alle anderen wissen nicht, was damit geschehen soll. Aber schließlich hat er beide Tiere deutlich zu Papier gebracht. Noitome nimmt die Blätter, hält die Mücke vor das linke und den Elefanten vor das rechte Auge des Poksodielak und betätigt dann eine Taste. Daraufhin wird es in dem Kasten richtig lebendig. Zuerst beginnt die Mücke zu fliegen, setzt sich dann auf einen Grashalm und verliert zwei Beine, hat also nur noch vier. Ihr Körper wird dicker und dicker. Die Flügel werden zu Ohren. Nur der Schwanz wird dünner. Jetzt ändert sich gar der Rüssel, und schon spaziert munter ein Elefant im Urwald umher. Reiguen ist begeistert und jubelt laut, natürlich auch alle anderen, nur die Erwachsenen verhaltener. "So macht man also aus einer Mücke einen Elefanten!" klingt es in der Geburtstagsrunde. Das ist ja wirklich toll! Dann sprudeln auch schon die tollsten Ideen hervor. Man sollte, ja man könnte, oh je, was man alles versuchen müßte. Doch schließlich gehört das Poksodielak ja Reiguen. Er ist jetzt der Zauberlehrling und wird bestimmt ein Meister des Kastens. Nun bedankt er sich freudig erregt bei seiner Uroma. Das hätte er fast vor Freude vergessen: "Liebe Noisulli, das ist das schönste Geschenk!" Da beißt er sich auf die Zunge, er wollte ja niemand kränken. Gütig sagt schnell sein Vater wie zu seiner Entschuldigung: "Du hast recht Reiguen, so etwas haben wir alle noch nicht gesehen. Noitome, wo hast Du das nur wieder aufgetrieben? Zu gerne möchte ich das wissen. Aber so etwas behälst Du ja immer für dich. Ja, ja, Du kennst eben so viele Rerebuaz. Also, lassen wir Dir das kleine Geheimnis."

Bereits eine Woche später hat Reiguen mit dem Poksodielak vieles erlebt. Einmal wurde aus einem Ei ein Vogel, dann aus einer Kastanie ein Baum, aus einem Roller ein Auto und, und ... . Er hat den Augen des Poksodielak nicht nur Zeichnungen, sondern auch Bilder aus Büchern hingehalten. Immer hat es großartig funktioniert. Einmal hat er sogar links seine Hand und rechts seinen Fuß dem Poksodielak gezeigt. Doch das war nicht sonderlich interessant. Besser war es immer, Dinge zu wählen, die absolut nicht zusammenpassen wollen. Doch stets war das Spiel neu und spannend. So ganz kann er auch jetzt nicht voraussehen, was wirklich geschehen wird.

Aber jetzt hat er eine verwegene Idee. Was geschieht wohl, wenn er das Poksodielak vor einen Spiegel so stellt, daß das linke und rechte Auge sich sehen? Schon hat er einen großen Spiegel herbeigeholt und baut alles ordentlich auf. Nun drückt er voller

Erwartung die Taste. Doch es geschieht rein gar nichts. Zum Glück hat er ja Freude am Probieren. Also stellt er den Spiegel unterschiedlich auf und bewegt ihn sogar. Was er auch tut, nichts scheint zu geschehen. Geduldig probiert und probiert er stundenlang. Fast will er es schließlich aufgeben. Da sieht er plötzlich unheimliche Wolken im Poksodielak. Sie bewegen sich ganz schrullig, gehen in Schaumkronen über, die einer Wasserwelle am Strand gleichen, dann verändern sie sich zu eigentümlich drehenden Spiralen, und schließlich entstehen wildfremde Pflanzen. Er denkt: Bilder wie von einem anderen Planeten. Da ist auch schon wieder alles vorbei.

Nun beginnt erst die richtige Freude am Probieren. Schließlich muß unser Reiguen ja herausbekommen, wie es zu dem völlig neuen Geschehen kam. Damit ist er mehrere Tage beschäftigt. Schließlich ist es ja seit langem das erste Mal, daß sich sein Poksodielak völlig unerwartet verhält. Was er auch anstellt, mit dem Spiegel funktioniert es nur manchmal und dann ganz unerwartet. Jedesmal erscheint dafür auch etwas äußerst Außergewöhnliches. Natürlich hat er die Ursache schließlich doch ergründet. Beim Auslösen muß außer den Spiegeln noch etwas anderes vor ein Auge des Poksodielak kommen. Mal war es seine Halskette, mal sein Finger usw. Ja und nun macht das Spielen mit dem Poksodielak wieder so richtig große Freude. Gewiß wird er noch viel Neues finden.

7.5. Wo es uns so hinredet

Automaten und Algorithmen [2]

Hi! hallo! Regrübtlew! Hier ist Reiguen, 035 478. Hast du Zeit für einen Plausch?

Du hast Glück. Ich heiße Sukinhcet, 556 687 und warte gerade auf die Reparatur meiner Seele.

Wie das! Kann man denn Seelen reparieren?

Wieso nicht? Wundert dich das! Gestern habe ich einen großen Retupmoc installiert. Dabei habe ich nur einen Moment lang nicht richtig aufgepaßt und bums - kannste was, haste was, eh ich mich versah - war es schon geschehen. Ich verletzte mich an einem Yppolf, und so kam diese verdammte zyklische Enituor über meinen Geist. Seitdem träume ich nur noch von Nesiema. So etwas kennst du doch gewiß auch, so ein elender Ohrwurm läßt einen dann nicht mehr los.

---

[2] Raten Sie mal im Sinne des Turingtests, ob Sukinhcet roboterhaft oder menschlich ist. Turing hat diesen Test 1940 etwa so vorgestellt. Ein Mensch A sitzt vor einer Tastatur und einem Bildschirm. Er ist damit in ein anderes Zimmer verbunden, in das er keinen Einblick hat. Dort kann abwechselnd ein Computer und ein Mensch B sein Partner sein. Nur auf Grund des Dialoges soll A nun entscheiden, ob er mit dem Computer oder dem Menschen B verbunden ist. Wenn diese Entscheidung nicht zu treffen ist, dann soll der Computer die Intelligenz eines Menschen besitzen. Doch wie ist es bei Außerirdischen?

Ja gewiß, aber ein Ohrwurm ist doch eine Melodie. Da muß man eben etwas anderes singen. Dann ist es schnell vorbei. Aber von einem Yppolf? Und dann reparieren! Und was hat das mit deiner Seele zu tun?

Ist doch ganz einfach. Ich sitze jetzt hier im Krankenhaus, werde bald eine Narkose bekommen, dann werden die infizierten Zellen herausgeschnitten und durch neue ersetzt. Ein wenig lernen und alles ist wieder gut. Aber was machst du denn heute, Reiguen?

Ich bin in der Schule und lerne die Weltsprache Eins. Es ist doch wirklich wunderbar, wenn man sich überall gut verständigen kann. Da habe ich mein Audioteleskop auf die Position 3456, 2391, 2345 eingestellt und so fand ich dich. Ich bin richtig froh, von dir soviel Neues und Interessantes zu hören. Aber hast Du denn keine Angst vor der Narkose?

Ach weißt Du, die Narkose ist nicht schlimm, aber hoffentlich machen die keinen Fehler bei der Operation und schneiden dann zu viel raus oder setzen falsche Zellen ein. Ich hatte einen Kumpel, der konnte nachher nicht mehr richtig sprechen, der stotterte nur. Das war richtig unangenehm.

Warum bist du aber auch allein hier? Es wäre doch gewiß schön, wenn dich ein Freund zur Operation begleiten würde.

Ich bin seit langer Zeit ein Single und habe mich auch viel zu sehr daran gewöhnt.

Also sollten wir vielleicht gemeinsam ein schönes Lied singen. Dann ist der Ohrwurm weg und die Operation wird überflüssig. Wie wäre es mit "Ein Mops lief in die Küche und stahl dem Koch ein Ei"?

Bitte nein, ich mag Singen nicht, davon wird meine Seele immer so traurig und das ist noch schlimmer als ein Ohrwurm.

Das ist doch aber ein richtig lustiges Lied. Doch wenn Du nicht magst, OK. Wie wär's denn mit einem Witz?

Gute Idee! Kennst du den? Zwei Computer unterhalten sich. Sagt der eine: Morgen bekomme ich eine Festplatte. Darauf der andere: wieso das? Du hast doch jetzt schon keine Haare!

Da quietscht eine Türe und jemand ruft: "Sukinhcet zur Operation."

Na dann alles Gute. Toi! toi! Es wird schon klar gehen. Wo erreiche ich dich denn morgen?

Position 3457, 2401, 3345 ab 10 Uhr Weltzeit

Und nun sitzt unser Reiguen von seinem Audioteleskop und überlegt, was das mit der Seele und dem Ohrwurm bedeutet. Irgendetwas stimmt da doch nicht. Ob ich noch einen anderen Ort anwähle? Schließlich muß ich ja die Weltsprache lernen!

7.6 Widersprüche der Liebe
Wir und die Welt

Ein hinreißend blauer See. Die tief stehende Sonne spiegelt sich als unregelmäßig flimmernder Streifen auf den kleinen, leicht bewegten, sanft rauschenden Wellen. In den Bäumen zwitschern fröhlich die Vögel ihr Abendlied. Der erregende Duft frisch gemähten Grases schwebt in der Luft. Auf einer rustikal aus einfachen Birkenstämmen gezimmerten Bank sitzt aufgeregt Reiguen. Er hat heute sein erstes Rendezvous. Natürlich möchte er seiner Tlew gefallen. Er glaubt zwar zu wissen, wie er sich zu verhalten hat - aber dennoch, etwas unsicher ist er schon. Natürlich ist sie sehr schön, gut zu jedem und völlig aufrichtig. Gerade deshalb mag er sie ja besonders. Er erlebt sie auch ein wenig so, wie er sie eben sehen möchte. So entspricht sie seinen heimlichen schwärmerischen Vorstellungen. Daher ist sie ganz nach seinem Sinn. Dieser Gleichklang bestärkt ihn, daß auch er ihr gefallen müsse. Dazu will er sich besonders bemühen, seine besten Seiten zu zeigen.

Da kommt sie auch schon heiteren Gemüts schlendernd des Wegs. Ihr buntes Röckchen flattert lustig im sanften Wind. Ein zufriedenes, glückliches Lächeln formt ihr Gesicht. Jetzt kann er es nicht mehr erwarten und läuft ihr entgegen. Und dann fehlen ihm die Worte. Sie scheint es nicht einmal zu bemerken und beginnt sofort von ihrer Freundin zu plappern: Was die heute für ein verrücktes Kleid anhatte - na, und die Farbe des Lippenstifts ... Ein vielleicht frecher Junge ist uns dann lange gefolgt. Schließlich schenkte er uns großspurig schön duftende Blumen. Stolz protzte er damit, sie extra für uns im Park gestohlen zu haben. Dann wollte er auch noch zudringlich werden ...

Reiguen bekommt ein beklemmendes Gefühl - hätte er nicht auch Blumen oder ein anderes kleines Geschenk besorgen können?

Doch aus ihr sprudelt es munter weiter. "Weißt Du, wovon ich immer träume? Rate mal!"

Dieser Wechsel erfolgte für Reiguen zu schnell. Soviel Temperament verwirrt ihn. Etwas schüchtern sagt er daher: "Die beste in der Klasse sein und dabei helfe ich Dir natürlich."

"Ach, was Du so denkst ... so richtig glücklich sein, wie im Fernsehen. Stell dir vor, wir beide sind im Urwald, ich schaukle auf einer Liane. Dann bringst du mir eine geöffnete Kokosnuß, gibst mir einen Kuß, und genüßlich schlürfe ich wie eine Queen die Milch. Das wäre doch richtig toll!"

So ermuntert, versucht er gleich, den Kuß in die Tat umzusetzen. Doch mit leichter Entrüstung wehrt sie sein ungeschicktes Bemühen ab: "Wo ist denn nur meine Liane geblieben?"

"Aber wir haben doch nicht soviel Geld, um in den Urwald zu fliegen!" meint er darauf etwas verstimmt. "Oder magst du mich etwa nicht?"

"Vielleicht!? - Ach weißt du, du bist ja so ganz anders als die anderen Jungen - Horch mal, wie traurig die Amsel dort im Baum singt."

Still in sich gekehrt denkt er, das sind ja vielleicht Antworten, wie soll ich mir darauf nur einen Vers machen. Doch freundlich antwortet er: "Sie singt doch nur: Dies hier ist mein Revier. Hier bin ich mit meinem Weibchen glücklich und zu Hause."

"Ich finde aber, daß es sehr traurig klingt. Vielleicht ist sein Weibchen gerade von einer Katze gefangen worden, und nun hat er niemand zum Schnäbeln."

Ob ich es nochmal versuche, sie zu küssen? Doch da lehnt sie sich schon zärtlich an ihn, und ehe er Mut fassen kann, sagt sie: "Ach komm, wir gehen zum Strand und waten ein wenig barfuß im kühlen Wasser." Und schon läuft sie davon. Noch ehe er ihr folgen kann, plätschert sie schon fröhlich mit den Händen im klaren Naß. Kaum ist er in ihrer Nähe, plitsch und platsch, ist er bespritzt. Gleich darauf läuft sie wieder fort und ruft "Fang mich doch."

Dieses kokette Spiel treibt sie noch eine ganze Weile und ihm gefällt es. Dennoch weiß er nicht, wie er solch Verhalten deuten soll. Neckt sie ihn oder macht sie sich gar über seine Unerfahrenheit lustig?

Nach einiger Zeit sitzen beide verträumt auf der Bank und beobachten schwärmerisch den Sonnenuntergang. Beide schweigen tief berührt. Sie schmiegt sich an ihn, und nun spürt er, daß er sie zärtlich in den Arm nehmen muß. Diese Stimmung ist so himmlisch schön, daß er nicht einmal mehr daran denkt, sie zu küssen.

Nach langem Schweigen sagt sie schließlich seufzend: "Jetzt müssen wir aber gehen." Und er bringt sie froh nach Hause.

"Du warst sehr lieb" haucht sie. Unvermittelt gibt sie ihm zu diesen Abschiedsworten einen flüchtigen Kuß, und schon ist sie im Haus verschwunden.

Reiguen steht unvermittelt allein vor der Tür. Beim Heimweg läßt er alles Revue passieren. Wunderschön war dieser Tag. Nur sonderbar ist diese Tlew. Warum sagt sie so häufig anderes als sie meint und will? Aber ohne sie wird ihm künftig alles öd und leer erscheinen.

7.7 Blick in die Zukunft

Es ist Sonntag früh. Tlew liegt im Bett und fühlt sich nicht ganz wohl. Reiguen bringt ihr gerade köstlich duftenden Kaffee und die liebevoll zubereiteten Brötchen. Das wird ihren Appetit anregen und die Übelkeit zurückdrängen.

Gerade gestern haben sie sich auf den Namen für den kommenden Nachwuchs geeinigt. Wird es ein Junge, soll er Esiew heißen und ein Mädel bekommt den Namen Ebeil.

Nachdem Tlew ihr Frühstück gegessen hat, geht es ihr wesentlich besser. So kommen sie ins Schwärmen über ihre Wünsche, Hoffnungen und Erwartungen für das keimende Glück. Reiguen lobt dabei immer wieder - ohne daß es ihm so recht bewußt wird - Eigenschaften seiner Tlew. Natürlich wird Ebeil schön, liebevoll, gütig und zärtlich sein. Ihre Augen werden herrlich leuchten, mit anmutigen Bewegungen wird sie einhergehen. Ganz gewiß ist sie musisch und besitzt viel Charme. Tlew wünscht sich mehr einen hoch begabten, kreativen, fleißigen Jungen, der sehr tolerant, aber auch konsequent sein wird, ein fröhliches Gemüt besitzt, und dessen Lebensfreude ihn bei jedermann beliebt macht. So hofft jeder auf ein Ebenbild seines geliebten Partners. Da beide immer noch verliebt sind und hoffnungsvoll in die Zukunft schauen, lassen sich selbst Widersprüche ihrer Wunschbilder vereinen.

Doch schließlich kann man ja nicht pausenlos schwärmen, und so überlegen sie, wie sie es mit der Erziehung halten wollen. Es müssen ja die guten Anlagen gefördert und herausgebildet werden. Wie unterstützt man Aufrichtigkeit und Ehrlichkeit, Korrektheit und Höflichkeit, und wie erreicht man dennoch Konsequenz im Handeln sowie ein wenig Sportlichkeit? Da ist es mit der Entscheidung zwischen den verschiedenen pädagogischen Methoden schon recht schwierig: Wann ist Nachsicht und wann ist Strenge angebracht, wann sollte man Freiheit gewähren und wann Zwang geltend machen? Die Zahl der Möglichkeiten ist so gewaltig, daß beide sich ausnahmsweise nicht völlig einigen können. Sie erkennen recht schnell, daß ein großer und gebildeter Erdenbürger ihr innigster, gemeinsamer Wunsch ist, aber einige, wenige Schwächen gehören wohl dazu. Die Theorien über Erziehung sind natürlich hilfreich - gewiß, man muß davon schon eine Menge wissen - aber die Praxis wird im Alltag doch wohl ein wenig anders aussehen. Sie nehmen sich zärtlich in die Arme, und jeder sieht bei geschlossenen Augen sein Wunschbild leibhaftig vor sich.

8 Literatur

Zu der Breite des behandelten Gebietes ist ein auch nur annähernd vollständiges Literaturverzeichnis nahezu unmöglich. Hier sind nur jene Literaturstellen zusammengefaßt, auf die konkret im Text verwiesen wird. Die entscheidende Literatur zum Stand bis etwa 1990 enthält [VÖ3]. Noch umfangreichere Literaturangeben bis ca. 1980 enthalten [VÖ1] und [VÖ2].

[ARN] Arntz, H.: Die Informationskrise als Bedrohung der menschlichen Gemeinschaft und des Fortschritts. Symposium Probleme der Dokumentation, Loccumer Protokolle, Deutsche Gesellschaft für Dokumentation, Frankfurt/M. 1966, S.2 − 20.

[ASI] Asimov, I.: Alle Roboter-Geschichten. Bastei-Verlag, Bergisch Gladbach 1982.

[BAB] Baber, R. L.: Softwarereflexionen, Springer-Verlag. Berlin − Heidelberg − New York − Tokyo 1982.

[BAR] Barron, D. W.: Rekursive Techniken in der Programmierung. B. G.. Teubner, Leipzig 1971.

[BAT] Bateson, G.: Geist und Natur − Eine notwendige Einheit. Suhrkamp Verlag, Frankfurt 1984.

[BAU] Bauer, F. L.: Software Engineering − wie es begann. Informatik Spektrum **16** (1993) 10, 259 − 260.

[BEN] Benedikt, H. E.: Die Kabbala, Verlag H. Bauer Freiburg im Breisgau 1986.

[BET] Bennett, C. H.: Maxwells Dämon. Spektrum der Wissenschaft (1988) 1, S. 49 − 55.

[BON] Bonitz, M.: Zum Stand der Diskussionen über Verhaltensprinzipien der wissenschaftlichen Information. Symposiumsband des WIZ, Berlin vom 5. Wiss. Symposium des Wissenschaftlichen Informationszentrums der AdW der DDR, 12. − 14. Okt. 1987. S. 1 − 7.

[BUD] Budde, R. u. Züllighoven, H.: Software-Werkzeuge in einer Programmierwerkstatt. R. Oldenbourg Verlag, München − Wien 1990.

[CAR] Carnot, S.: "Betrachtungen über die bewegende Kraft des Feuers und die zur Entwicklung dieser Kraft geeigneten Maschinen". Verlag von Wilhelm Engelmann, Leipzig 1909. Nachdruck: Akademische Verlagsgesellschaft Geest & Portig K.-G., Leipzig 1982.

[CHU] Churchland: "Ist die denkende Maschine möglich ?"; Spektrum der Wissenschaft, März 1990 S. 40 − 54.

[COY] Coy, W.: ...und was jenseits der Grenze liegt, wird einfach Unsinn sein. Sprache im technischen 26(1988) 105 S. 34 – 41.

[DÖR] Dörner, D.: Über die Schwierigkeiten menschlichen Umgangs mit der Komplexität. Psychologische Rundschau 31(1981) 3,163 – 179.

[DR5] Dreyfus, H. L.: Die Grenzen der Künstlichen Intelligenz. Athenäum 1985.

[DR9] Dreyfus, H. L.: Was Computer nicht können – Die Grenzen künstlicher Intelligenz, Athenäum, Frankfurt a/M 1989.

[FAL] Falletta, N.: Paradoxon, Fischer Logo, Frankfurt 1988.

[FEY] Feyerabend, P.: Wissenschaft und Kunst. Neue Folge Band 231. Suhrkamp Verlag, Frankfurt a/M, 1984.

[FRE] Freud, S.: Der Witz und seine Beziehungen zum Unbewußten. 2.Auflg., Franz Deuticke, Leipzig – Wien 1912.

[HAB] Habermas, J.: Die Moderne ein unvollendetes Projekt. Suhrkamp Verlag, Frankfurt a/M, 1990.

[HAU] Hausdorff, F.: Dimension und äußeres Maß. Mathematische Annalen 79(1919) 175 – 179.

[HER] Hertz, H.: Die Prinzipien der Mechanik, im neuen Zusammenhang dargestellt. Leipzig 1894. Neu in Ostwalds Klassiker der exakten Wissenschaften, Bd. 263. Akademische Verlagsgesellschaft Geest & Portig, Leipzig 1984.

[HOF] Hofstädter, D. R.: Gödel – Escher – Bach. Klett-Kotta-Verlag, Stuttgart 1985.

[IFR] Ifrah, H.: Universalgeschichte der Zahlen, Campus-Verlag, Frankfurt/New York 1986.

[JÜR] Jürgens, H., Peitgen, H.-O. und Saupe, D.: Fraktale eine komplexe Sprache für komplexe Strukturen. Spektrum der Wissenschaft 9(1989); auch Sonderheft von Spektrum der Wissenschaft: Chaos und Fraktale.

[KIE] Kieslich, G.: Kommunikationskrisen in der Wissenschaft. Verlag Anton Pustet, Salzburg – München 1969.

[KIM] Kim, A.: Eichhörnchen, Volk und Welt, Berlin, 1987. S.358.

[KLI] Klix, F.: Information und Verhalten. Deutscher Verlag der Wissenschaften, Berlin 1971.

[KUH] Kuhn, Th.: Die Struktur wissenschaftlicher Revolutionen. Suhrkamp-Verlag, Frankfurt/M. 1962.

[LAU] Lauwerier, H.: Fraktale, Wittig-Fachbuch, Hückelhoven 1989 und Mandelbrot, B. B.: Die fraktale Geometrie der Natur, Birkhäuser 1987.

[LEH] Lehert, S.: Zukunftsträume der Jahrhunderte – Die Geschöpfe des Menschen. KI(1989) 4, 32 – 34.

[LEV] Levy, S.: KL – Künstliches Leben aus dem Computer. Droemer Knaur, München 1993.

[LUH] Luhmann, N.: Soziale Systeme: Grundriß einer allgemeinen Theorie. Suhrkamp Taschenbuch Wissenschaft 666. 4.Aufl. Frankfurt/M 1991.

[MAN] Mandelbrot, B. B.: Form, chance and dimension. Freeman, San Francisco, 1977.

[MOL] Moles, A. A.: Über Konstruktive und instrumentale Komplexität. Grundlagenstudium und Geisteswissenschaft 1 (1960) 1, 1

[MÜL] Müller, J.: Arbeitsmethoden der Technik-Wissenschaften. Systematik, Heuristik, Kreativität. Springer-Verlag, Heidelberg u. a. 1990.

[NAK] Nake, F.: Ästhetik als Informationsverarbeitung. Springer Verlag, Wien – New York, 1974.

[NEU] Neumann, J. v.: Die Rechenmaschine und das Gehirn. R. Oldenbourg, München 1965.

[NN1] N. N.: Informatik, Nova Acta Leopoldina (Johann Ambrosius Barth Leipzig 1972, Neue Folge 37/1(1972) Nr. 206: Steinbuch, K.: "Mensch und Maschine" S.451 – 461.

[OMM] Omm, P.: Messkunst ordnet die Welt – Eine Geschichte des Messens und der Meßgeräte. Impuls-Verlag, Buchschlag bei Frankfurt/M, 1958.

[RIC] Richardson, L. F.: The Problem of contiguity. General systems Yearbook 6 (1961) 139 – 167.

[RUC] Rucker, R.: Der Ozean der Wahrheit – über die logische Tiefe der Welt; Fischer-Logo; Frankfurt/M. 1990.

[SCA] Schnappauf, R. A.: Bewußtseins-Entwicklung. GABAL Band 34. 1990.

[SCE] Schneider, E.: Von der Null bis zur Unendlichkeit. Wegweiser-Verlag, Berlin 1939.

[SCÖ] Schmölders, Cl.: Die Kunst des Gesprächs – Texte zur Geschichte der europäischen Konversationstheorie. DTV 6102; 1979.

[SCU] Schuck-Wersig, P.: Expeditionen zum Bild – Beiträge zur Analyse des kulturellen Stellenwerts von Bildern. Peter Lang Verlag. Frankfurt a/M u. a., 1993.

[SEA] Searle, u. a. "Ist der menschliche Geist ein Computerprogramm?" Spektrum der Wissenschaft, März 1990 S. 40 – 54

[SHA] Shannon, C. u. Weaver, W.: The mathematical theories of communication. University of Illinois Press, Illinois 1949

[SHE] Sheldrake, R.: Das Gedächtnis der Natur. Scherz Verlag, Bern – München - Wien 1993. Engl. Original 1988.

[SHL] Shelley, M.: Frankenstein. Deutscher Taschenbuch Verlag. München 1983.

[VE2] Vester, F.: Kommunikation – ein vernetztes Denken. Springer-Sonderheft 150 Jahre, Wissenschaftliche Kommunikation 1992. S. 22 – 25.

[VE5] Vester, F.: Denken, Lernen, Vergessen. Deutscher Taschenbuch Verlag München 1975.

[VI1] Völz, H.: Information I – Studie zur Vielfalt und Einheit der Information. Akademie Verlag, Berlin 1982.

[VI2] Völz, H.: Information II – Ergänzungsband zur Vielfalt und Einheit der Information – Theorie und Anwendung vor allem in der Biologie, Medizin und Semiotik. Akademie Verlag, Berlin, 1983.

[VI3] Völz, H.: Grundlagen der Information. Akademie Verlag Berlin 1991.

[VÖC] Völz, H.: Computer und Kunst. Urania Verlag, Leipzig 1990

[VÖE] Völz, H.: Elektronik – Grundlagen – Prinzipien – Zusammenhänge. 5. Auflage. Akademie Verlag, Berlin 1989.

[WE0] Wersig, G.: Organisiertes Chaos. Eine umfassende Konzeption zum Informationsmanagement. gdi impuls 3/90, S. 8 – 18

[WE9] Wersig, G.: Organisations-Kommunikation: Die Kunst ein Chaos zu ordnen. Baden-Baden 1989.

[WEI] Weizenbaum, J.: Die Macht der Computer und die Ohnmacht der Vernunft, Suhrkamp, Frankfurt a.M. 1977.

[WIE] Wiener, N.: "Cybernetics or control and communication in the animal and the machine" Hermann, Paris 1948 ein. "Regelung und Nachrichtenübertragung in Lebewesen und in der Maschine", Econ-Verlag, Düsseldorf – Wien 1963.

[ZEM] Zemanek, H.: Der Geist aus der Flasche. Warum der Computer nicht ausschaut. Informationstechnik 30(1988)1, 3 – 10.

8 Sachwortverzeichnis

B

C

D

E

F

G

J

K

N

O

P

T

W

Z

Sichtweisen der Informatik

herausgegeben von Wolfgang Coy, Frieder Nake,
Jörg-Martin Pflüger, Arno Rolf, Jürgen Seetzen,
Dirk Siefkes und Reinhard Stransfeld

*1992. VIII, 409 Seiten. (Theorie der Informatik;
herausgegeben von Wolfgang Coy) Kartoniert.
ISBN 3-528-05263-5*

Aus dem Inhalt: Grundlagen einer Theorie der Informatik – Computer und Arbeit – Kultur – Anthropologie – Computer – Informatik – Ethik-Verantwortung.
Dieses Buch dokumentiert einen Diskussionsprozeß, der an vielen Orten stattfindet und vom Arbeitskreis „Theorie der Informatik" in der Gesellschaft für Informatik zusammengeführt wird. Das Themenfeld, das festgehalten wird, umfaßt wissenschaftstheoretische und philosophische Grundlagen der Informatik, gesellschaftliche, kulturelle, anthropologische und ethische Verankerungen und Perspektiven – Sichtweisen der Informatik von innen, aber auch von außen. Es wird eine Brücke geschlagen zwischen einer technischen Wissenschaft und den damit unlösbar verbundenen Anwendungen und Auswirkungen.

Verlag Vieweg · Postfach 58 29 · 65048 Wiesbaden

Formale Methoden und kleine Systeme

Lernen, leben und arbeiten in formalen Umgebungen

von Dirk Siefkes

1992. VIII, 190 Seiten. (Theorie der Informatik, herausgegeben von Wolfgang Coy) Kartoniert. ISBN 3-528-05199-X

Aus dem Inhalt: Kleine Systeme – Ungelogene unlogische Geschichten – Formalisieren und Verstehen – Wie man Anderen Beweise und Programme klarmachen kann – Prototyping als Theoriebildung – Beziehungskiste Mensch-Maschine – Wende zur Phantasie: Die Praxis der Entstehung von Theorie in der Informatik.

Dieses Buch von Dirk Siefkes zeigt wieder einmal mehr, daß die Beschäftigung mit den logischen und systematischen Grundlagen der Theoriebildung in der Informatik das Verständnis vertiefen und gleichzeitig Freude machen kann. Siefkes Plädoyer für eine kluge Verwendung „kleiner Systeme" wie auch für eine „Wende zur Phantasie" belegen, daß auch eingefleischte „Praktiker" unter den Informatikern folgenreiche Anregungen von einem weitblickenden Theoretiker erwarten können. Die einzelnen Kapitel des Buches bilden jeweils selbständige Einheiten, die je nach dem persönlichen Interesse des Lesers in beliebige Reihenfolge gelesen werden können. Am Ende entsteht so ein Ganzes, das die Arbeit und das Lernen mit „formalisierten Umgebungen" in vielfacher Hinsicht transparent werden läßt.

Verlag Vieweg · Postfach 58 29 · 65048 Wiesbaden